DIE EINHEIT DER GESELLSCHAFTSWISSENSCHAFTEN

Studien in den Grenzbereichen der Wirtschafts- und Sozialwissenschaften

Band 22

Unter Mitwirkung von

HANS ALBERT · GERD FLEISCHMANN · HANS K. SCHNEIDER
CHRISTIAN WATRIN · RUDOLF WILDENMANN · EBERHARD WITTE

herausgegeben

von

ERIK BOETTCHER

D1705999

TRAKTAT
ÜBER RATIONALE PRAXIS

von

HANS ALBERT

1978

J.C.B. MOHR (PAUL SIEBECK) TÜBINGEN

CIP-Kurztitelaufnahme der Deutschen Bibliothek

Albert, Hans
Traktat über rationale Praxis. –
Tübingen: Mohr, 1978.
    (Die Einheit der Gesellschaftswissenschaften; Bd. 22)
    ISBN 3-16-840841-7 kart.
    ISBN 3-16-840842-5 Lw.
    ISSN 0424-6985

ADAM SMITH
UND
MAX WEBER
ZUM
GEDÄCHTNIS

Vorwort

In der letzten Zeit sind Stimmen laut geworden, die eine gewisse Skepsis gegenüber der Bedeutung des kritischen Rationalismus für die menschliche Praxis zum Ausdruck bringen. Unter anderem wird die These vertreten, es sei unzulässig, bestimmte Züge der Erkenntnispraxis auf andere Bereiche menschlicher Aktivität zu übertragen, wie das in dieser Philosophie geschehe. Außerdem gibt es Leute, die in ihr Kantsche Problemlösungen zu wenig berücksichtigt sehen, vor allem die von Kant selbst bevorzugte Deutung seines transzendentalen Ansatzes. Auch wer sich nicht an diese Deutung hält, glaubt mitunter, man sei zur Lösung von Begründungsproblemen auf jeden Fall darauf angewiesen, transzendentale Verfahrensweisen zu benutzen. Daraus müßten sich wohl auch Konsequenzen für die Philosophie der Praxis ergeben. Oft wird die politische Philosophie des Kritizismus in einer Weise behandelt, die mehr oder weniger grobe Mißverständnisse offenbart. Vor allem wird nicht selten die enge Verbindung zwischen Fallibilismus und Liberalismus übersehen, die schon von den Vätern der amerikanischen Verfassung und dann von John Stuart Mill aufgezeigt worden ist und die auch für den kritischen Rationalismus gilt, wie man bei gründlicher Lektüre der betreffenden Texte leicht erkennen kann. Daß ein Autor seinen Lesern suggeriert, diese Philosophie sei mit totalitären Experimenten vereinbar, ist gewiß ein Ausnahmefall. Aber es gibt weniger grobe Fehldeutungen, die Anlaß geben, einmal ausführlich auf diesen Problemkreis einzugehen.

Der Akzent liegt in diesem Buch auf der politischen Philosophie des Kritizismus, die mit seinen metaphysisch-epistemologischen Annahmen ebenso eng zusammenhängt wie seine Wissenschaftslehre. In meinem „Traktat über kritische Vernunft" habe ich solche Probleme nur kurz behandelt, vor allem im letzten Kapitel. Nun will ich die Problematik der rationalen Praxis – besonders im Hinblick auf methodische Konsequenzen für den politischen Bereich – ausführlicher analysieren, und zwar unter Berücksichtigung von Ergebnissen und Methoden der Sozialwissenschaften, die dafür in Betracht kommen. Ich knüpfe dabei vor allem an das dritte Kapitel meines früheren Buches an, in dem ich versucht habe, bestimmte Konsequenzen aus der Tatsache zu ziehen, daß hinter allen Erkenntnissen Entscheidungen stehen. Die transzendentale Problematik habe ich nur insoweit berührt, als mir das für die hier erörterten Probleme notwendig erschien. Ich hoffe, es ist zu erkennen, daß zumindest ein wichtiger Aspekt der Kantschen Philosophie, nämlich die zentrale Bedeutung der Autonomie der Person, in die auf Karl Popper zurückgehende Version des Kritizismus eingegangen ist, und zwar auch schon in ihre Lehre von der Erkenntnispraxis.

In meiner Darstellung habe ich teilweise auf frühere Arbeiten zurückgegriffen, besonders auf meine Aufsätze: Kritizismus und Naturalismus, in: Hans Lenk (Hgb.), Neue Aspekte der Wissenschaftstheorie, Braunschweig 1971; Erkenntnis, Sprache und Wirklichkeit, in: Bernulf Kanitscheider (Hgb.), Sprache und Erkenntnis. Festschrift für Gerhard Frey, Innsbruck 1976; Erkenntnis und Recht, in: Albert/Luhmann/Maihofer/Weinberger (Hgb.), Rechtstheorie. Grundlagenwissenschaft der Rechtswissenschaft, Düsseldorf 1972; und: Politische Ökonomie und rationale Politik, in: Hans Besters (Hgb.), Theoretische und institutionelle Grundlagen der Wirtschaftspolitik. Theodor Wessels zum 65. Geburtstag, Berlin 1967.

Alfred Bohnen, Georg Geismann, Friso Heyt und Fritz Markwitz danke ich herzlich für die kritische Durchsicht der ersten Fassung des Manuskriptes bzw. der Druckfahnen. Soweit ich dazu in der Lage war, habe ich versucht, ihre Kritik zu berücksichtigen.

Heidelberg, im Januar 1978   HANS ALBERT

Inhaltsverzeichnis

Einleitung

Die Möglichkeiten der Philosophie und die menschliche Praxis

Seit einiger Zeit ist allenthalben im deutschen Sprachbereich die Rede von der Notwendigkeit einer Rehabilitierung der praktischen Philosophie. Damit ist die Frage aufgeworfen, welcher Zusammenhang überhaupt zwischen Philosophie und menschlicher Praxis besteht. Kann die Philosophie selbst praktisch werden, wie das in der genannten Redewendung angedeutet wird? Oder ist sie als Philosophie der Praxis in der Lage, das menschliche Handeln anzuleiten?

Ursprünglich kam im philosophischen Denken das Streben nach umfassender Weltorientierung und damit nach einer Einheit der menschlichen Erkenntnis zum Ausdruck, einer Einheit, in die alle Bereiche des Kosmos und damit auch das menschliche Denken und Handeln einzubeziehen waren. Diese Tendenz ist nie ganz untergegangen, aber die Arbeitsteilung und Spezialisierung, die seit mehr als zweitausend Jahren auch im Bereich der Erkenntnis fortschreitet und zur Entwicklung ständig neuer autonomer Einzelwissenschaften geführt hat, steht der Erfüllung des menschlichen Bedürfnisses nach einem einheitlichen Weltbild immer mehr im Wege. Sie läßt das ursprüngliche Ziel als immer schwerer erreichbar erscheinen. Die Philosophie scheint sich seit langem auf sogenannte Grundlagenfragen zurückziehen zu müssen, wenn sie nicht überhaupt vor ihrer Erkenntnisaufgabe resignieren und sich etwa nur noch mit ihrer eigenen Geschichte beschäftigen will, wie das ja heute teilweise schon der Fall ist. Aber auch diese Grundlagenfragen müssen heute anscheinend in zunehmendem Maß dem Schicksal der Arbeitsteilung anheimfallen.

Zwingt uns also die Notwendigkeit der Spezialisierung dazu, den alten Anspruch des philosophischen Denkens gänzlich aufzugeben? Und wenn schon die Schulphilosophie, wie sie hauptsächlich an Universitäten betrieben wird, zur Resignation gezwungen ist, muß dann nicht eine Lebensphilosophie, die sich von Bindungen an die wissenschaftliche Erkenntnis gänzlich frei gemacht hat, auf den Plan treten, um Erkenntnisse zu bieten, die für die menschliche Lebenspraxis bedeutsam sind, wie das für die klassische Philosophie jedenfalls ihrem Anspruch nach selbstverständlich war?

Daß der Traum von einer Einheit der gesamten menschlichen Erkenntnis – etwa in Form eines umfassenden Systems, einer *mathesis universalis* – obsolet geworden ist, bedarf kaum der Erläuterung. Die Einzelerkenntnisse der Wissenschaften sind unüberschaubar geworden und lassen offenbar nur partielle Systematisierungen zu. Andererseits ist nicht zu leugnen, daß es immer noch sinnvoll ist, von der Idee eines universalen Zusammenhanges, einer wenn auch reich gegliederten, so doch einheitlichen Wirklichkeit, auszugehen, innerhalb deren alle Einzeltatsachen miteinander verknüpft sind und in die auch das menschliche Erkennen und Handeln eingebettet ist. Ein *metaphysischer Realismus* dieser Art ist keineswegs überholt, weder durch sprachanalytische oder hermeneutische, noch durch transzendentale Überlegungen irgendwelcher Herkunft. Daraus folgt allerdings nicht, daß wir imstande sind, diesen universalen Zusammenhang systematisch – in einer Einheitswissenschaft oder in einem metaphysischen Aussagengebäude – einzufangen und endgültig festzuhalten. Wir haben Grund anzunehmen, daß unsere Erkenntnis niemals abgeschlossen ist und daß wir in ihr immer wieder mit Überraschungen konfrontiert werden, so daß auch ihre bisherigen Resultate nie als endgültig zu betrachten sind. Dieser *prinzipielle Fallibilismus*, von dem naturgemäß auch unsere praktischen Problemlösungen betroffen sind, ist mit einem kritischen Realismus durchaus vereinbar.

Es ist immer noch sinnvoll, einen Zusammenhang zwischen den in den Wissenschaften erreichten provisorischen Teilerkenntnissen zu suchen, also die durch die wissenschaftliche Arbeitsteilung zustande gekommene Kluft zwischen den Einzeldisziplinen in Richtung auf eine umfassendere Weltorientierung zu überbrücken. Eine *Philosophie*, die sich am alten Ideal einer umfassenden Erkenntnis orientiert, ist also auch heute noch möglich, und zwar *als stets hypothetisches und daher der Revision offenstehendes Überbrückungsunternehmen*. Genaugenommen hat das philosophische Denken diese Funktion schon seit längerer Zeit übernommen, wenn auch zunächst in apodiktischer Manier. Die Beschäftigung mit Grundlagenfragen war unter philosophischen Gesichtspunkten niemals auf die Erzielung von Spezialkenntnissen über Grundlagen eines Einzelbereichs des menschlichen Wissens ausgerichtet, wenn auch derartige Resultate mitunter dabei zustande kamen. Sie war vielmehr immer daraufhin angelegt, eine Brücke zwischen den Bereichen des menschlichen Denkens und Handelns zu finden und dadurch zur Bildung einer einheitlichen Weltauffassung beizutragen. Sie war von der Vorstellung geleitet, daß ein Zusammenhang zwischen diesen Bereichen herstellbar sein müsse und daß es für das menschliche Leben wichtig sein könne, diesen Zusammenhang zu entdecken.

So kann man zum Beispiel die Kantsche Philosophie als einen Versuch ansehen, eine Brücke zwischen den Erkenntnissen der damaligen Physik, den Grundlagen der Moral und des Rechts und den Ansprüchen der Religion zu finden. Ein solches Unternehmen war deshalb wichtig, weil der dem Newtonschen Denken inhärente Determinismus *prima facie* mit der für die menschliche Moral bedeutsamen Annahme der Willensfreiheit nicht vereinbar war und weil die überlieferte Gottesvorstellung der moralisch bedeutsamen Autonomieforderung widersprach. Um die dadurch gegebene Problemsituation zu bewältigen, war eine Erörterung der Eigenart des menschlichen Erkennens und Handelns notwendig, die überdies die bisher angebotenen Lösungen für diesen Fragenkomplex – die Lösungen der rationalistischen und der empiristischen Tradition – kritisch berücksichtigte, denn auch diese Lösungen waren in Schwierigkeiten verwickelt. Der transzendentale Ansatz, wie er von Kant ausgearbeitet wurde, war auf die damalige Problemsituation zugeschnitten. Er hielt sich grundsätzlich im Rahmen des für das klassische Denken charakteristischen Fundamentalismus, läßt aber durchaus Deutungen zu, die der heute vorliegenden Problemsituation Rechnung tragen, also etwa die These von der prinzipiellen Fehlbarkeit der menschlichen Vernunft und dem sich daraus ergebenden hypothetischen Charakter auch metaphysischer Erkenntnisse einbeziehen.

Auch wenn wir heute die Vorstellung aufgegeben haben, daß wenigstens auf bestimmte philosophische Fragen legitimerweise sichere und daher unrevidierbare Antworten zu erwarten seien, ist es also keineswegs sinnlos geworden, sich mit ihnen zu beschäftigen. Die Tatsache, daß eine solche Beschäftigung zu unterschiedlichen Resultaten führt, ist kein Grund, das Ende der Philosophie zu prophezeien, denn diese Tatsache ist seit langer Zeit bekannt. Auch die Einzelwissenschaften erleben immer wieder Kontroversen über zentrale Probleme. Überdies ist eine saubere Abgrenzung zwischen der Philosophie und den Wissenschaften kaum zu erreichen. In den einzelwissenschaftlichen Problemlösungen stecken üblicherweise metaphysische Annahmen, die durch sorgfältige Interpretation zutage gefördert werden können, auch wenn sie in der wissenschaftlichen Alltagsarbeit kaum beachtet werden. Eine autonome oder reine Philosophie, die mit solchen Annahmen nicht in Kollision geraten könnte, weil sie mit Spezialproblemen technischer Natur beschäftigt ist, wäre ein gänzlich steriles Unternehmen. Es gibt keinen speziellen Problembereich, auf den eine solche Philosophie einen ausschließlichen Anspruch hätte. Die Vorstellung, die Einschränkung der Philosophie auf logische Analyse könne einen solchen Bereich schaffen, hat sich als Illusion erwiesen. Soweit die Einzelwissenschaften Probleme behandeln, deren Lösung ein Licht auf Fragen erkenntnistheoretischer oder ethischer Natur werfen kann – und solche Probleme sind stets zu finden –, sind ihre Ergebnisse keineswegs irrelevant für die Beantwortung dieser Fragen. Die Philosophie verfügt über kein apriorisches Wissen von einer Art, die sie *eo ipso* immun machen würde gegen die Forschungsergebnisse irgendwelcher Wissenschaften.

Es ist aber nicht etwa so, daß die Frage nach dem Zusammenhang der Einzelerkenntnisse den Wissenschaften von außen aufgedrängt werden müßte. Sie werden von selbst – schon durch ihre internen Probleme – zu dieser Frage geführt. Dieser Umstand ist auch für unser Ausgangsproblem, die Frage des Verhältnisses von Philosophie und menschlicher Praxis, von Bedeutung. Sobald es um die Probleme der praktischen Anwendung wissenschaftlicher Resultate geht, kommen aus den Wissenschaften selbst Impulse, die in die praktisch-philosophische Fragestellung hineinführen. Es gibt eine ganze Reihe von Wissenschaften, die sich, vor allem seit dem 18. Jahrhundert, aus dem Zusammenhang der alten Moralphilosophie ausgegliedert haben, von der Jurisprudenz über die Ökonomie bis zur Soziologie und zur politischen Wissenschaft. Sie haben Versuche unternommen, ihre Reviere gegeneinander abzugrenzen, und haben ihre Beziehungen zur Philosophie teilweise abgebrochen. Bei genauerer Betrachtung läßt sich aber ein Zusammenhang der in ihnen enthaltenen Ansätze mit Problemen, wie sie für eine Philosophie der Praxis charakteristisch sind, unschwer aufzeigen. Vor allem anhand der Frage, wie sich das Problem einer rationalen Praxis nach Überwindung des klassischen Rationalismus behandeln läßt, kann eine solche Beziehung deutlich gemacht werden.

Wer am Apriorismus und am Begründungsdenken festhalten möchte, mag bei der Behandlung praktischer Probleme den Standpunkt einnehmen, er verfüge über normative Prinzipien, die den Erkenntnissen der Einzelwissenschaften für ihre praktische Verwendung vorgegeben und durch sie nicht in Frage zu stellen seien. Eine solche Einstellung ist aber nicht mehr angemessen, wenn man einmal die Möglichkeit einer sauberen Abgrenzung zwischen Philosophie und Wissenschaften in Zweifel gezogen hat. So scheinen mir manche im ökonomischen Denken entwickelte Gesichtspunkte für eine Lehre von der rationalen Praxis interessant zu sein, die auch den Erkenntnisbereich mitumfaßt.

Adam Smith, einer der Begründer der klassischen Ökonomie, war nicht etwa reiner Ökonom im heutigen Sinne; er hat im engeren Sinne ökonomische Probleme vielmehr in eine umfassende Sozialwissenschaft, eine Soziologie individualistischen Charakters eingeordnet, und zwar innerhalb eines sozialphilosophischen Rahmens. Dieser Rahmen war so angelegt, daß er den Hintergrund für eine rationale Jurisprudenz bildete, in der sich die theoretischen Resultate für die praktische Anwendung ordnen ließen. Auch Max Weber, der die individualistische Tradition des soziologischen Denkens durch komparativ-historische Forschungen und methodologische Untersuchungen bereichert hat, verdanken wir sozialphilosophisch bedeutsame Beiträge zur Problematik rationaler Praxis.

Dagegen besteht die wesentliche Leistung von Karl Marx in einer theoretisch-historischen Analyse des Kapitalismus in einer bestimmten Phase. Er hat dafür – auch methodisch – an die klassische Ökonomie ricardianischer Prägung angeknüpft und die für sie charakteristische Wertlehre in einer Richtung weiterentwickelt, die in eine Sackgasse führte. Durch die Einbettung seiner Analysen in eine Geschichtsphilosophie Hegelianischer Prägung und durch die Konsequenzen, die er daraus für das Verhältnis von Theorie und Praxis zog, hat er, mit oder gegen seine Absicht, dazu beigetragen, die Idee rationaler Praxis bei seinen Anhängern zu desavouieren, und zwar, wie wir heute sehen, mit erheblichem Erfolg und mit politischen Wirkungen, die mit seinen eigentlichen Intentionen großenteils unvereinbar sind. Wenn heute ein Teil der radikalen Intelligenz in allen Ländern immer noch daran mitwirkt, liberale Institutionen zu unterminieren, dann ist das teilweise seiner Art der Kritik zu verdanken, einer totalen Kritik ohne echte Alternativanalyse, die zu dem führen kann, was Leszek Kolakowski einmal treffend die „Erpressung mit der einzigen Alternative" genannt hat. Wer nicht bereit ist, den *methodischen Rationalismus* zu opfern, der zum Erbe des klassischen philosophischen Denkens gehört, wird in dieser Hinsicht die Beiträge Adam Smiths und Max Webers zur Aufhellung des Problems einer rationalen Praxis vorziehen, wie ich das in diesem Buche getan habe.

In meiner Untersuchung gehe ich von der kritizistischen Sicht des Problems der rationalen Praxis aus (Kapitel I), behandele anschließend die

Problematik der Erkenntnispraxis als Sonderfall dieses Problems (Kapitel II), und gehe dann ausführlich auf Probleme der politischen Philosophie im weiteren Sinne ein, die unter dem Gesichtspunkt rationaler Praxis zu erörtern sind (Kapitel III bis VII). Ich habe die Hoffnung, manchen Kritikern meiner Auffassungen wenigstens plausibel machen zu können, daß die Einwände, die sie gegen die Anwendung von Gesichtspunkten des kritischen Rationalismus auf Probleme menschlicher Praxis machen, teilweise auf Mißverständnissen beruhen könnten.

I. Kapitel

Kritizismus und rationale Praxis

1. Die Überwindung des klassischen Rationalitätsmodells und ihre Konsequenzen

Zu den für das moderne Denken folgenreichsten Einsichten gehört wohl die, daß es keine absoluten Begründungen geben kann. Damit wird die Begründungsidee, die für den klassischen Rationalismus seit Aristoteles[1] maßgebend war, radikal in Frage gestellt. Wer da glaubt, es handele sich um eine vergleichsweise harmlose Angelegenheit, da ja nur sogenannte „Letztbegründungen" ad absurdum geführt seien, macht sich die Sache zu leicht. Im Hintergrund des klassischen Begründungspostulats war nämlich stets die Vorstellung wirksam, man könne durch ein geeignetes Verfahren in objektiv gültiger Weise jeden möglichen Zweifel als ungerechtfertigt erweisen. Die Objektivität der Erkenntnis schien an diese Möglichkeit gebunden zu sein. Und da auch die Prinzipien angemessenen Handelns grundsätzlich erkennbar zu sein schienen, ließen sich die Illusionen des Begründungsdenkens ohne Schwierigkeit auf den Bereich praktischer Tätigkeit übertragen.

Alle Anfechtungen der Skepsis konnten diesen Illusionen wenig anhaben, solange die Erfolge der Wissenschaft den praktischen Nachweis der Richtigkeit dieses Denkens zu erbringen schienen. Aber der Gang der Wissenschaft hat nun selbst dafür gesorgt, daß dieser Nachweis nicht mehr glaubwürdig erscheint. Und die Philosophie hat längst damit be-

---

[1] Vgl. dazu ARISTOTELES, Lehre vom Beweis oder zweite Analytik, Meiner-Ausgabe, Band 11, herausgegeben von Otfried Höffe, Hamburg 1975, S. 3 ff. Zu den Einwänden Höffes gegen die Kritik am Begründungsdenken – aaO, S. XXV ff., – vgl. mein Buch: Traktat über kritische Vernunft, 3. erw. Auflage, Tübingen 1975, S. 13 ff., sowie meinen Aufsatz: Kritizismus und Naturalismus. Die Überwindung des klassischen Rationalitätsmodells und das Überbrückungsproblem, in: ALBERT, Konstruktion und Kritik, Hamburg 1975, S. 13 ff. Die dort formulierte Kritik beschränkt sich keineswegs auf die Verwendung deduktiver Verfahrensweisen, wie viele Kritiker anzunehmen scheinen.

gonnen, nicht nur die Begründbarkeit, sondern darüber hinaus die Objektivität der Erkenntnis und gleichzeitig auch den Wert der Wissenschaft in Frage zu stellen[2]. Der totale Ideologieverdacht[3], der sich aus gewissen geistigen Strömungen des vorigen Jahrhunderts entwickelt hat, scheint dabei gerade dem wissenschaftlichen Denken gefährlicher zu sein als bestimmten Heilslehren, die sich im Gewande der Wissenschaft präsentieren und einen entsprechenden Rationalitätsanspruch erheben oder gar ihre Irrationalität offen bekunden.

Die Neigung, Geltung und Wert wissenschaftlicher Erkenntnis zu desavouieren, beruht wahrscheinlich teilweise auf einer Sicht der Problemsituation, die nicht allen Möglichkeiten ausreichend Rechnung trägt. Man geht nämlich davon aus, daß die klassische Rationalitätskonzeption mit ihrer Fusion von Wahrheit und Gewißheit in der Begründungsidee die einzige Weise war, dem radikalen Subjektivismus zu entgehen. Eine Wissenschaft ohne diese Möglichkeit, so meint man, könne keinerlei Vorzug mehr für sich in Anspruch nehmen. Zwar sei es jedem unbenommen, sich auch für sie zu entscheiden, aber keineswegs mit größerem Recht als für jede andere Glaubensweise. Wer nämlich der klassischen Begründungsidee den Abschied erteilt, wird kaum leugnen können, daß es hier um eine Entscheidung geht. Und wer an ihr festzuhalten gedenkt, dem wird man zeigen können, daß diese seine Einstellung ebenfalls von einer fundamentalen Entscheidung abhängig ist, der Entscheidung für das Prinzip der Begründung selbst. Warum sollte er sonst genötigt sein, in seinem Sinne unbegründete Glaubensweisen oder Glaubensinhalte zurückzuweisen[4]?

Wer das nicht bestreitet, hat einen Schritt getan, der auf den ersten Blick keinen anderen Ausweg mehr offenzulassen scheint als den Übergang zum Dezisionismus und damit zu jener Form des radikalen Subjektivismus, der in den Attacken neomarxistischer Autoren gegen das bürgerliche Denken eine so große Rolle spielt[5]. Jedenfalls läßt sich eines kaum leug-

---

[2] Vgl. dazu PAUL FEYERABEND, Wider den Methodenzwang. Skizze einer anarchistischen Erkenntnistheorie, Frankfurt 1976.

[3] Vgl. dazu HERBERT MARCUSE, Der eindimensionale Mensch. Studien zur Ideologie der fortgeschrittenen Industriegesellschaft, Neuwied/Berlin 1967.

[4] Vgl. dazu meine Kritik an der irreführenden Rede von einer *Ersetzung* einer „Letztbegründung" durch eine „Letztentscheidung" und den damit verbundenen Einwänden Apels in meiner Schrift: Transzendentale Träumereien. Karl-Otto Apels Sprachspiele und sein hermeneutischer Gott, Hamburg 1975, S. 126f.

[5] Vgl. JÜRGEN HABERMAS, Dogmatismus, Vernunft und Entscheidung, in seinem Band: Theorie und Praxis. Sozialphilosophische Studien, Neuwied/Berlin 1963, S. 231 ff., besonders S. 239 ff.; zur Kritik an derartigen Vorwürfen vgl. HERMANN LÜBBE, Zur Theorie der

nen: Auch hinter unseren Erkenntnissen pflegen Entscheidungen aller Art zu stehen, und wenn schon dieser Umstand zum Subjektivismus führen müßte, gäbe es kaum eine Möglichkeit, ihm zu entgehen – allerdings auch nicht für diejenigen Kritiker bürgerlichen Denkens, die mit dem Dezisionismus-Verdacht so schnell bei der Hand sind.

Der Eindruck, man sei genötigt, diesen Ausweg zu wählen, entsteht, wie schon erwähnt, bei einer bestimmten Sicht der Problemsituation. Sie zeichnet sich dadurch aus, daß in ihr Rationalität und Objektivität unlösbar mit der Idee absoluter Begründung verbunden erscheinen, so daß die Zurückweisung dieser Idee auch zur Aufgabe der beiden anderen Ideale führen muß. Aber diese Auffassung ist keineswegs notwendig, und sie scheint mir sogar trotz ihrer anfänglichen Plausibilität ziemlich irreführend zu sein, weil sie geeignet ist, wesentliche Unterschiede zu verschleiern. Sie lebt davon, daß sie die rationale Erkenntnis mit einer utopischen Anforderung verbindet, so daß dem nüchternen Betrachter aus der Einsicht in die Unmöglichkeit ihrer Realisierung die Vorstellung erwächst, ihm bleibe nur die Resignation. Hier zeigt sich schon im Erkenntnisbereich jener Zusammenhang von utopischem Denken und dem Verzicht auf praktikable Lösungen, der für die politische Praxis von so großer Bedeutung ist.

Wer dieser Konsequenz zu entgehen wünscht, wird gut daran tun, sich die Sicht der Problemsituation, die dazu führen muß, nicht aufnötigen zu lassen. Wenn das Prinzip der absoluten Begründung eine utopische Vorstellung involviert, so ist es jedenfalls nicht selbstverständlich, dieses Prinzip für die Formulierung des Grundproblems der Erkenntnis vorauszusetzen. Die passivistische Erkenntnisauffassung, die in der klassischen Lösung dieses Problems zum Ausdruck kam und ihr eine gewisse Plausibilität verliehen hatte[6], ist durch die Entwicklung der Philosophie und der Wissenschaften seit dem vorigen Jahrhundert ohnehin unterminiert worden. Schon Kant hat eine Anschauung über die Eigenart der menschlichen Erkenntnis vertreten, die ihrem aktiven und schöpferischen Charakter

---

Entscheidung, in seinem Aufsatzband: Theorie und Entscheidung. Studien zum Primat der praktischen Vernunft, Freiburg 1971, sowie: Instrumentelle Vernunft. Zur Kritik eines kritischen Begriffs, in seinem Aufsatzband: Fortschritt als Orientierungsproblem. Aufklärung in der Gegenwart, Freiburg 1975, und andere seiner in diesen Bänden abgedruckten Arbeiten.

6 Vgl. dazu KARL POPPER, On the Sources of Knowledge and Ignorance (1960), in seinem Aufsatzband: Conjectures and Refutations. The Growth of Scientific Knowledge, London 1963, sowie mein in Anm. 1 erwähntes Buch, S. 15 ff.

Rechnung trug, wenn auch die Einzelheiten seiner Konzeption – vor allem das Element klassischen Begründungsdenkens in seiner Lehre vom synthetischen Apriori – kaum noch akzeptabel sein dürften. Und die teilweise an seine Ideen anknüpfenden wissenschaftlichen Untersuchungen kognitiven Verhaltens haben zu Resultaten geführt, die damit im Einklang stehen[7]. Es gibt zwar die These, daß die Ergebnisse wissenschaftlicher Untersuchungen philosophisch belanglos seien und daß daher zum Beispiel die Erkenntnistheorie keinen Anlaß habe, psychologische Forschungsresultate in Betracht zu ziehen. Aber diese These ist höchst fragwürdig. Das durchaus akzeptable Motiv, den Psychologismus zu vermeiden, muß keineswegs zu einer völligen Immunisierung dieser Disziplin gegen Argumente aus dem Bereich psychologischer Forschung führen. Daß solche Argumente unter Umständen relevant sein können, läßt sich nur dann bestreiten, wenn man einen epistemologischen Apriorismus vertritt, der an der Struktur des realen menschlichen Erkenntnisvermögens desinteressiert ist.

Wenn wir den aktiven Charakter der Erkenntnis zugestehen, dann können wir die Erkenntnispraxis als besondere Art jener Bemühung um die Lösung von Problemen auffassen, als die menschliche Praxis überhaupt angesehen werden kann. Wir dürfen ihr damit auch jene Merkmale zuschreiben, die für diese Aktivität allgemein charakteristisch sind, vor allem diejenigen, die ihren Entscheidungsaspekt ausmachen. Eine in methodischer Hinsicht wichtige Frage richtet sich dann auf die adäquate Bewertung von Lösungsvorschlägen für Erkenntnisprobleme, die ihr zugrunde liegenden Maßstäbe und die Möglichkeit einer sich aus ihr ergebenden Entscheidung zwischen alternativen Vorschlägen dieser Art. Die Begründungsidee kann bestenfalls im Rahmen solcher Bewertungen eine Rolle spielen, wenn wir Anlaß haben, in diesem Rahmen bestimmte „Begründungsverfahren" zu akzeptieren. Da die utopische Idee absoluter Begründung dabei nicht mehr in Betracht kommt, können derartige Verfahren auch keine Bedeutung mehr haben, die nur unter Voraussetzung dieser Idee plausibel ist[8].

---

[7] Vgl. dazu die Empirismus-Kritik des Kantianers Oswald Külpe in seinem Werk: Die Realisierung. Ein Beitrag zur Grundlegung der Realwissenschaften, 1. Band, Leipzig 1912, S. 114 ff. und passim, sowie die denkpsychologischen Forschungen der von ihm begründeten Würzburger Schule.

[8] Sie haben eher die Funktion, die Imre Lakatos in seiner fallibilistischen Konzeption der Mathematik den Beweisen zuschreibt, vgl. Lakatos, Proofs and Refutations. The Logic of Mathematical Discovery, ed. by John Worrall and Elie Zahar, Cambridge 1976. Dagegen

Der Ausweg aus dem für das klassische Denken charakteristischen Münchhausen-Trilemma[9] besteht also in einer Umstrukturierung der Problemsituation unter Aufgabe der unhaltbaren Leitidee dieses Denkens. Die Lösung dieses Problems ist dabei selbst schon ein Beispiel für die Anwendung der an ihre Stelle tretenden Idee der kritischen Prüfung. Das in der klassischen Lehre dogmatisch vorausgesetzte Begründungsprinzip wird einer kritischen Prüfung unterworfen und eben dadurch nicht mehr als Dogma, sondern als Hypothese behandelt. Da das Festhalten an diesem Prinzip in eine ausweglose Situation führt – eine Situation, die praktisch nur noch die Wahl zwischen Dogmatismus und Skeptizismus offen läßt und damit de facto die Suspendierung dieses Prinzips involviert –, wird der Vorschlag gemacht, von der Idee der Begründung Abschied zu nehmen und an ihre Stelle die Idee der kritischen Prüfung zu setzen. Diese versetzt uns allerdings nicht in die Lage, eine Problemlösung in der Weise eindeutig auszuzeichnen, wie das im Begründungsdenken als möglich vorausgesetzt wurde. Mit der Begründungsidee wird auch die Annahme einer Wahrheitsgarantie ad absurdum geführt. Das bedeutet unter anderem natürlich auch, daß dieser Vorschlag selbst nicht als einzig möglicher Ausweg und daher als sakrosankt hingestellt werden kann. Er wird als Alternative zur klassischen Rationalitätsauffassung präsentiert und selbst der kritischen Prüfung empfohlen. Wollte man einen weitergehenden Anspruch mit ihm verbinden, so müßte man einen Widerspruch in Kauf nehmen. Ein konsequenter Kritizismus muß ohne die für das klassische Denken charakteristischen Garantien – oder besser: ohne die in ihm wirksame Illusion möglicher Garantien – auskommen.

Wer die mit ihm verbundene Konzeption der Rationalität annimmt, hat keinen Grund mehr, in methodischer Hinsicht einen wesentlichen Unterschied zwischen theoretischer und praktischer Vernunft zu machen, wie das bis heute üblich war. Man braucht zwar nicht zu leugnen, daß es inhaltliche Unterschiede zwischen Problemen der Erkenntnis und der Moral gibt, aber das muß keineswegs bedeuten, daß auch in bezug auf den allgemeinen Charakter rationalen Problemlösungsverhaltens erhebliche Unterschiede zwischen beiden Bereichen existieren. Sicherlich findet man bei genauerer Untersuchung auch Verschiedenheiten im methodischen Stil der Erkenntnispraxis wissenschaftlicher Disziplinen, aber das braucht die

---

ging das klassische Begründungsdenken davon aus, daß es möglich sei, jeweils eine einzige Lösung endgültig auszuzeichnen.

[9] Vgl. dazu mein o. a. Buch: Traktat über kritische Vernunft, S. 11 ff., und die Auseinandersetzung mit Kritikern im Nachwort zur 3. Auflage, S. 183 ff.

methodische Einheit der Wissenschaft nicht zu berühren. Daß darüber hinaus sogar gewisse allgemeine methodische Züge einer rationalen Praxis überhaupt aufgewiesen werden können, läßt sich schon deshalb vermuten, weil es trotz großer Verschiedenheiten im einzelnen gemeinsame Eigenschaften menschlicher Problemsituationen gibt.

Es geht also keineswegs darum, spezielle Züge der wissenschaftlichen Methode in andere Lebensbereiche zu verpflanzen, um diese künstlich dem Ideal wissenschaftlicher Rationalität und dem damit verbundenen Arbeitsstil anzupassen, wie es von denjenigen Theoretikern unterstellt wird, die hier mit dem Szientismus-Vorwurf reagieren[10]. Es verhält sich eher umgekehrt: Die Kritik am klassischen Rationalismus hat gezeigt, daß die menschliche Erkenntnissituation selbst in denjenigen Wissenschaften, die seit langem für ihre Exaktheit und Sicherheit bekannt sind, *de facto* in wesentlicher Hinsicht den durch Ungewißheit, Konflikt und Krise gekennzeichneten Lebenssituationen gleicht, die uns dazu führen, die Fehlbarkeit des Menschen hervorzuheben. Man könnte also sehr viel eher sagen, daß der rationale Kritizismus an typische Züge der allgemeinen menschlichen Situation anknüpft und den für sie adäquaten Rationalitätstypus auf die Wissenschaft überträgt[11], indem er zeigt, daß auch hier die Illusionen des Begründungsdenkens die faktische Situation verschleiert haben.

Im übrigen ist es unwichtig, ob man eine allgemeingültige Einsicht in diesem oder jenem Problembereich gewonnen hat, wenn sich daraus keine stichhaltigen Einwände gegen ihre Geltung ergeben. Eine Pointe dieser Revision besteht also gerade darin, daß es in der Wissenschaft im Grunde genommen so menschlich zugeht wie in anderen Lebensbereichen – etwa in Politik, Wirtschaft und Kunst – und daß man den in ihr zustande gekommenen Kulturleistungen daher Rechnung tragen muß, ohne dabei die erwähnten Illusionen aufrechtzuerhalten.

---

[10] Die Rede von der „gesellschaftspolitischen Extrapolation einer Methodologie" ist schon 1963 bei HABERMAS zu finden, vgl. seinen in Anm. 4 genannten Aufsatz: Dogmatismus, Vernunft und Entscheidung, S. 253. Seitdem wurde sie, ebenso wie der Szientismus-Vorwurf, oft wiederholt, z. B. von KARL-OTTO APEL, vgl. den ersten Band von: Transformation der Philosophie, Frankfurt 1973, S. 13 und passim; dazu meine Kritik in: Transzendentale Träumereien, aaO, S. 90 ff. Auch Theoretiker der Erlanger Schule pflegen sich, wenn ich mich recht erinnere, gelegentlich an kurzschlüssigen Einwänden dieser Art zu delektieren.

[11] Vgl. dazu den Hinweis auf den Fallibilismus der Väter der amerikanischen Verfassung in VINCENT OSTROMS Buch: The Political Theory of a Compound Republic, Blacksburg

2. Transzendentaler Ansatz und kritischer Realismus

Man neigt heute mitunter dazu, die vorliegende Kritik am klassischen Rationalismus zwar anzunehmen, aber für das Kantsche Denken eine Ausnahme zu machen. Mit dem durch Kant entwickelten transzendentalen Ansatz oder einer verbesserten Version dieses Ansatzes soll eine Lösung des Begründungsproblems erreichbar sein, die nicht mit den Schwächen des alten Rationalitätsmodells belastet ist und daher den Ausweg des kritischen Rationalismus vermeidbar macht. Aber auch die erkenntnistheoretische Auffassung Kants kann, wenn man eine historisch angemessene Interpretation anstrebt, kaum anders gedeutet werden als im Sinne einer besonderen Version des klassischen Begründungsdenkens. Seine Kritik des Vermögens der reinen Vernunft diente letzten Endes der Rechtfertigung der Wissenschaft im klassischen Sinne und ihrer Abgrenzung gegen Aussagengebäude, die einem unrechtmäßigen Gebrauch der Vernunft entsprungen sind, da sie die Grenzen der Erfahrung überschreiten[12]. Die transzendentale Methode hat in diesem Zusammenhang die Aufgabe, die Resultate des legitimen Gebrauchs der Vernunft zu begründen und damit ihre Wahrheit zu verbürgen. Das soll sie durch einen Rekurs auf die Bedingungen der Möglichkeit der Erfahrung erreichen, wie sie im menschlichen Erkenntnisvermögen gegeben sind. Mit seiner Hilfe soll vor allem die Geltung jener synthetischen Urteile a priori sichergestellt werden, an deren Gegebenheit die Kantsche Grundfragestellung anknüpft.

Nun ist die transzendentale Deduktion, wie immer man sie im einzelnen deuten möchte, jedenfalls ein Ableitungsverfahren, das es erlaubt, die Gegebenheiten, die auf diese Weise als legitim erwiesen werden sollen, auf weiter zurückliegende Faktoren zu gründen. Wie auch sonst bei solchen Begründungsversuchen gibt es hier die Möglichkeit, prinzipiell sowohl die Geltung der verwendeten Verfahrensweise als auch die der Basis, auf die zurückgegangen werden soll, in Frage zu stellen. Es ist daher nicht zu

---

1971, S. 23 ff.; sowie JOHN STUART MILL, Die Freiheit (1859), Zürich 1945, S. 140 f. und passim, wo es auch um Probleme der Sozialphilosophie geht.

[12] Das wird unter anderem in der Passage deutlich, wo er feststellt, daß die Kritik des Vermögens der reinen Vernunft in seinem Werk „nicht dem *dogmatischen Verfahren* der Vernunft in ihrem reinen Erkenntnis als Wissenschaft entgegengesetzt" sei, denn diese müsse „jederzeit dogmatisch, d. i. aus sicheren Prinzipien a priori strenge beweisend sein". Dogmatismus im schlechten Sinne war für ihn nur ein solches Verfahren, wenn ihm keine Kritik dieses Vermögens vorangegangen ist; vgl. IMMANUEL KANT, Kritik der reinen Vernunft, Vorrede zur 2. Auflage, Meiner-Ausgabe, Hamburg 1956, S. 31.

sehen, wie sich das Münchhausen-Trilemma hier vermeiden lassen soll.
Der Anspruch auf apodiktische Gewißheit, der in der Kantschen Gedan-
kenführung auftritt, zeigt deutlich, daß seine Auffassung noch im Banne
des für den klassischen Rationalismus charakteristischen Erkenntnisideals
steht. Soweit die transzendentale Methode im Rahmen des klassischen
Begründungsdenkens funktionieren soll, führt auch sie zu den typischen
Schwierigkeiten, die den anderen Versionen dieser Art von Rationalismus
gemeinsam sind. Auch eine Reformulierung des transzendentalen Ansatzes unter Verwertung hermeneutischer und analytischer Requisiten kann
da kaum weiterhelfen[13].

Allerdings ist es durchaus möglich, die Verknüpfung der Kantschen
Problemlösung mit dem Erkenntnisideal des klassischen Rationalismus
aufzugeben und seinen Kritizismus zu radikalisieren[14]. Wenn man die mit
seinem Ansatz verbundenen *Begründungsansprüche* aufgibt, dann kann
man seine Erfahrungstheorie als den *Versuch einer Erklärung* des Phäno-
mens der wissenschaftlichen Erkenntnis durch *hypothetischen Rekurs* auf
die Beschaffenheit des menschlichen Erkenntnisvermögens auffassen. Wir
hätten dann eine *metaphysische* Theorie mit *Hypothesen*charakter vor
uns, die darauf abzielt, die Möglichkeit der Erfahrungserkenntnis zu erklären. Die Tatsache, daß wir Erfahrungen machen können, wird dabei
durch die Annahme erklärt, daß unser Erkenntnisvermögen durch bestimmte Gesetzmäßigkeiten charakterisiert werden kann, die seine Struktur und sein Funktionieren bestimmen[15].

Die Möglichkeit, der Metaphysik eine Erklärungsaufgabe dieser Art
zuzuweisen, hat schon Schopenhauer gesehen, dessen Kant-Kritik man

---

[13] Vgl. dazu meine Kritik in: Transzendentale Träumereien, aaO, S. 60 ff., 121 ff. und
passim.

[14] Vgl. dazu: KARL POPPER, Die beiden Grundprobleme der Erkenntnistheorie, Tübingen 1978, zu Anfang der 30er Jahre geschrieben, aber jetzt erst veröffentlicht.

[15] Vgl. meinen Aufsatz: Kritizismus und Naturalismus (1971), in: Konstruktion und Kritik, aaO, S. 18 ff. Inzwischen hat auch Wolfgang Röd die Behauptung aufgestellt, daß „die
Grundsätze der Erfahrungstheorie gegen Kants ausdrückliche Auffassung als Hypothesen
gedeutet werden" könnten; vgl. RÖD, Dialektische Philosophie der Neuzeit, 1. Band: Von
Kant bis Hegel, München 1974, S. 33. Solche transzendentalen Hypothesen, „die im Hinblick auf ein bestimmtes Erklärungsziel gemacht werden", seien damit „denselben Bedingungen unterworfen, die für Hypothesen im allgemeinen gelten, wenn diese mit dem Anspruch auf Wissenschaftlichkeit eingeführt werden", aaO, S. 32. Allerdings kreidet der Ver-
fasser es Kant als einen Verstoß gegen den „Geist" der analytischen Methode an, daß er eine
realistische Deutung seiner Erfahrungstheorie ins Auge faßt, aaO, S. 43 f., was mir – auch
nach einem Briefwechsel mit ihm – nicht ganz verständlich erscheint.

zustimmen kann, ohne seine eigene metaphysische Auffassung zu übernehmen[16]. Er hat überdies mit Recht festgestellt, daß eine Metaphysik, die
dieser Aufgabe gerecht zu werden versucht, selbst auf Erfahrung angewiesen sei und daher keineswegs jene apodiktische Gewißheit für sich in Anspruch nehmen könne, die nach Kantscher und auch nach seiner Auffassung mit Erkenntnissen *a priori* verbunden ist[17]. Daß er dennoch eine Version des transzendentalen Idealismus vertrat, derzufolge die in den Einzelwissenschaften analysierte empirische Realität eine Welt bloßer Erscheinungen und nur die Metaphysik in der Lage ist, den wirklichen Verhältnissen nahezukommen, hängt damit zusammen, daß er die Kantsche
Auffassung über den Charakter apriorischer Erkenntnisse – und damit
über die Rolle von Raum, Zeit und Kausalität für die Erfahrung – im wesentlichen übernommen hatte[18]. Auch für ihn war die Apriorität bestimmter Elemente der Erkenntnis ein Indiz für ihre bloße Subjektivität.
Die Tatsache, daß unsere Erkenntnis bestimmten Gesetzmäßigkeiten un-

---

[16] Vgl. ARTHUR SCHOPENHAUER, Die Welt als Wille und Vorstellung, 2. Band, (1844),
Zürich 1977, S. 211; „Die Aufgabe der Metaphysik ist zwar nicht die Beobachtung einzelner
Erfahrungen, aber doch die richtige Erklärung der Erfahrung im Ganzen".

[17] Vgl. ARTHUR SCHOPENHAUER, Die Welt als Wille und Vorstellung, 2. Band, aaO, S.
211 „Apodiktische Gewißheit kann einer Erkenntnis freilich nur ihr Ursprung *a priori* geben: eben dieser beschränkt sie auf das bloß *Formelle* der Erfahrung überhaupt, indem er an-
zeigt, daß sie durch die subjektive Beschaffenheit des Intellekts bedingt sei. Dergleichen Erkenntnis also, weit entfernt, uns über die Erfahrung hinauszuführen, gibt bloß einen *Teil*
dieser selbst, nämlich den *formellen*, ihr durchweg eigenen und daher allgemeinen, mithin
bloße Form ohne Gehalt. Da nun die Metaphysik am allerwenigsten hierauf beschränkt sein
kann, so muß auch sie *empirische* Erkenntnisquellen haben: mithin ist jener vorgefaßte Begriff einer rein *a priori* zu findenden Metaphysik notwendig eitel". Kant wirft er in diesem
Zusammenhang eine *petitio principii* vor; vgl. dazu auch seine „Kritik der Kantischen Philosophie" im ersten Band des gleichen Werkes, aaO, S. 524 ff.

[18] Vgl. dazu seine Dissertation: Über die vierfache Wurzel des Satzes vom zureichenden
Grunde (1813, 2. Aufl. 1847), Zürich 1977, S. 66 ff., wo er, um die Intellektualität der Anschauung und das ihr zugrunde liegende Apriori aufzuweisen, eine sehr interessante Analyse
davon bietet, wie der Verstand in der Wahrnehmung aus den Sinnesdaten, die in der Empfin-
dung gegeben sind, die Gegenstände der Erfahrungswelt konstruiert. Damit meint er gleichzeitig zeigen zu können, daß das Resultat dieser Verstandestätigkeit in bloßen Erscheinungen bestehen müsse und daher den wirklichen Verhältnissen nicht entsprechen könne, zumal
das für die Konstruktion benutzte Gesetz der Kausalität, wie er mit Kant annimmt, für diese
Verhältnisse keine Bedeutung habe. Diese Wahrnehmungsanalyse Schopenhauers läßt sich
ohne weiteres im Rahmen eines kritischen Realismus deuten, der dem Deutungscharakter
der Wahrnehmung Rechnung trägt; vgl. dazu den vierten Abschnitt meines Beitrages zur
Frey-Festschrift: Erkenntnis, Sprache und Wirklichkeit, in: Bernulf Kanitscheider (Hgb),
Sprache und Erkenntnis, Innsbruck 1976.

terliegt, bedeutet aber noch nicht, daß, wie Kant darüber hinaus annimmt, „die oberste Gesetzgebung der Natur in uns selbst, d. i. in unserem Verstande liegen müsse", so daß der Verstand seine Gesetze nicht aus der Natur schöpfe, sondern sie dieser vorschreibe[19]. Wie schon Külpe festgestellt hat, hat Kant weder nachgewiesen, *„daß die Apriorität gewisser Erkenntnisfaktoren deren Subjektivität bedeutet"*, noch, *„daß diese Subjektivität eine ihr entsprechende Beschaffenheit der Realitäten ausschließt"*[20].

Die hypothetische Deutung des Kantschen Ansatzes läuft also darauf hinaus, daß die Frage nach den Bedingungen der Möglichkeit der Erkenntnis nicht durch eine *Begründung* beantwortet wird, durch die die Erkenntnis und damit die Wissenschaft gleichzeitig legitimiert werden soll, sondern durch eine *Erklärung*, die ebensowenig sakrosankt sein kann, wie das sonst bei Erklärungen der Fall ist. Die Möglichkeit alternativer Erklärungsansätze kann auch hier niemals ausgeschlossen werden. Diese Deutung ist überdies mit einem *kritischen Realismus* vereinbar, der die transzendentale Frage nach den Bedingungen der Möglichkeit von Erkenntnis ebenfalls realistisch auffaßt. Das bedeutet aber, daß er sie im Sinne einer *Analyse realer Bedingungen* interpretiert. Für einen konsequenten Realismus dieser Art ist die Erkenntnis ein reales Geschehen, dessen Gesetzmäßigkeiten zu untersuchen sind. Wenn man den Kantschen Phänomenalismus aufgegeben hat, gibt es keinen Grund mehr dafür, das transzendentale Subjekt der Erkenntnis nicht als reales Subjekt aufzufassen, dessen Erkenntnisvermögen hinsichtlich seiner Struktur und Leistungsfähigkeit analysiert werden kann. Diese Auffassung ist schon vor längerer Zeit vertreten worden, aber die Dominanz irrationalistischer Strömungen im deutschen philosophischen Denken der Zeit nach dem Ersten Weltkrieg hat vermutlich dazu geführt, daß sie in Vergessenheit geraten ist[21].

---

[19] Vgl. IMMANUEL KANT, Prolegomena zu einer jeden künftigen Metaphysik, die als Wissenschaft wird auftreten können, 1783, Meiner-Ausgabe, Hamburg 1957, S. 78f.

[20] Vgl. OSWALD KÜLPE, Immanuel Kant. Darstellung und Würdigung, 2. Auflage, Leipzig 1908, S. 84; Kants auf diesen Annahmen beruhender Phänomenalismus sei, so folgert Külpe weiter, damit hinfällig geworden.

[21] „Unser Erkenntnisvermögen", sagte z. B. Oswald Külpe in einer Kant-Würdigung, „gleicht einem Instrument, dessen Leistungsfähigkeit und Tragweite, dessen Grenzen und Fehler man einigermaßen muß beurteilen können, wenn man sich nicht der Gefahr einer Täuschung aussetzen will ... Wenn wir die Theorie eines Instruments entwickeln wollen, so geschieht das anhand seines Baues und seiner Leistungen. Seine Elemente und deren Zusammensetzung werden betrachtet und auf ihre Gesetze zurückgeführt"; KÜLPE, Festrede zur Kant-Feier der Würzburger Universität am 12. Februar 1904, in: Joachim Kopper/Ru-

Diese Sicht der Problemsituation wird ohne Zweifel auf den schon erwähnten üblichen philosophischen Einwand stoßen, daß die Erkenntnistheorie eine autonome Disziplin sein müsse, die sich mit realen Gesetzmäßigkeiten schon deshalb nicht befassen könne, weil solche Gesetzmäßigkeiten in den Problembereich der Realwissenschaften gehören, so daß für ihre Untersuchung auch empirische Argumente eine Rolle spielen müßten. Dieser Einwand geht von der Vorstellung aus, einer philosophischen Disziplin sei ein eigener Objektbereich vorbehalten, den man nur auf apriorische Weise erfassen könne. Die Idee einer reinen Philosophie dieser Art – also auch einer reinen Erkenntnislehre –, die durch die Entwicklung der wissenschaftlichen Erkenntnis nicht berührt werden könne, wird aber meines Erachtens nicht nur der Geschichte des philosophischen Denkens nicht gerecht, sondern sie läßt sich darüber hinaus auch systematisch kaum plausibel machen[22]. In der analytischen Richtung des philosophischen Denkens hat diese Idee zeitweise zu einem Rückzug auf sprachliche Probleme geführt, aber es ist unerfindlich, wie sich Problemlösungen in diesem Bereich gegen die Resultate linguistischer Forschungen immunisieren lassen sollen. Ähnliches gilt für die Analyse der Beobachtungsbasis der wissenschaftlichen Erkenntnis, für die Resultate der Wahrnehmungsforschung keineswegs gänzlich uninteressant sein dürften[23].

---

dolf Malter (Hgb.), Immanuel Kant zu Ehren, Frankfurt 1974, S. 185 f. Külpes realistische Kant-Deutung steht im Gegensatz zu denjenigen Deutungen, die darauf abzielen, ein transzendentales Subjekt zu konstituieren, von dem man eine Wahrheitsgarantie für bestimmte Einsichten erwarten kann; vgl. dazu meine Apel-Kritik in meiner in Anm. 3 oben genannten Schrift; bei Apel übernimmt die ideale Kommunikationsgemeinschaft diese Funktion und tritt damit an die Stelle des cartesischen Gottes.

[22] Zur Kritik vgl. KARL POPPER, The Nature of Philosophical Problems and their Roots in Science, in seinem Aufsatzband: Conjectures and Refutations, aaO, und JOSEPH AGASSI, The Nature of Scientific Problems and their Roots in Metaphysics, in seinem Aufsatzband: Science in Flux, Dordrecht/Boston 1975, S. 208 ff.; sowie meinen in Anm. 1 erwähnten Aufsatz: Kritizismus und Naturalismus, S. 23 ff.

[23] Vgl. PAUL FEYERABEND, Das Problem der Existenz theoretischer Entitäten, in: Ernst Topitsch (Hgb.), Probleme der Wissenschaftstheorie. Festschrift für Victor Kraft, Wien 1960, und viele seiner späteren Arbeiten; auch ALFRED BOHNEN, Zur Kritik des modernen Empirismus, in: Albert (Hgb.), Theorie und Realität, 2. Auflage, Tübingen 1972. Gerold Prauss hat in seinem interessanten Aufsatz „Freges Beitrag zur Erkenntnistheorie", Allgemeine Zeitschrift für Philosophie, 1976, S. 34 ff., wieder für eine reine Erkenntnistheorie der erwähnten Art plädiert und seine Argumentation teilweise auf den schon von Kant postulierten Deutungscharakter der Wahrnehmung gestützt, aaO, S. 53. Aber dieser Deutungscharakter macht es keineswegs notwendig anzunehmen, daß „so etwas wie subjektive Gedanken selbst konstitutiv für so etwas wie objektive Dinge sind", aaO, S. 59. Ich habe den Eindruck,

Wenn man davon ausgeht, daß die Erkenntnislehre der tatsächlichen
menschlichen Erkenntnissituation Rechnung tragen muß, dann ist es äußerst problematisch, von ihr zu erwarten, daß sie sich gegen die Ergebnisse der Realwissenschaften immunisiert, die sich unter Verwendung
empirischer Untersuchungen mit Problemen aus dem Bereich der Er-
kenntnisprozesse befassen, wie etwa Denk- und Wahrnehmungspsycho-
logie, Wissenssoziologie und Linguistik, oder auch der Disziplinen, die
sich mit den einschlägigen biologischen Fragen beschäftigen. Eine reine
Erkenntnislehre dieser Art liefert sich einem dogmatischen Apriorismus
aus. Die Notwendigkeit einer solchen Isolierung dürfte sich schwerlich
zeigen lassen.

Wer erkenntnistheoretische Probleme im Sinne des oben skizzierten
kritischen Realismus angeht, wird aber nicht dabei stehenbleiben können,
nur die Struktur des menschlichen Erkenntnisvermögens in Betracht zu
ziehen. Die für die Erkenntnis erforderlichen Leistungen dürften auch
von der Beschaffenheit der Umgebung abhängen, in der diese Leistungen
erbracht werden. Die realen Bedingungen möglicher Erkenntnis hängen,
wie wir heute zu wissen meinen, mit den menschlichen Lebensbedingungen im kosmischen Geschehen – an einer durch spezifische Eigenschaften
ausgezeichneten Stelle im Kosmos – und darüber hinaus mit der Eigenart
der für dieses Geschehen geltenden realen Gesetzmäßigkeiten zusammen.
Diese Einsicht führt aber zu der radikalen Konsequenz, daß nicht nur
keine Wissenschaft aus der Behandlung der Erkenntnisproblematik ausgeschlossen werden kann, sondern daß eine adäquate Analyse dieser Problematik jeweils vom Stande unserer Erkenntnis überhaupt, und damit
auch vom Stande der realwissenschaftlichen Forschung, abhängt.

Diese Feststellung klingt vermutlich so paradox, daß sie die Chance hat,
ohne Umstände zurückgewiesen zu werden, vor allem dann, wenn man
der Erkenntnislehre einen privilegierten Platz im Kosmos der Wissenschaften zuweisen oder sie als philosophische Disziplin oberhalb der Wissenschaften ansiedeln möchte: gewissermaßen in der Rolle eines Verfas-
sungsgerichtshofs in der Republik der Forschung. Ich sehe aber nicht, wie

---

daß seine Argumentation für eine solche Erkenntnislehre sehr stark durch den Gegensatz zu
einem Empirismus geprägt ist, der „Empirisches" und „Faktisches" weitgehend identifizieren möchte, während der kritische Realismus eine solche Identifikation zurückweisen muß.
Die Realwissenschaft ist für ihn keine „Wissenschaft vom Empirischen", sondern sie benutzt
die Empirie in der Untersuchung der wirklichen Zusammenhänge, auch derjenigen im Bereich des Erkenntnisgeschehens. Was die Psychologie über Denken und Wahrnehmung zutage gefördert hat, kann daher unter Umständen erkenntnistheoretische Relevanz erhalten.

diese in der philosophischen Tradition fest verankerte Ansicht von einer Erkenntnishierarchie heute noch aufrechterhalten werden kann, ganz abgesehen davon, daß sie auch der tatsächlichen Entwicklung des philosophischen Denkens nicht ganz entsprechen dürfte. Soweit die *Erklärung* des tatsächlichen Erkenntnisgeschehens auf theoretischer Grundlage zur Diskussion steht, läßt sich die Vorstellung einer autonomen Erkenntnislehre dieser Art kaum einsichtig machen. Auch der philosophische Protest gegen den Naturalismus – gegen die „illegitime" Übertragung der naturwissenschaftlichen Methode auf den philosophischen Bereich – kann kaum ernstgenommen werden, nachdem sich gezeigt hat, daß es kein Refugium philosophischen Denkens mehr gibt, in dem eine reine Lehre der erwähnten Art sich entwickeln könnte, und daß andererseits die Wissenschaften selbst mit philosophischen Ideen durchtränkt sind.

Man könnte allerdings auf eine ganz andere Weise für eine autonome Erkenntnistheorie plädieren, nämlich mit dem Hinweis darauf, daß eine solche Lehre keinen *Erklärungsanspruch* erheben müßte, sondern sich ausschließlich mit der *Geltungsproblematik* zu beschäftigen habe. Schon aus diesem Grunde seien daher nicht nur realwissenschaftliche, sondern darüber hinaus auch metaphysische Erklärungsansätze für sie irrelevant. Deren Verwertung im Rahmen dieser Problematik setze nämlich einen naturalistischen Fehlschluß voraus, einen Schluß von Sachaussagen auf Wert- oder Sollensurteile. Es sei daher auch nicht angemessen, eine realistische Umdeutung der Kantschen Lehre ins Auge zu fassen, um Erkenntnisprobleme dieser Art zu lösen. Überdies werde eine solche Umdeutung auch dem Kantschen Interesse am Geltungsproblem nicht gerecht, das er ja in seinem Werk ausdrücklich als zentral herausgestellt und von Problemen faktischen Charakters scharf unterschieden habe. Die *Erkenntnistheorie als normative Disziplin* werde also durch die angeführten Argumente nicht einmal berührt.

Dagegen wird man sicherlich nicht für die Verwendung naturalistischer Fehlschlüsse im Erkenntnisbereich plädieren wollen. Wohl aber wird man daran erinnern dürfen, daß auch eine normative Erkenntnislehre der tatsächlichen Erkenntnissituation und den Möglichkeiten der menschlichen Erkenntnispraxis Rechnung tragen muß. Auch eine Konzeption, die in bezug auf diese Praxis eine kritisch-normierende Funktion erfüllen soll[24], ist gegen Argumente aus dem Bereich faktischer Zusammenhänge keineswegs immun. Allerdings benötigt man zu ihrer kritischen Durchleuch-

---

[24] Vgl. dazu VIKTOR KRAFT, Erkenntnislehre, Wien 1960, S. 24 f.

tung – wie auch sonst bei der Kritik an Wertungen, Normierungen und
Forderungen – bestimmte *Brücken-Prinzipien*, deren Benutzung Fehlschlüsse der oben erwähnten Art vermeidbar macht[25]. Mit Hilfe des bekannten Realisierbarkeitsprinzips „Sollen impliziert Können" lassen sich
zum Beispiel auch epistemologische Forderungen ohne weiteres der Kritik unterwerfen, wie unter anderem unsere Kritik am Prinzip absoluter
Begründung gezeigt hat. Die Erkenntnislehre kann also auch da, wo sie
eine normierende Funktion in Anspruch nimmt, nicht *in vacuo* konstruiert werden. Sie muß an eine adäquate Deutung der Erkenntnispraxis anknüpfen, darf keine im Sinne dieser Deutung utopischen Forderungen
stellen und keine unanwendbaren Kriterien formulieren. Sie hängt also insofern mit der angeführten realistischen Deutung des Kantschen Ansatzes
zusammen, als sie von den *realen Bedingungen* der Möglichkeit der Erkenntnis und von *realisierbaren Zielsetzungen und Anforderungen* in diesem Bereich auszugehen hat, wie das allgemein für rationale Technologien
und rationale Normierungen gilt.

Daraus ergeben sich natürlich Konsequenzen für unsere Auffassungen
über die Methodologie der Realwissenschaften, wenigstens, wenn wir davon Abstand nehmen, diese Disziplin auf die Konstatierung von Regeln
und Kriterien zu beschränken, die das Wissenschaftsspiel „definieren"
und daher gegen kritische Argumente aller Art von vornherein immun zu
sein scheinen[26]. Wir können nämlich die *Methodologie* meines Erachtens
weder einfach als eine normative Disziplin üblicher Art auffassen, noch als
eine deskriptive Disziplin, die das Verhalten bestimmter Experten – der
Wissenschaftler – beschreibt, sondern eher als eine *Technologie*, die sich
auf bestimmte Ziele der kognitiven Problemlösungstätigkeit beziehen
läßt, wie sie im Kulturbereich der Wissenschaft als wirksam vorausgesetzt
werden können. Sie ist demnach von bestimmten Hintergrundannahmen
über die Beschaffenheit der Realität – zum Beispiel: über die Struktur der
Sprache, über Möglichkeiten der Wahrnehmung – abhängig, wie sie in einer am Erklärungsproblem orientierten realistischen Erkenntnislehre auftreten. Auch in diesem Bereich muß also die *Technologie* eine *theoretische*

---

[25] Vgl. dazu meinen: Traktat über kritische Vernunft, aaO, S. 76 ff. und passim, sowie:
Kritizismus und Naturalismus, aaO.

[26] Mitunter wird KARL POPPER – als Autor der „Logik der Forschung", Wien 1935 – eine
Anschauung dieser Art unterstellt, aber das harmoniert weder mit seiner Argumentations-
weise in diesem Buch, noch mit seinen ausdrücklich formulierten Auffassungen in späteren
Arbeiten, vgl. z. B.: Das Ziel der Erfahrungswissenschaft, in seinem Buch: Objektive Erkenntnis. Ein evolutionärer Entwurf, Hamburg 1973, S. 213 ff.

Basis haben, in einer Erkenntnislehre, die die Erkenntnis und damit auch das kognitive Unternehmen der Wissenschaft zu erklären sucht. Ein konsequenter kritischer Realismus eröffnet also die *Möglichkeit, methodologische Vorschläge* aufgrund von *Auffassungen über die Struktur der Realität* – nennen wir sie kurz „kosmologische Auffassungen" – zu *konstruieren* und sie auch auf dieser Grundlage zu *kritisieren*.

Diese These scheint aber zu einer Schwierigkeit zu führen, die den Einwand der Zirkularität des vorgeschlagenen Verfahrens plausibel macht. Da nämlich unsere kosmologischen Anschauungen durch die Entwicklung und den jeweiligen Stand der realwissenschaftlichen Forschung beeinflußt werden, sieht die Vorstellung, man könne sie zur Konstruktion oder Kritik methodologischer Vorschläge – für Regeln, Maßstäbe oder Ideale – verwenden, einigermaßen paradox aus. Die Resultate der wissenschaftlichen Forschung sollen ja selbst mit Hilfe dieser Methoden erzielt oder bewertet werden. Der Anschein der Paradoxie entsteht aber nur dann, wenn wir nicht bereit sind, die radikalen Konsequenzen aus der Einsicht zu ziehen, daß es *keinen archimedischen Punkt der Erkenntnis* gibt, auch nicht auf der Ebene einer unfehlbar richtigen Methodologie. Wir haben eben nicht nur keine Methode, die zu garantiert wahren Aussagen führt, sondern wir haben darüber hinaus auch keine Methodologie, deren Richtigkeit garantiert werden könnte.

Im übrigen läßt sich dazu zweierlei sagen: Erstens gibt es eine Kritik der angegebenen Art und entsprechende Änderungsvorschläge schon, zum Beispiel, wenn der neoklassische Empirismus mit seiner Forderung nach einer sicheren empirischen Basis auf der Grundlage von Resultaten der Wahrnehmungsforschung kritisiert und eine entsprechende Methodenrevision vorgeschlagen wird, wie das bekanntlich geschehen ist. Und zweitens kann eine solche Kritik – und die mit ihr verbundene Methodenrevision – schwerlich als illegitim zurückgewiesen werden, wenn wir zugestehen, daß die sogenannte Erkenntnistheorie keine geschlossene und aprioristisch zu betreibende Disziplin *über* allen Wissenschaften ist, sondern ein wissenschaftlicher Problembereich, an dessen Erforschung, wie schon erwähnt, prinzipiell alle Wissenschaften Anteil haben können. Wenn wir von einem *konsequenten Fallibilismus* ausgehen, wie das hier geschieht, dann müssen wir auch Methoden, Maßstäbe und Ideale als prinzipiell revidierbar ansehen. Wenn wir weiterhin den oben skizzierten *kritischen Realismus* annehmen, dann muß es grundsätzlich möglich sein, Auffassungen über die Beschaffenheit der Wirklichkeit – z. B. über reale Bedingungen der Möglichkeit von Erkenntnis – zur Kritik und Revision solcher

Normierungen zu verwenden, auch von Kriterien im Erkenntnisbereich. Wenn wir darüber hinaus den *methodischen Rationalismus* beibehalten wollen, der schon für die klassische Philosophie maßgebend war[27], dann werden wir auch in diesem Bereich – dem der Methodenkritik und der Methodenrevision – mit rationalen Argumenten weiterzukommen suchen, was ja, wie wir wissen, Phantasie und Beobachtungsgabe keineswegs ausschließt.

3. *Die menschliche Problemlösungstätigkeit und die Idee rationaler Praxis*

Die Kritik am klassischen Rationalitätsmodell hat gezeigt, daß die Erkenntnispraxis der Wissenschaft wesentliche Züge mit der Praxis in anderen Bereichen gemeinsam hat. Die Bemühungen um die Aufdeckung und Lösung von Problemen in der Erkenntnissituation unterscheiden sich keineswegs in so drastischer Weise von anderen menschlichen Aktivitäten, daß man genötigt wäre, die Suche nach allgemeinen Strukturmerkmalen der menschlichen Problemlösungstätigkeit als aussichtslos anzusehen. Die Wissenschaften vom Menschen haben vielmehr eine ganze Reihe solcher Merkmale zutage gefördert, ohne daß man leugnen müßte, daß die Eigenart der in den verschiedenen Bereichen auftauchenden Problemsituationen auch gewisse Unterschiede in den Verfahrensweisen zur Folge hat. Wer sich die Aufgabe stellt, eine Rationalitätsauffassung zu entwickeln, die der Kritik am klassischen Modell Rechnung trägt und gleichzeitig nicht nur auf bereichsspezifische Situationen zugeschnitten ist, wird dabei an solche allgemeinen Strukturmerkmale anknüpfen müssen.

Daß es möglich ist, eine solche Konzeption zu formulieren, läßt sich nicht schon dadurch widerlegen, daß bisherige Rationalitätsmodelle sich als unzulänglich erwiesen haben. Die Tatsache etwa, daß bestimmte methodische Regeln, die im Rahmen solcher Modelle vorgeschlagen wurden, in der Geschichte der Erkenntnis faktisch nicht die ihnen zugeschriebene Rolle gespielt haben, macht die Suche nach einer allgemeingültigen Auffassung dieser Art ebensowenig sinnlos, wie etwa das Scheitern einer Theorie, die zur Erklärung bestimmter Phänomene konstruiert wurde, die Suche nach einer besseren – und unter Umständen umfassenderen –

---

[27] Natürlich sind hier nicht die auf die klassische Begründungsidee zurückgehenden unhaltbaren Forderungen gemeint.

Theorie sinnlos machen würde[28]. Die Idee rationaler Praxis braucht nicht schon deshalb aufgegeben zu werden, weil es noch keine befriedigende Formulierung für sie gibt.

Ausgangspunkt für eine Analyse menschlichen Handelns im Hinblick auf diese Idee kann die Auffassung des Verhaltens in verschiedenen Lebenssituationen als einer ständigen mehr oder weniger konsequenten und erfolgreichen Bemühung sein, Probleme zu erfassen und sie zu lösen, und zwar Probleme ganz verschiedener Art: von den elementaren Lebensproblemen, die sich auf die Erhaltung der nackten Existenz, auf Vorsorge gegen Hunger und Kälte, Schutz gegen Feinde und die Sicherheit der Gruppe beziehen, bis zu den subtilsten Problemen der Kunst, der Wissenschaft und der Religion. Eine der wichtigsten Strukturgegebenheiten, die in diesem Zusammenhang beachtet werden müssen, ist wohl die Tatsache, daß sich Probleme immer in einem Kontext zu präsentieren pflegen, in einem Bezugsrahmen, der nicht nur für ihre Entstehung bedeutsam ist, sondern auch bestimmte Voraussetzungen für ihre Lösung enthält. Dabei handelt es sich um „Voraussetzungen" nicht etwa nur im engeren Sinne der Logik, sondern in einem sehr allgemeinen Sinne: Annahmen über faktische Gegebenheiten, Einsichten allgemeineren Charakters, Maßstäbe der Beurteilung, methodische Einstellungen, verfügbare Verfahrensweisen, Zielsetzungen und Ideale. Viele der Komponenten einer solchen Problemsituation bleiben meist im Hintergrund, ohne jemals thematisiert zu werden, andere werden im Zuge der Versuche, das betreffende Problem zu lösen, explizit gemacht, und wieder andere sind von vornherein deutlich.

Die *Kontextabhängigkeit des Problemlösungsverhaltens* und damit der menschlichen Praxis überhaupt ist eine Tatsache, die in vielen Resultaten verschiedener Wissenschaften eine Rolle spielt[29]. Sie ist kein spezieller Sachverhalt im Zusammenhang menschlicher Erkenntnistätigkeit, son-

---

[28] Auch die überzeugendste Kritik methodischer Konzeptionen kann natürlich nicht nachweisen, daß *hinter* bestimmten wissenschaftlichen oder anderen Leistungen keine – unter Umständen den Menschen selbst nicht bewußte – gemeinsame methodische Praxis steht, deren Regeln entdeckt werden könnten. Ich habe den Eindruck, daß auch die Untersuchungen Feyerabends trotz gegenteiliger Behauptungen letzten Endes interessante Beiträge zur Formulierung einer brauchbaren Rationalitätsauffassung dieser Art enthalten, wenn auch die kritischen Aspekte prima facie in ihnen dominieren; vgl. PAUL FEYERABEND, Wider den Methodenzwang, aaO.

[29] Aus der Kontexttheorie der Bedeutung ergibt sich für die Lösung von Sinnproblemen und damit für die Hermeneutik als mit solchen Problemen befaßte Kunstlehre ein Spezialfall dieses allgemeinen Tatbestandes.

dern ein Strukturmerkmal menschlicher Praxis überhaupt, die ja stets auch kognitive Aspekte hat. Ohne einen Kontext tauchen Probleme nicht auf, ohne einen bestimmten Kontext stellen sie sich nicht in bestimmter Weise, ohne die Erfüllung gewisser Rahmenbedingungen können sie nicht gelöst werden. Ihre Lösung erfordert oft Kontextänderungen, die die Problemsituation in neuem Licht erscheinen lassen, und damit eine Revision der Problemsituation. Im Zuge einer solchen Umstrukturierung werden einzelne Bestandteile des Bezugsrahmens modifiziert, ihre Funktion im Gesamtzusammenhang wird geändert, oder neue Faktoren werden eingeführt, um eine Lösung zu ermöglichen. Es besteht aber nie die Möglichkeit, alle Komponenten gleichzeitig zu ersetzen oder zu beseitigen.

Die „Voraussetzungen", mit deren Hilfe an die Lösung von Problemen herangegangen wird, sind großenteils Resultate früherer Problemlösungsversuche, gespeicherte Problemlösungen, die überwiegend der *Tradition* entstammen. Das überlieferte Wissen, die überlieferten Normierungen, Einstellungen und Verhaltensweisen stellen gewissermaßen einen wesentlichen Teil des „Kapitals" einer Gesellschaft dar, in dem frühere Problemlösungen aufgespeichert sind[30]. *Innovationen* durch Lösung neuer Probleme oder eine Revision der Lösung überlieferter Probleme können das vorhandene Kapital modifizieren, je nach dem verwendeten Wertmaßstab im positiven oder negativen Sinne. Aber der Versuch, das kulturelle Erbe einer Gesellschaft völlig zu eliminieren, um vollkommen neue und andersartige Lösungen durchsetzen zu können, wird, in je stärkerem Maß er den negativen Teil dieses Zieles, das angestrebte kulturelle Vakuum erreicht, um so mehr auch die Bedingungen für die Realisierung der ins Auge gefaßten neuen Lösungen zerstören. Die *Determinationskraft früherer Entscheidungen*, die in der Eigenart des kulturellen „Kapitales" einer Gesellschaft zum Ausdruck kommt, läßt sich nur um den Preis des Rückfalls auf eine tiefere Stufe unwirksam machen. Die Überlieferung früher zustande gekommener und praktizierter Problemlösungen ist insofern ein Entlastungsphänomen, als sie in gewissem Umfang neue Entscheidungen und die damit verbundenen Investitionen im selben Problembereich erspart und die Möglichkeit eröffnet, Zeit und Energie für die Lösung anderer Probleme einzusetzen.

Nicht nur für die Erkenntnispraxis der Wissenschaft, sondern auch für die Alltagspraxis in anderen Bereichen ist die Tatsache bedeutsam, daß die

---

[30] Für die Rechtsstruktur hat das neuerdings JAMES M. BUCHANAN betont, vgl. sein Buch The Limits of Liberty. Between Anarchy and Leviathan, Chicago/London 1975, S. 123 ff.

Lösungen für verschiedene Probleme in vielfältiger Weise zusammenhängen. Wenn wir bestimmte Probleme lösen wollen, brauchen wir unter Umständen Hilfsmittel, deren Benutzung uns die Lösung anderer Probleme erschwert. Andererseits kann die Lösung bestimmter Probleme auch wieder die Lösung anderer Probleme erleichtern. Beziehungen dieser Art – der Konkurrenz oder der Komplementarität – hat die theoretische Ökonomie seit langem zum Gegenstand der Analyse gemacht, aber sie sind keineswegs, wie man meinen könnte, eine Besonderheit eines bestimmten sozialen Bereichs, etwa der „Wirtschaft" im populären Sinne dieses Wortes. Der faktische Zusammenhang möglicher Problemlösungen ist unter anderem durch den Sachverhalt charakterisiert, den die Ökonomen den *Tatbestand der Knappheit* nennen, kein spezifisch wirtschaftliches Phänomen, sondern eine strukturelle Gegebenheit unserer allgemeinen Lebenssituation. Da die Mittel unserer Lebensführung – einschließlich unserer eigenen Arbeitskraft – im Hinblick auf die zu lösenden Probleme knapp sind, müssen laufend Entscheidungen getroffen werden, in denen bestimmte grundsätzlich realisierbare Alternativen geopfert werden[31]. Solche *Entscheidungen* setzen die *Identifikation* und die *Bewertung* der in Betracht kommenden *Alternativen* voraus, wobei je nach der ihnen zugemessenen Bedeutung und der zur Verfügung stehenden Zeit mehr oder weniger Sorgfalt darauf verwendet wird, diese Komponenten der Willensbildung zu klären. Noch so große Sorgfalt in dieser Hinsicht kann natürlich keine Erfolgsgarantie mit sich bringen, denn weder das bei der Identifikation der Alternativen wirksame Wissen, noch die für die Bewertung benutzten Maßstäbe können mit absoluter Gewißheit als zutreffend angesehen werden, wenn man den prinzipiellen Fallibilismus akzeptiert.

Das bedeutet, daß menschliches Problemlösungsverhalten auf *Entscheidungen unter Ungewißheit* angewiesen ist und alle Modelle, die mit kalkulierbarem Risiko oder gar mit Gewißheit arbeiten, bestenfalls als approximative Lösungen für besondere Situationen brauchbar sind[32]. Die

---

[31] Im Hinblick darauf pflegt in der theoretischen Ökonomie der Kostenbegriff definiert zu werden – als Nutzen der am höchsten bewerteten nicht-realisierten Verwendungsmöglichkeit der betreffenden Güter, oder kurz: als Wert der nächstbesten Alternative. Diese der österreichischen Grenznutzenschule entstammende Begriffsbildung wird allerdings nicht überall konsequent durchgehalten. Für eine Analyse des ganzen Problemkreises vgl. JAMES M. BUCHANAN, Cost and Choice. An Inquiry in Economic Theory, Chicago 1969.

[32] Frank Knight, dessen bahnbrechendes Buch das Ungewißheitsproblem ins Zentrum der ökonomischen Analyse gerückt hat, scheint als einziger frühzeitig gesehen zu haben, daß die Formulierung einer adäquaten Theorie des Handelns einen Ausflug in die Erkenntnis-

im klassischen Rationalismus wirksame Idee, die menschliche Praxis kalkulierbar zu machen und dadurch echte Entscheidungen zu erübrigen – bei Leibniz für die Erkenntnistheorie formuliert und im ökonomischen Denken, in der Nachfolge von Walras, zeitweise für die Theorie des Handelns in Anspruch genommen –, ist heute der Einsicht gewichen[33], daß eine realistische Auffassung dieser Praxis mit einem Rationalitätsideal dieser Art unvereinbar ist, weil es der prinzipiellen Fehlbarkeit menschlicher Entscheidungen nicht entspricht.

Die Zurückweisung der Idee absoluter Begründung ist nicht nur für die menschliche Erkenntnispraxis, sondern darüber hinaus für alle anderen Bereiche der Praxis bedeutsam, zumal in allen Bereichen kognitive Elemente an den erzielbaren Problemlösungen beteiligt sind. Könnten wir unsere Lösungen in dieser Weise sicher begründen, dann würde sich die Suche nach alternativen Lösungen erübrigen und eine vergleichende Bewertung käme kaum in Betracht. Da wir aber heute Anlaß haben anzunehmen, daß auch unsere besten Problemlösungen bestimmte Schwächen haben, die sich über kurz oder lang zeigen werden, daß sie also im Sinne unserer Zielsetzungen und Wertmaßstäbe unvollkommen sind, ist die Suche nach alternativen Lösungen und die vergleichende Bewertung konkurrierender Lösungen eine wichtige Forderung einer adäquaten Konzeption rationaler Praxis, soweit die dabei zu berücksichtigenden Kosten ein solches Verfahren sinnvoll erscheinen lassen.

In diesem Sinne sind alle praktizierten Problemlösungen im Grunde genommen als Provisorien und damit als revidierbar zu betrachten, auch wenn sie in noch so starkem Maße sozial verankert – institutionell gestützt und internalisiert, das heißt: in die Persönlichkeitsstruktur der beteiligten

---

theorie vorausgesetzt; vgl. KNIGHT, Risk, Uncertainty and Profit (1921), New York 1964, S. 197ff. Bei G. L. S. Shackle wird die Akzentuierung des Ungewißheitsmoments so beherrschend, daß die betreffenden erkenntnistheoretischen Überlegungen die Theorie des Handelns unmöglich machen; vgl. SHACKLE, Epistemics and Economics. A critique of economic doctrines, Cambridge 1972. Damit ist der äußerste Kontrast zur Neoklassik erreicht, in der die Probleme meist so behandelt wurden, als ob stets Gewißheit und adäquate Voraussicht vorausgesetzt werden könnten.

[33] Sie hat einerseits zur Entwicklung der mathematischen Logik und andererseits zur Formulierung der mathematischen Werttheorie einschließlich der daraus hervorgegangenen Lehre von den sozialen Wohlfahrtsfunktionen geführt, in beiden Fällen zu Lehren, die dazu benutzt wurden, das klassische Rationalitätsmodell für Erkenntnis und Handeln für eine kurze Phase noch einmal attraktiv zu machen – in der Wissenschaftslehre des neoklassischen Empirismus und in der Wirtschaftslehre des neoklassischen Marginalismus. In beiden Fällen war diese Entwicklung mit einer Überschätzung der formalen Aspekte der menschlichen Praxis und mit einer Vernachlässigung dynamischer Probleme verbunden.

Individuen eingegangen – sind. Andererseits kann die Aufgabe bestimmter Lösungen, die offensichtlich mit gewissen Mängeln behaftet sind, in Ermangelung realisierbarer Alternativen unter Rationalitätsgesichtspunkten unvertretbar sein, weil sie de facto im Sinne der dabei vorausgesetzten Wertgesichtspunkte eine Verschlechterung der Situation bedeutet. Weder die Dogmatisierung von Problemlösungen – ihre Immunisierung gegen jede Kritik – noch ihre ersatzlose Eliminierung trotz gewisser positiv bewerteter Leistungen ist im Sinne der kritizistischen Idee rationaler Praxis ein vertretbares Verfahren. Während die Dogmatisierung mögliche Innovationen ausschließt, die sich als wertvoll erweisen könnten, zieht die radikale Eliminierung den relativen Wert der überlieferten Lösungen nicht in Betracht, so daß das in der Tradition enthaltene „Kapital" der Erosion preisgegeben wird. Der utopische Rationalismus radikaler Theoretiker und Praktiker ist insofern irrational, als er von der fiktiven Vorstellung ausgeht, es sei möglich, bestimmte Probleme „voraussetzungslos" zu lösen, also ohne die real vorliegenden Bedingungen solcher Lösungen in Rechnung zu stellen. Sie postulieren ein Vakuum, um ihre Lieblingslösungen ungehindert verwirklichen zu können, und sind dann unter Umständen bereit, ein solches Vakuum ohne Rücksicht auf die Kosten auch herzustellen, obwohl sie damit gleichzeitig die Basis für jede sinnvolle Lösung zerstören. Wer solche Illusionen vermeiden will, muß sich darüber klar sein, daß es *nie* um einen *Neuaufbau* vom Nullpunkt her, sondern *stets* nur um eine *Umsteuerung* des Geschehens geht[34], auch wenn man mitunter geneigt ist, von einer Nullpunkt-Situation zu sprechen, weil man etwa von noch vorhandenen Strukturen abstrahiert hat.

4. Zielsetzungen, Maßstäbe und Methoden: Zur Methodologie rationaler Praxis

Eines der Mißverständnisse, mit denen methodologische Diskussionen heute belastet sind, besteht darin, daß man die angestrebte oder kritisierte rationale Praxis als eine regelgeleitete Tätigkeit besonderer Art versteht,

---

[34] Daß das auch für individuelles Verhalten gilt, wird neuerdings auch in psychologischen Erklärungsversuchen berücksichtigt, die explizit mit der Vorstellung eines „Verhaltensvakuums" aufräumen; vgl. dazu etwa: John W. Atkinson, Change of Activity: A New Focus for the Theory of Motivation, in: Theodore Mischel (ed.), Human Action. Conceptual and Empirical Issues, New York/London 1969, S. 105 ff. In dieser Konzeption tritt auch die im ökonomischen Denken zuerst thematisierte Knappheitsidee auf; vgl. aaO, S. 108.

eine Aktivität nämlich, die durch strenge Vorschriften gebunden ist und
daher für die Phantasie wenig Spielraum läßt. Man unterscheidet dann
zwischen Methodologie und Heuristik, verweist die erstere auf den Begründungszusammenhang und behauptet, daß die letztere mit Rationalität wenig zu tun habe und daher in diesem Zusammenhang nicht zu diskutieren sei. Kritiker der auf diese Weise eingeschränkten Methodenkonzep-
tion haben dann Gelegenheit zu beklagen, daß man nicht in der Lage sei,
heuristische Regeln zu präsentieren. Sie neigen dazu, die betreffende Auffassung aus diesem Grund zurückzuweisen, obwohl sie meist selbst keine
Alternative präsentieren können. Das trifft zunächst auf die Situation in
der Methodologie der Realwissenschaften und damit auf die Analyse der
Erkenntnispraxis zu, aber es hat natürlich, weil in allem Problemlösungsverhalten kognitive Elemente auftauchen, auch Bedeutung für andere Bereiche.

Während die Wissenschaftslehre als Methodologie der Erkenntnis
durch Ausklammerung der heuristischen Problematik sich Restriktionen
auferlegt, die letzten Endes einer Orientierung am klassischen Rationalitätsmodell entstammen, scheint die Wirtschaftslehre als Methodologie des
Handelns – denn so läßt sie sich teilweise auffassen – daran zu kranken,
daß sie mit der Informationsproblematik nicht fertig wird[35]. Auch in diesem Falle hängt der Mangel anscheinend mit einer Orientierung an diesem
Modell zusammen. In beiden Fällen hat wohl die Konzentration der
Theoretiker auf die logisch-formalen und statischen Aspekte der von ihnen behandelten Probleme die Berücksichtigung von relevanten Resultaten anderer Wissenschaften behindert. Allerdings ist nicht zu verkennen,
daß eine in stärkerem Maße realistische Behandlung der Problematik be-
achtliche Schwierigkeiten mit sich bringen würde. Auch hier ist der Hinweis auf gewisse Schwächen kein Ersatz für eine bessere Lösung. Immerhin darf man annehmen, daß eine adäquate Methodologie der rationalen
Praxis bestimmte Gesichtspunkte beider Disziplinen mitverwerten kann,
auch wenn sie deren Beschränkungen zu überwinden sucht.

Wie immer man die Schwächen der heute in beiden Bereichen dominierenden Lehren im einzelnen beurteilen mag, eine wesentliche Aufgabe ist
wohl auch darin zu sehen, daß man die hinter ihnen stehende Orientierung revidiert und dabei übertriebene Auffassungen davon korrigiert, was

---

[35] Vgl. dazu KENNETH J. ARROW, Limited Knowledge and Economic Analysis, American Economic Review, Vol. LXIV, 1974, S. 1 ff.; vgl. auch meine Schrift: Ökonomische
Ideologie und politische Theorie (1954), 2. Auflage 1972, S. 47 ff.; sowie das in Anm. 29 erwähnte Buch von Shackle.

eine adäquate methodologische Konzeption erreichen kann. Dabei ist vor allem die oben erwähnte Idee regelgeleiteter Tätigkeit in Frage zu stellen, die für die Methodendiskussion offenbar so bedeutsam ist. Zunächst muß betont werden, daß jede Regel nur einen Spielraum für das Verhalten abgrenzt, so daß man innerhalb dieses Spielraums stets gewisse Gestaltungsmöglichkeiten behält, auch wenn man sich an die Regel zu halten wünscht. Die betreffenden Spielräume können mehr oder weniger groß und die durch die Regelbindung erreichbare Kanalisierung einer Tätigkeit kann daher mehr oder weniger eng sein, so daß auch eine regelgeleitete Aktivität noch Platz für die Phantasie lassen kann. Aber das ist keineswegs das wesentliche Argument in unserem Zusammenhang. Eine allgemeine Methodologie rationaler Praxis muß darüber hinaus die Tatsache in Betracht ziehen, daß viele Normierungen überhaupt keine bestimmte Verhaltensweise vorschreiben, sondern nur eine allgemeine Zielorientierung geben. Regeln dieser Art, die von denen eines Algorithmus ihrem Charakter nach so weit entfernt sind wie nur möglich, sind offenbar für schöpferische Tätigkeiten besonders wesentlich. Eine *allgemeine* Methodologie, die solche Arten menschlicher Praxis mitumfassen möchte, kann natürlich an diesem Tatbestand nicht vorbeigehen.

Wenn es richtig ist, daß menschliche Praxis nicht in einem sozialen und kulturellen Vakuum vor sich geht, dann besteht eine der ersten Regeln wohl darin, daß man versucht, die jeweils schon vorliegende Problemsituation in dem betreffenden Bereich zu analysieren, die zu lösenden Probleme zu entdecken und die vorliegenden Alternativen – die schon vorhandenen Lösungsvorschläge – in Betracht zu ziehen und im Hinblick auf ihre *Leistungsfähigkeit* – ihre Problemlösungskraft – zu vergleichen. Schon diese Aktivität erfordert *konstruktive* und *kritische* Phantasie, ist also keineswegs eine Routinetätigkeit. Sie ist nicht nur analytisch, sondern sie involviert die *Selektion, Klärung, Interpretation* und vergleichende *Bewertung* der in Betracht kommenden Lösungen unter bestimmten *Gesichtspunkten*, die für den betreffenden Problembereich charakteristisch sind. Es bedarf kaum besonderer Betonung, daß es in diesem Sinne *keine wertfreie Praxis* gibt, zumal die Verfechter des Wertfreiheitsprinzips in der Wissenschaftslehre so etwas nicht einmal für den Bereich der Erkenntnispraxis behauptet haben. Alle Problemlösungen sind dabei als *Konstruktionen mit Hypothesencharakter* zu betrachten, die prinzipiell der *Kritik* und der *Revision* unterliegen. Es kommt darauf an, ihre komparativen *Schwächen* und *Vorzüge* zu identifizieren und mögliche *Verbesserungen* ins Auge zu fassen, darunter auch den Entwurf und die Ausarbei-

tung weiterer Alternativen. Diese Art des Vorgehens ist eine Konsequenz
der Aufgabe des klassischen Begründungsdenkens und des damit verbundenen Rationalitätsideals. Die *Pointe* der fallibilistischen Auffassung rationaler Praxis besteht nicht in der Auszeichnung eines bestimmten Ablei-
tungsverfahrens – der Induktion, der Deduktion, der Zurechnung, des
transzendentalen Rekurses –, auch nicht in der Wahl einer gesicherten Basis, sondern in der *Konstruktion alternativer Lösungsvorschläge* und ihrer
komparativen Bewertung hinsichtlich ihrer *Leistungsfähigkeit*, wie sie im
ökonomischen Denken thematisiert wurde.

Allerdings sind die betreffenden Alternativen nicht, wie in der Ökonomie meist üblich, als gegeben zu betrachten. Ihre Konstruktion ist, wie
schon erwähnt, auch insoweit eine Leistung, bei der die schöpferische
Phantasie mehr oder weniger stark beteiligt ist, als sie an frühere Lösungsvorschläge anknüpft. Der Tatbestand der Knappheit kommt überdies insofern ins Spiel, als die Suche nach Alternativen nicht unbegrenzt fortge-
setzt werden kann, so daß kritische Wertungen schon im Stadium der
Identifikation in Betracht kommender Lösungen notwendig sind. Alternativen sind schon deshalb erwünscht, weil ihr Vorhandensein die Identifikation von Mängeln und Vorzügen und damit die kritische Beurteilung
vorliegender Lösungen erleichtert und auf diese Weise Verbesserungen
ermöglicht[36]. Dasselbe gilt für die Entdeckung und Ausarbeitung von
Gegenbeispielen[37]. Die *Suche nach Alternativen und nach Anomalien* gehört also zur Konzeption einer rationalen Praxis, die die klassische Lehre
ersetzen kann[38].

Die für eine solche Praxis konstitutiven *Wertgesichtspunkte* spielen
schon für die genauere *Bestimmung der zu lösenden Probleme* eine Rolle.
Sie kommen also nicht erst bei der vergleichenden Beurteilung der Lösungen ins Spiel. Der Charakter eines Problems ist erst dann geklärt, wenn
man angeben kann, *wie* eine *angemessene Lösung* prinzipiell *beschaffen*
sein und *was* sie *leisten* müßte. Die Formulierung der hier in Betracht

---

[36] Darauf hat vor allem PAUL FEYERABEND hingewiesen; vgl. sein o. a. Buch: Wider den
Methodenzwang, S. 58 ff. und passim und frühere Arbeiten aus seiner Feder.

[37] Vgl. dazu vor allem IMRE LAKATOS, Proofs and Refutations, aaO, passim, der damit
ein vor allem von Popper thematisiertes Moment der Logik wissenschaftlicher Forschung
wieder aufgreift; vgl. KARL POPPER, Logik der Forschung, Wien 1935, 6. verbesserte Auflage, Tübingen 1976.

[38] Daher kann man den kritischen Aspekt einer solchen Praxis auch mit Hilfe einer methodologischen Version des Satzes vom ausgeschlossenen Widerspruch formulieren, vgl.
dazu mein in Anm. 9 oben erwähntes Buch, S. 43, im Gegensatz zum Prinzip zureichender
Begründung.

kommenden Wertgesichtspunkte gehört natürlich nicht in eine allgemeine Methodologie, denn sie sind von der Eigenart des in Betracht kommenden Problembereichs und damit von den *Zielsetzungen* abhängig, die in diesem Bereich verfolgt werden. Die in den verschiedenen Kulturbereichen – Wissenschaft, Technik, Recht oder Kunst – dominierenden Bedürfnisse haben zu unterschiedlichen Normierungen geführt, die nicht auf einen Nenner gebracht werden müssen. *Regulative Ideen* oder Ideale wie die der *Wahrheit*, der *Gerechtigkeit* oder der *Schönheit* sind bereichsspezifisch und nicht unbedingt aufeinander reduzierbar, wenn auch nicht auszuschließen ist, daß sich aus Problemlösungen eines bestimmten Bereichs Konsequenzen für solche eines anderen Bereichs ergeben. Wer eine Aufgabe der Philosophie darin sieht, eine Brücke zwischen diesen Bereichen zu schlagen[39], muß die Möglichkeit einer konstruktiven oder kritischen Verwendung der Resultate verschiedener Arten menschlicher Praxis füreinander ins Auge fassen.

Wir können uns aber nicht mit regulativen Ideen der angegebenen Art begnügen, weil sie – wie sich speziell in der Diskussion um das Wahrheitsproblem gezeigt hat[40] – nicht ohne weiteres *Kriterien* involvieren müssen, die man unmittelbar zur Bewertung von Problemlösungen heranziehen kann. Es ist also jeweils nötig, aus den für gute Lösungen konstitutiven Idealen im Zusammenhang mit unserem sonstigen Wissen *Maßstäbe* für die *komparative Bewertung* tatsächlich vorliegender Lösungen zu entwickeln. Auch das ist jeweils eine bereichsspezifische Aufgabe. Die Anwendung solcher Kriterien auf die vorhandenen Lösungen muß aber keineswegs zu einer eindeutigen *Entscheidung* für eine bestimmte Lösung führen, denn es kann unter Umständen *mehrere Maßstäbe* dieser Art geben, die zu jeweils *verschiedenen Ordnungen* zwischen den betreffenden Alternativen führen. Dann muß eine *Gewichtung* der Kriterien herbeigeführt werden, für die unter Umständen übergeordnete Wertgesichtspunkte geltend gemacht werden können. Man sieht, daß eine rationale Praxis Entscheidungen auf verschiedenen Ebenen voraussetzt, die prinzipiell alle als revidierbar angesehen werden können. Sie setzt außerdem Phantasieleistungen aller Art voraus, denn auch die in Betracht kommenden Wertgesichtspunkte müssen entworfen werden, soweit man sich nicht in dieser Hinsicht auf die Tradition verläßt. Das würde aber nur bedeuten, daß man an frühere Kulturleistungen dieser Art anknüpft.

---

[39] Vgl. dazu z. B. meinen o. a. Aufsatz: Kritizismus und Naturalismus.
[40] Vgl. dazu S. 42 unten und Anm. 15, S. 42 f.

Die menschliche Problemlösungstätigkeit ist also stets konstruktiv und kritisch *zugleich*. Wer ein Problem lösen will, der zielt darauf ab, eine *Lösung* zu finden, *die der Kritik standhält*. Das bedeutet aber, daß er gut daran tut, bei der Ausarbeitung seiner Lösung mögliche Kritik vorwegzunehmen. Eine brauchbare Lösung konstruieren heißt schon: Alternativen und Einwände bedenken, mögliche Widersprüche fruchtbar machen, Einfälle aller Art so verwerten, daß die Lösung im Sinne der angenommenen Wertgesichtspunkte möglichst angemessen ist. Die neoklassische Methodologie, die die Unterscheidung von Entdeckungszusammenhang und Begründungszusammenhang auf die Spitze getrieben und die Heuristik aus ihrer Konzeption gänzlich entfernt hat, krankt daran, daß sie die verschiedenen *Aspekte* einer einheitlichen Tätigkeit in einer Weise auseinandergerissen hat, die zu diesem Ergebnis führen mußte. In einer extremen Version erscheinen sie dann als verschiedene zeitliche *Phasen* dieser Tätigkeit, eine ungeregelte Phase freier Phantasiebetätigung und eine auf sie folgende streng geregelte Phase der Rechtfertigung des Resultates.

Diese Einteilung kann zwar in manchen Fällen die verschieden starke Akzentuierung der Aspekte rationaler Praxis in verschiedenen Phasen der Forschung bis zu einem gewissen Grade richtig wiedergeben, aber ihre Verabsolutierung muß zu Mißverständnissen führen. Überdies verdeckt sie die Tatsache, daß die *allgemeine* Methodologie ganz im Gegensatz zu dem, was heute üblicherweise behauptet wird, nichts anderes ist als *rationale Heuristik*. Wenn man ihre Regeln formulieren wollte, so liefen sie sämtlich darauf hinaus, daß man nach in bestimmtem Sinne angemessenen Problemlösungen *suchen* solle, und in diesem Zusammenhang nach Alternativen, Einwänden, brauchbaren Vergleichen und Bewertungen und schließlich nach einer adäquaten Entscheidung. Dabei werden im wesentlichen nur Gesichtspunkte für die Leitung der konstruktiven und kritischen Phantasie, aber keine schematisch anzuwendenden Regeln geliefert, auch nicht für den sogenannten Begründungszusammenhang. Das mag manche merkwürdig klingenden Resultate der heutigen Methodendiskussion verständlich machen.

II. Kapitel

Die Wahrheitsidee und die Steuerung der Erkenntnis

5. Der Normenwandel in der Erkenntnis und die Idee der Objektivität

Die Erkenntnispraxis der Wissenschaften mag sich in vielerlei Hinsicht von anderen menschlichen Tätigkeiten unterscheiden. In einer Hinsicht läßt sich jedenfalls kaum ein Unterschied zu ihnen feststellen. Auch dieser Bereich menschlicher Praxis unterliegt gewissen Einschränkungen, wie sie für die menschliche Lebenssituation charakteristisch sind. Er ist durch institutionelle Regulierungen, durch sozial verankerte Ideale und durch die Interessen der Beteiligten geprägt. Die wissenschaftliche Forschung ist überdies, wie Josef Schumpeter mit Recht feststellt, „nicht einfach die progressive Entdeckung einer objektiven Wirklichkeit... Sie ist vielmehr ein unablässiges Ringen mit den Schöpfungen unseres eigenen Geistes und des Geistes unserer Vorgänger, und sofern man überhaupt von einem ‚Fortschritt‘ sprechen kann, vollzieht er sich auf Umwegen, nicht nach dem Gebot der Logik, sondern unter dem Ansturm neuer Ideen, Beobachtungen oder Bedürfnisse oder unter dem Diktat der geistigen Interessen und Temperamente neuer Persönlichkeiten"[1].

Obwohl Normierungen aller Art – Forschungsprogramme, Erklärungsideale, Bewährungsnormen und Verfahrensvorschriften – für den sozialen Ablauf in diesem Bereich und für das Zustandekommen und die Beurteilung der dabei erzielten Ergebnisse eine wichtige Rolle spielen, darf man keineswegs erwarten, daß diese Resultate stets in ihrem Sinne positiv zu bewerten sind. Es gibt auch keinen Grund für die Annahme, daß die wirksamen Normierungen stets miteinander vereinbar und dar-

---

[1] Josef A. Schumpeter, Geschichte der ökonomischen Analyse, 1. Teilband, Göttingen 1965, S. 33. Dieses Buch ist das Musterbeispiel einer erkenntnistheoretisch und wissenschaftssoziologisch orientierten Geschichte einer Disziplin, aus deren einschlägigen Passagen sich eine praxisnahe Wissenschaftslehre destillieren läßt, eine Lehre, die der tatsächlichen Erkenntnispraxis gerecht wird.

über hinaus im Sinne einer akzeptablen Rationalitätsauffassung angemessen sind. Die Entwicklung des Wissens vollzieht sich nicht nur auf Umwegen, sie führt mitunter auch in Sackgassen, gerade dann, wenn sie den anerkannten Programmen und Methoden folgt, während Durchbrüche nicht selten da erzielt werden, wo ein Außenseiter sich nicht scheut, mit bisherigen Denkgewohnheiten zu brechen. Solchen Tatsachen muß eine Wissenschaftslehre Rechnung tragen, die sich nicht als angewandte Logik, sondern als Analyse der Erkenntnispraxis versteht.

Macht nun die Tatsache, daß sich nicht nur die Auffassungen über die Beschaffenheit wirklicher Zusammenhänge, sondern darüber hinaus auch Zielsetzungen, Maßstäbe und Bewertungen im Erkenntnisbereich geändert haben, es unmöglich, eine methodologische Konzeption zu entwickeln, die der Erkenntnispraxis der Wissenschaft in rationaler Weise gerecht wird, die der kritischen Beurteilung historisch zurückliegender und auch moderner Problemlösungsversuche förderlich ist und überdies auch in konstruktiver Hinsicht hilfreich zu sein vermag? Kann man jeweils nur die Maßstäbe anwenden und von denjenigen Zielsetzungen ausgehen, die von den Verfechtern der betreffenden Problemlösungen selbst anerkannt wurden? Eine positive Antwort auf diese Frage würde nicht nur die These, in der Geschichte der menschlichen Kultur habe ein echter *Fortschritt* der Erkenntnis stattgefunden, sondern sogar die *Idee einer objektiven Erkenntnis* überhaupt in Frage stellen[2].

Nun ist es sicherlich nicht unerlaubt, Zweifel an dieser Idee anzumelden, und man kann sich durch die Betrachtung einer analogen Problemsituation im Bereich des Rechts sogar die Plausibilität eines solchen Zweifels deutlich machen. Die Kritik am Naturrecht, das die als unwandelbar angesehenen Maßstäbe für alle konkreten Rechtsnormen der erkennenden Vernunft zugänglich machen sollte, hat nämlich dazu geführt, daß die *Idee eines objektiven Rechts* in Frage gestellt wurde. Und bestimmte Versionen des Rechtspositivismus haben aus dieser Kritik die Konsequenz gezogen, daß es keinerlei Möglichkeit gebe, eine faktisch geltende Rechtsordnung hinsichtlich ihrer Legitimität einer Prüfung zu unterwerfen[3].

---

[2] Vgl. dazu Thomas S. Kuhn, The Structure of Scientific Revolutions, Chicago/London 1962, wo die Idee eines solchen Fortschritts durch die eines bloßen Paradigmenwandels ersetzt wird.

[3] Das trifft allerdings nicht, wie oft angenommen wird, auf alle Varianten dieser Auffassung zu; vgl. dazu H. L. A. Hart, Recht und Moral, Göttingen 1971, darin den Aufsatz: Der Positivismus und die Trennung von Recht und Moral, sowie die Einleitung von Norbert Hoerster, in der darauf hingewiesen wird, daß die analytische Rechtstheorie von Bentham

Wer die faktische Anerkennung und Durchsetzung bestimmter Normierungen jeweils für ausschlaggebend und diese bei faktischer Geltung daher
für unkritisierbar hält, der hat die Objektivitätsidee aufgegeben, die man
früher mit dem Begriff des Rechts oder auch mit dem der Erkenntnis verbunden hatte. Die Möglichkeit einer „Wissenschaftslehre ohne Wissen"
ist ebenso wie die einer „Rechtswissenschaft ohne Recht" kaum zu bestreiten[4]. Ob eine Entwicklung in dieser Richtung unausweichlich oder
gar erwünscht ist, ist eine andere Frage.

Es kann zwar niemand daran gehindert werden, die Objektivitätsidee
aufzugeben, aber der historisch konstatierbare Normenwandel und die
Vielfalt kulturspezifischer Normen sind bekanntlich kein ausreichender
Anlaß, diese Resignationslösung zu akzeptieren. Auch wenn wir zugeben
müssen, daß unsere Maßstäbe weder einem Gebot der Natur noch einem
Diktat der Vernunft entstammen, haben wir doch die Möglichkeit, sie einer kritischen Prüfung zu unterwerfen und sie gegebenenfalls zu revidieren. Dagegen scheint zunächst der Einwand plausibel zu sein, daß man für
eine solche Prüfung irgendwelche Maßstäbe voraussetzen und daß es da-
her jeweils oberste Maßstäbe geben müsse, die nicht mehr zu prüfen seien.
Es handelt sich um die bekannte Annahme der *Kritikimmunität letzter
Voraussetzungen*, die in diesem Falle auf das Problem der Maßstäbe oder
Kriterien – also bestimmter Arten von Normierungen – angewendet wird.

Es muß aber keine in *diesem* Sinne letzten Voraussetzungen geben,
Voraussetzungen also, die auf jeden Fall – gewissermaßen: *ex definitione* –
den Charakter von *Dogmen* haben, es sei denn, man entschließe sich dazu,
bestimmte Aussagen, Ziele oder Normen prinzipiell der Kritik zu entziehen und damit den prinzipiellen Fallibilismus in diesem Punkte zu su-
spendieren[5]. Die Vorstellung eines hierarchischen Aufbaus aller unserer
Überzeugungen, die sich als ein Hindernis dafür erweisen müßte, daß
man solche „letzten Voraussetzungen" – oder: „obersten Prinzipien" – einer kritischen Analyse unterwerfen kann, ist nämlich keineswegs selbstverständlich. Sie erscheint zwar plausibel, wenn man den *axiomatischen
Denkstil* für absolut verbindlich hält und ihm das Ideal für den Gesamt-

---

bis Hart die Möglichkeit einer rationalen Rechtskritik und Rechtspolitik vom sittlichen
Standpunkt nie bestritten hat.

[4] Zur Kritik der letzteren vgl. Leonard Nelson, Die Rechtswissenschaft ohne Recht.
Kritische Betrachtungen über die Grundlagen des Staats- und Völkerrechts, insbesondere
über die Lehre von der Souveränität, 2. Auflage, Göttingen/Hamburg 1949.

[5] Vgl. zu diesem Problem meinen: Traktat über kritische Vernunft, aaO, S. 29 ff., 34,
69 ff., 76.

aufbau unseres Wissens entnimmt. Aber die Verabsolutierung dieses Denkstils ist selbst nur im Rahmen des klassischen Begründungsdenkens und der mit ihm verbundenen statischen Erkenntnisauffassung verständlich, die sich auch im neoklassischen Formalismus noch geltend macht[6]. Wer die Kritik an diesem Denken ernst nimmt und überdies die zeitliche Dimension und damit den Entwicklungsaspekt des Wissensaufbaus berücksichtigen möchte, wird für eine rationale Erkenntnispraxis einen in einem bestimmten Sinne *dialektischen Denkstil* bevorzugen, der es erlaubt, *jede* Problemlösung als *Hypothese* zu *behandeln* und damit auch sogenannte *letzte* Voraussetzungen – gleichgültig, ob es sich um Aussagen, Ziele oder Normen handelt – in Frage zu stellen, und zwar dadurch, daß man einen Kontext *wählt*, der ihre kritische Beurteilung erlaubt.

Im übrigen braucht der epistemologische Normenwandel, der in der heutigen Diskussion so stark betont wird, noch keineswegs die Folge zu haben, daß die Bewertung wissenschaftlicher Problemlösungen zu verschiedenen Zeiten zu völlig unvereinbaren Resultaten führt. Eine im Sinne des klassischen Denkens als „wohlbegründet" geltende Theorie kann zum Beispiel unter Umständen als unter kritizistischen Gesichtspunkten nach dem damaligen Erkenntnisstande vorzugswürdige Alternative beurteilt werden. Es scheint ja in der Tat so zu sein, daß die faktische Bewertung der wissenschaftlichen Gipfelleistungen bei Verfechtern verschiedener methodologischer Auffassungen gar nicht besonders kontrovers ist. Aber selbst wenn das anders sein sollte, besteht noch kein Grund, die Idee der Objektivität für den Erkenntnisbereich aufzugeben und diesen Bereich dem Irrationalismus auszuliefern. Die für die Steuerung des Erkenntnisgeschehens in Frage kommenden Normen sind rationaler Diskussion zugänglich. Ihre Immunisierung gegen Kritik ist zwar möglich, aber nicht notwendig.

6. Theoretische Erklärung und Wahrheit: Der kritische Realismus und das Erkenntnisprogramm der Realwissenschaften

Es gibt verschiedene Versionen einer Theorie der Wissensformen, die mit einer Absage an die Idee der methodischen Einheit der Realwissen-

---

[6] Für eine durchgreifende Kritik an dieser Auffassung vor allem für den Bereich der Mathematik vgl. IMRE LAKATOS, Proofs and Refutations. The Logic of Mathematical Discovery, ed. by John Worrall and Elie Zahar, Cambridge 1976.

schaften verbunden sind[7]. Sie empfehlen sich *prima facie* dadurch, daß sie die historisch gewachsenen und jedem Betrachter zunächst auffallenden Unterschiede der Erkenntnispraxis in diesen Wissenschaften ernst nehmen und sie mit der Wesensverschiedenheit ihrer Objektbereiche oder dem unterschiedlichen Forschungsinteresse der erkennenden Subjekte in einen einsehbaren Zusammenhang bringen. Die Idee der methodischen Einheit scheint demgegenüber die bunte Vielfalt der realwissenschaftlichen Disziplinen in ein pseudo-rationales Korsett zu pressen und auf diese Weise die epistemologische Situation künstlich zu vereinfachen.

Nun braucht der Verfechter einer methodischen Einheit der Wissenschaft allerdings weder die Vielfalt der mit der Forschung verbundenen Interessen noch die unterschiedliche Struktur der Objektbereiche verschiedener Disziplinen, noch auch die Verschiedenheit der in ihnen auftretenden methodischen Stile zu bestreiten. Alle diese Tatsachen sind mit dieser Idee vereinbar, wenn man sie nicht auf die vielfach als „Methoden" bezeichneten bereichsbezogenen Forschungstechniken bezieht, sondern auf die Behandlung kognitiver Problemlösungen im Sinne kritischer Rationalität. Das bedeutet nicht, daß die faktisch praktizierten Methoden der verschiedenen Disziplinen kritikimmun wären, so daß die Wissenschaftslehre nur die Aufgabe haben könne, sie zu beschreiben und zu verstehen. Diese neutrale Auffassung, die uns von Verfechtern hermeneutischer und analytischer Lehren gleichermaßen als angemessen präsentiert wird, ist kaum vertretbar angesichts der Tatsache, daß die Entwicklung der Wissenschaften von Methodenkontroversen begleitet wird, in denen sich der Einfluß unvereinbarer philosophischer Anschauungen geltend macht. Wer sich darauf beschränken möchte, die in diesem Kulturbereich herrschenden Sitten und Gebräuche zu registrieren, der befaßt sich, auch wenn er sich dabei einer hochentwickelten Fachsprache bedient, mit Problemen der deskriptiven Soziologie[8]. Die methodische Einheit der Wissenschaft ist eine normative Idee, die nicht darauf abzielt, jedwede Art von Erkenntnispraxis in dem sozialen Bereich, der – heute oder auch in frühe-

---

[7] Vgl. dazu MAX SCHELER, Erkenntnis und Arbeit, in: Scheler, Die Wissensformen und die Gesellschaft, Leipzig 1926, S. 243 ff. und 250; sowie Jürgen Habermas, Erkenntnis und Interesse, Merkur, XIX. Jg., 1965, S. 1139 ff., und KARL-OTTO APEL, Szientistik, Hermeneutik, Ideologiekritik, Wiener Jahrbuch für Philosophie, Band 1, 1968.

[8] Vgl. dazu meine Kritik an der Neutralitätsthese der analytischen Moralphilosophie in Ethik und Meta-Ethik, in meinem Aufsatzband: Konstruktion und Kritik, 2. Auflage, Hamburg 1975, S. 125 ff.; vgl. auch VIKTOR KRAFT, Erkenntnislehre, Wien 1960, S. 4 ff. und 23 ff.; sowie ERNEST GELLNER, Legitimation of Belief, S. 39 ff. und passim.

ren Zeiten – mit dem Namen „Wissenschaft" belegt wurde oder wird, verständlich zu machen oder zu legitimieren. Sie hat vielmehr eine kritische und eine heuristisch-konstruktive Funktion und dient daher unter anderem dazu, die Entwicklung in den verschiedenen Wissensbereichen zu beeinflussen.

Daß theoretische Traditionen und Erkenntnisprogramme in den einzelnen Wissenschaften eine wichtige Rolle spielen, ist eine Einsicht, die nicht erst durch die Diskussionen der letzten Jahre zutage gefördert wurde, wenn sie auch wohl in ihnen zum ersten Mal als zentrales Thema der Wissenschaftslehre aufgetaucht ist. Man kann aber meines Erachtens die moderne *theoretische Realwissenschaft* selbst – die Gesamtheit der Disziplinen dieser Art – als ein Unternehmen kennzeichnen, das durch ein allgemeines, nicht auf spezielle Objektbereiche zugeschnittenes, Erkenntnisprogramm bestimmt ist: das *Programm der theoretischen Erklärung auf der Basis von Gesetzmäßigkeiten*. Dieses Programm stellt eine *ins Methodische gewendete moderne Version des kritischen Realismus* dar, der schon die frühere Entwicklung der Wissenschaften weitgehend bestimmt hatte[9]. Die Erkenntnisprogramme der einzelnen theoretischen Disziplinen können im wesentlichen als Spezifikationen dieses allgemeinen Programms aufgefaßt werden.

Danach geht es in den Realwissenschaften – wie schon im Alltag in vielen Situationen – um eine Erkenntnis der Beschaffenheit bestimmter Ausschnitte einer unabhängig von den Erkenntnissubjekten vorhandenen objektiven Realität, aber – im Unterschied zum Alltagswissen – um eine möglichst umfassende, tiefe und genaue Erkenntnis, die durch Anwendung konstruktiv-kritischer Methoden laufend verbessert wird. Um sie zu erzielen, muß man immer wieder die Oberfläche der uns zugänglichen Erscheinungen durchdringen, um dahinter liegende, in ihnen zum Vorschein kommende Strukturen zu erfassen, die sich auf Gesetzmäßigkeiten – und damit auf nomologische Aussagen – zurückführen lassen. Es geht in erster Linie darum, alle uns zugänglichen Erscheinungen auf der Grundlage von Theorien – also Systemen solcher Aussagen – erklärbar zu machen und sie zu erklären. Das bedeutet, daß es vor allem darauf ankommt,

---

[9] Elemente dieses Programms findet man schon in der Philosophie der Vorsokratiker, vgl. dazu KARL POPPER, Back to the Presocratics, in seinem Aufsatzband: Conjectures and Refutations, aaO, S. 136 ff., sowie die klare und instruktive Übersicht in: WOLFGANG RÖD, Die Philosophie der Antike 1. Von Thales bis Demokrit, München 1976; und BERNULF KANITSCHEIDER, Philosophisch-historische Grundlagen der physikalischen Kosmologie, Stuttgart 1974.

Theorien, die so etwas leisten, Theorien von großer Erklärungskraft, zu finden, also nomologische Aussagensysteme, die möglichst einfach sind und trotzdem viel erklären[10].

Dieses Programm hat sich als außerordentlich erfolgreich erwiesen und ist inzwischen in so gut wie alle Bereiche der Erkenntnis vorgedrungen, obwohl seine grundlegenden Ideen bisher noch keineswegs als hinreichend geklärt gelten dürfen. Die moderne Wissenschaftslehre hat vielmehr große Mühe damit, und ihre Präzisierungsversuche sind mit solchen Schwierigkeiten belastet, daß manche ihrer Vertreter zur Resignation neigen. Das braucht den praktizierenden Wissenschaftler erfreulicherweise aber nicht in seiner Arbeit zu stören. Die Auffassung, daß bestimmte Wissensbereiche einer Untersuchung unter den Gesichtspunkten dieses Programms nicht zugänglich seien, hat sich immer wieder als unhaltbar erwiesen. Die konstruktive theoretische und methodische Phantasie der Forscher hat auf die Dauer stets den Sieg über Vorurteile dieser Art davongetragen. Das Programm ist insofern *heuristisch* bedeutsam, als es diese Phantasie auf eine bestimmte Art von Problemlösungen hinlenkt und ihr im übrigen unbegrenzten Spielraum läßt. Es ist überdies – wenn man diesen Unterschied vorläufig gelten lassen will[11] – insoweit *methodisch* bedeutsam, als es Anhaltspunkte für die kritische Beurteilung und den Vergleich vorliegender Problemlösungen liefert. Die für die Realwissenschaften in Betracht kommende methodische Konzeption kann die allgemeinen Gesichtspunkte der Methodologie rationaler Praxis auf eine Erkenntnispraxis mit der oben skizzierten Zielsetzung anwenden.

Das Erkenntnisprogramm der theoretischen Realwissenschaften ist also durch bestimmte *metaphysische* Annahmen inspiriert, die sich wiederum in der damit verbundenen *methodologischen* Konzeption auswirken. Zu ihnen gehört nicht nur die Annahme einer subjektunabhängigen Wirklichkeit, sondern darüber hinaus die ihrer prinzipiellen Erkennbarkeit, weiter die der Existenz von Gesetzmäßigkeiten, der Möglichkeit von Erklärungen auf ihrer Grundlage und schließlich die mit allen diesen Hypothesen zusammenhängende Annahme der Möglichkeit mehr oder weniger zutreffender Darstellung realer Sachverhalte, die die klassische Wahrheitsidee involviert.

Im philosophischen Denken gibt es aber seit langer Zeit eine ganze Reihe von Versionen eines *Antirealismus*, der mit diesen Annahmen un-

---

[10] Vgl. dazu KARL POPPER, Das Ziel der Erfahrungswissenschaft, in seinem Buch: Objektive Erkenntnis, Hamburg 1973, S. 213 ff.

[11] Vgl. aber dazu unten, S. 45 ff.

vereinbar ist. Sie finden auch in manchen wissenschaftlichen Disziplinen und in gewissen Kreisen der Bildungsschicht Anklang, die sich durch subjektivistische Deutungen von Forschungsresultaten aus der Feder bekannter Wissenschaftler haben beeindrucken lassen[12]. Diese Lehren, die mitunter viel subtiler und komplizierter wirken als der kritische Realismus, sind mit einer Deutung der wissenschaftlichen Erkenntnis verbunden, die diese als ein Gebäude mehr oder weniger nützlicher Fiktionen erscheinen läßt, als ein Machwerk, das man weder mit einer davon unabhängigen Realität, noch mit der überlieferten Wahrheitsidee in sinnvolle Beziehung bringen kann. Merkwürdig erscheint dabei die Tatsache, daß in solchen Auffassungen nichtsdestoweniger auf die Prüfung wissenschaftlicher Aussagen anhand konkreter Tatsachen Wert gelegt und daß das Resultat solcher Prüfungen als Grund für ihre Annahme oder Ablehnung betrachtet wird. Für die Regelung von Prüfungsversuchen dieser Art wird ein mitunter komplizierter methodischer Kodex vorgeschlagen, aber es bleibt meist unerfindlich, warum man gehalten sein soll, ihn zu praktizieren, denn die im klassischen Denken verankerte Idee, solche Verfahrensweisen hätten etwas mit der Suche nach Wahrheit im üblichen Sinne zu tun, mit dem Bemühen, herauszufinden, wie bestimmte Ausschnitte der Realität beschaffen sind, wird als Naivität abgetan.

Diese antirealistische Tendenz läßt sich möglicherweise zum Teil besser verstehen, wenn man berücksichtigt, daß der Realismus im klassischen Denken mit der Idee einer Wahrheitsgarantie verbunden war, die sich als unhaltbar erwiesen hat. Bei Aufrechterhaltung des alten Erkenntnisideals ergeben sich dann, wie wir gesehen haben, sehr leicht skeptische Konsequenzen. Der moderne Antirealismus läßt sich also wohl teilweise als eine mitunter im Gewande der Wissenschaft auftretende Skepsis begreifen.

Aber kommen wir zunächst auf die im Erkenntnisstreben nach alltäglicher Auffassung enthaltene Wahrheitssuche zurück. Das Streben nach Wahrheit ist bekanntlich keineswegs auf die für die moderne Wissenschaft charakteristische Art von methodisch geregelter und kontinuierlich ausgeübter Erkenntnispraxis beschränkt, sondern es ist auch mit allen mögli-

---

[12] Mit früheren Varianten solcher Auffassungen wie dem Immanenzpositivismus, dem Idealismus und dem Phänomenalismus hatte sich schon OSWALD KÜLPE auseinandergesetzt; vgl. sein Werk: Die Realisierung. Ein Beitrag zur Grundlegung der Realwissenschaften, 1. Band, Leipzig 1912, 2. Band, Leipzig 1920, 3. Band, Leipzig 1932. Aber seine Kritik scheint heute kaum noch bekannt zu sein. Die „Überwindung" der Erkenntnistheorie und anderer klassischer philosophischer Disziplinen durch Heidegger und Wittgenstein hat derartige Analysen in Vergessenheit geraten lassen.

chen anderen Wissensformen verknüpft und darüber hinaus für gewisse Alltagssituationen selbstverständlich. Im alltäglichen Leben pflegen daher die meisten Leute Ausdrücke wie „wahr" und „falsch" – sowie die nach üblicher Verwendungsweise mit ihnen begrifflich eng verbundenen Ausdrücke „Tatsache", „Wirklichkeit", „Illusion" und „Irrtum" – unbefangen zu gebrauchen, auch wenn sie philosophische Meinungen haben, die mit diesem Gebrauch nicht harmonieren. Die Verwendung solcher Worte ist meist hinreichend genau, um eine Verständigung herbeizuführen, auch wenn man verschiedene Anschauungen darüber hegt, *welche* Aussagen wahr oder falsch sind und *wo* sich im einzelnen Tatsachen oder Illusionen identifizieren lassen. Auch Wissenschaftler pflegen, sogar im Rahmen ihrer Forschungstätigkeit, die gleiche Unbefangenheit im Umgang mit solchen Ausdrücken an den Tag zu legen.

Die Idee der Wahrheit, die im menschlichen Erkenntnisstreben wirksam ist, läßt sich verstehen, ohne daß man sie mit der Vorstellung einer Wahrheitsgarantie und eines entsprechenden Kriteriums koppelt. Sie ist nichts anderes als die *Idee der zutreffenden Darstellung* irgendwelcher Sachverhalte, auf die man sich mit den Mitteln der Sprache beziehen kann[13]. Diese regulative Idee gehört – ob man sich ihrer bewußt ist oder nicht – zur Darstellungsfunktion der Sprache und anderer möglicher Darstellungsgeräte und bezieht sich auf die Adäquatheit von Leistungen in diesem Bereich. Wer überhaupt Mitteilungen informativen Charakters senden oder empfangen möchte, wird ohne sie kaum auskommen, wenn es auch sehr oft schwer sein mag, das Zutreffen einer Darstellung zu beurteilen. Auch die These, eine Darstellung könne in höherem oder geringerem Maße zutreffend sein, ohne daß man immer in der Lage wäre, sie in dieser Hinsicht einigermaßen zuverlässig zu beurteilen, dürfte für die meisten Leute verständlich sein. Sie operieren mehr oder minder naiv und erfolgreich mit solchen Ideen und machen sich keine Gedanken über das Kriterienproblem. Der Erkenntnistheoretiker möchte natürlich Genaue-

---

[13] Es geht hier um eine Sprache, die nicht nur Ausdrucks- und Appellfunktionen hat, sondern darüber hinaus eine Darstellungsfunktion, wie sie bei tierischen Kommunikationsmitteln meist zu fehlen scheint; vgl. dazu KARL BÜHLER, Sprachtheorie. Die Darstellungsfunktion der Sprache (1934), 2. Auflage, Stuttgart 1965, und DERSELBE: Die Krise der Psychologie (1927), 3. Auflage, Stuttgart 1965, z. B. S. 49, wo Bühler feststellt, daß „der *Begriff und die Kriterien* der Wahrheit oder Richtigkeit... wesensgesetzlich aus der Darstellungsfunktion zu entnehmen" sind und daß umgekehrt „das Ideal der zutreffenden und richtigen Darstellung weitgehend die Produktion sprachlicher Gebilde bis in die Wortwahl und Struktur der Sätze hinein" bestimmt.

res über die relevanten Zusammenhänge wissen. Aber seine Überlegungen sind sekundärer Natur. Sie setzen das alltägliche Operieren mit der Wahrheitsidee und verwandten Vorstellungen voraus und können daran kritisch und konstruktiv anknüpfen.

Vor allem zweierlei pflegt in erkenntnistheoretischen Untersuchungen angestrebt zu werden:

(1) Klarheit darüber, *worin* dieses Zutreffen von Darstellungen eigentlich *besteht*, und

(2) Auskunft darüber, *wodurch* – also auf welche Weise – *festgestellt* werden kann, ob es sich jeweils um zutreffende – bzw. mehr oder weniger zutreffende – Darstellungen handelt.

Es ist nicht unwichtig, diese Fragen auseinanderzuhalten[14]. Im einen Falle geht es um den *Sinn* von Wahrheit, also um einen adäquaten Wahrheitsbegriff, im anderen um ein *Kriterium* der Wahrheit oder um adäquate Feststellungsmethoden. Nur ein Verfechter operationalistischer oder ähnlicher Auffassungen wird die beiden Fragen nicht unterscheiden können oder wollen. Nun stellen sich im Zusammenhang mit der zweiten Frage, wenn von einem Kriterium gesprochen wird, im allgemeinen Assoziationen ein, die ihrer angemessenen Behandlung wenig förderlich sind, weil sie die Antwort in einer Weise präjudizieren, die zum Skeptizismus führen muß. Es ist daher wohl besser, von Feststellungsmethoden zu sprechen, wobei zunächst offengelassen wird, *ob* sie zu einer Wahrheitsgarantie führen können oder nicht. Wer ein Wahrheitskriterium fordert, erwartet im allgemeinen mehr als ein Verfahren der Feststellung, dessen Erfolg problematisch ist. Er möchte meist ein Merkmal präsentiert bekommen, dessen Vorliegen die Wahrheit einer Aussage oder eines Aussagensystems verbürgen kann, ein sicheres Anzeichen der Wahrheit. An sich war aber keineswegs von vornherein zu erwarten, daß die Suche nach einem solchen Indiz zum Erfolg führen würde. Es ist auch nicht selbstverständlich, daß wir die Wahrheitsidee opfern müssen, wenn sich herausstellt, daß wir mit einem negativen Resultat zu rechnen haben[15].

---

[14] Vgl. dazu Viktor Kraft, Erkenntnislehre, Wien 1960, S. 181 f., wo die Verschiedenheit der Fragen deutlich gemacht wird.

[15] Immerhin ist aber festzuhalten, daß man ohne eine, wenn auch noch so provisorische, Lösung der *Sinn*frage nicht einmal weiß, wonach man suchen sollte. Wie übrigens Tarski mit Recht feststellt, unterscheidet sich der Begriff der Wahrheit in der hier relevanten Hinsicht nicht von manchen anderen Begriffen in der Logik, der Mathematik, der theoretischen Physik und anderen Disziplinen; vgl. Alfred Tarski, Die semantische Konzeption der Wahrheit und die Grundlagen der Semantik (1944), in: Johannes Sinnreich (Hgb.), Zur Philoso-

Es ist verständlich, daß die für den klassischen Rationalismus charakteristische Suche nach einem archimedischen Punkt der Erkenntnis und damit nach einem die Wahrheit verbürgenden Kriterium die philosophischen Bemühungen in eine Richtung lenken kann, die von einer zureichenden Lösung der Erkenntnisproblematik wegführt, wie das in der Tat geschehen zu sein scheint. Auf zwei der praktikablen Fehllösungen, den Dogmatismus und den Skeptizismus, habe ich schon hingewiesen[16]. Aber es gibt noch andere Möglichkeiten, mit dem Mißerfolg des klassischen Rationalismus fertig zu werden. Man kann eine Anschauung entwickeln, in der dogmatische und skeptische Elemente miteinander verschmolzen sind, etwa so, daß man zwar weiter nach sicherer Begründung strebt und damit einen dogmatischen Abschluß des Begründungsverfahrens in Kauf nimmt, aber den Erkenntnischarakter der so begründeten Aussagen selbst in Frage stellt, indem man keinen Anspruch auf inhaltliche Wahrheit mehr damit verbindet[17]. Eine Wissenschaft ohne Wissen, wie sie da ins Auge gefaßt wird, verkörpert die dogmatische Form der modernen Skepsis, die den Realismus der bisherigen wissenschaftlichen Weltauffassung durch eine Version des Pragmatismus ersetzt.

Diese Abkehr vom kritischen Realismus, die dazu führt, daß aus der Konkursmasse der klassischen Erkenntnislehre gerade die fragwürdigsten Bestandteile gerettet werden, kann ganz unauffällig vonstatten gehen. Man braucht dazu nur den Wahrheitsbegriff entsprechend umzudefinieren, so daß auf diesem Wege die Bindung der Wissenschaft an exogene Zielsetzungen plausibel gemacht werden kann[18]. Die Wissenschaft als Instrument der Lebensbewältigung darf ohnehin der Zustimmung des Publikums meist sicher sein, und die Perversion eines Instrumentalismus,

---

phie der idealen Sprache, München 1972, S. 90. Es ist aber interessant festzustellen, daß sich moderne Kritiker der Wahrheitsidee zuweilen ausgerechnet im Hinblick auf epistemologische Begriffe als Operationalisten gebärden, auch wenn sie diese Auffassung sonst für überholt halten.

[16] Vgl. S. 11 oben.

[17] So etwa könnte man die Lehre Hugo Dinglers charakterisieren; vgl. dazu z. B. DINGLER, Die Ergreifung des Wirklichen (1955), Kap. I bis IV, mit einer Einleitung von Kuno Lorenz und Jürgen Mittelstraß, Frankfurt 1969, dazu meine Kritik in meinem: Traktat über kritische Vernunft, S. 30 ff., und in: Konstruktivismus oder Realismus? in: Albert/Keuth (Hgb.), Kritik der kritischen Psychologie, Hamburg 1973, S. 12 ff.

[18] Vgl. dazu Russels Kritik an Deweys Konzeption der „warranted assertability" in: BERTRAND RUSSELL, Inquiry into Meaning and Truth, London 1940, S. 318 ff.; siehe auch VIKTOR KRAFT, Erkenntnislehre, aaO, S. 175 ff. Auch die sogenannte Konsenstheorie der Wahrheit führt in diese Richtung.

der die Erkenntnisgrundlage der Lebenspraxis technologisch umdeutet, bleibt unbemerkt, wenn sie mit hinreichender Subtilität verbunden ist[19]. Überraschend ist nur die Tatsache, daß in den Bemühungen, die Wissenschaft in unmittelbaren Zusammenhang mit der Befriedigung menschlicher Bedürfnisse zu bringen, gerade dasjenige Bedürfnis vergessen zu werden pflegt, das charakteristisch für unsere Gattung ist: das Streben nach Erkenntnis und nach Weltorientierung.

Ist es notwendig, in dieser Weise – durch Abkehr vom kritischen Realismus und von der mit ihm verknüpften Wahrheitsidee – auf die Problemsituation zu antworten, die durch den Zusammenbruch des klassischen Rationalismus entstanden ist? Wir haben gesehen, daß man die Wahrheitsidee keineswegs mit der Idee der Gewißheit konfundieren muß, so daß die Forderung nach absoluter Begründung als selbstverständlich erscheint. Darüber hinaus kann man auch die Frage nach adäquaten Methoden der Erkenntnis von der Gewißheitsidee lösen und damit von der Frage nach einem die Wahrheit verbürgenden Kriterium, ohne dabei die Wahrheitsidee selbst zu opfern. Wenn man das Prinzip der zureichenden Begründung durch das der kritischen Prüfung ersetzt, braucht man weder in den Dogmatismus der Vertreter des klassischen Denkens, noch in den Skeptizismus der enttäuschten Rationalisten zu verfallen, noch auch in jene subtile Verbindung von Dogmatismus und Skeptizismus, die für moderne Philosophen so anziehend zu sein scheint. Der Kritizismus ermöglicht eine realistische Auffassung der Wissenschaft, in der die Wahrheitsidee – und darüber hinaus die Idee der Approximation an die Wahrheit[20] – als regulative Idee anerkannt wird, so daß die in ihr enthaltene methodologische Konzeption an dieser Vorstellung orientiert werden kann. Mit dem kritischen Realismus der überkommenen Auffassung wird hier also ein konsequenter Fallibilismus verbunden, der sich auch auf die Methoden der Wissenschaft bezieht.

---

[19] Es ist nicht uninteressant, daß die hermeneutisch inspirierte Lehre von den Wissensformen, die den Zusammenhang von Erkenntnis und Interesse aufhellen möchte und dabei der naturwissenschaftlichen Denkweise explizit eine einschränkende instrumentalistische Deutung zuteil werden läßt, *de facto* allen Wissensformen praktische Zielsetzungen unterstellt, in bezug auf die sie technologischen Charakter annähmen, wenn diese Deutung zuträfe; vgl. dazu meine Kritik in: Transzendentale Träumereien, aaO, Kap. II: Reduktion auf praktische Interessen.

[20] Vgl. dazu KARL POPPER, Conjectures and Refutations, ssO, S. 215 ff.; die betreffenden Formulierungen haben sich inzwischen als mangelhaft erwiesen. Die Haltbarkeit der innerhalb des wissenschaftlichen Denkens seit langem wirksamen Approximationsidee dürfte aber durch den Mißerfolg bestimmter Definitionsversuche kaum getroffen sein; vgl. auch

7. *Freiheit und Norm: Die Methodologie als rationale Heuristik*

Die Erkenntnispraxis der Wissenschaft ist von Normierungen geprägt, die zu Bewertungen und Entscheidungen verschiedenster Art führen und auf diese Weise zur Steuerung des Erkenntnisgeschehens beitragen. Dennoch spielt die schöpferische Phantasie der Forscher, aus der immer wieder neue Problemlösungen entspringen, für die Entwicklung der wissenschaftlichen Erkenntnis eine bedeutende Rolle. Die Methodologie kann also keinen Kodex enthalten, dessen Befolgung automatisch zu guten Lösungen führt. Sie muß der Tatsache gerecht werden, daß die Erkenntnispraxis wie andere Tätigkeiten spekulative und kalkulatorische Aspekte hat[21] und daß es in ihr keine Erfolgsgarantie gibt. Inwieweit kann man unter diesen Umständen von einem Methodenzwang sprechen, unter dem der Forscher steht? Inwieweit ist er in seiner Freiheit durch die Übernahme der wissenschaftlichen Methode beeinträchtigt? Welchen Charakter haben überhaupt die in der Wissenschaft wirksamen Normierungen?

Wir können zunächst einmal zwischen den im oben skizzierten Erkenntnisprogramm enthaltenen *Zielen* und den damit verknüpften *regulativen Ideen* unterscheiden und den daran orientierten *methodischen Normen*, die sich auf den zur Realisierung dieser Ziele einzuschlagenden *Weg* beziehen. Mit der Zielsetzung, Theorien von großer Erklärungskraft zu erreichen, also Theorien, die möglichst umfassend, tief, genau und wahr sind, sind zum Beispiel die Idee der Wahrheit – im Sinne zutreffender Darstellung –, die des Gehalts – im Sinne von Allgemeinheit und Genauigkeit – und die Idee der adäquaten Erklärung verbunden, die wiederum die Gesetzesidee enthält. Beide Arten von Normierungen, die in den *Zielen* und den *regulativen Ideen* enthaltenen *Wertgesichtspunkte* und die *methodischen Normen*, sind prinzipiell kritisierbare und revidierbare menschliche Konstruktionen. Sie sind zwar im metaphysischen Hintergrund der Realwissenschaften – in einer bestimmten Version des Realismus – veran-

---

GERARD RADNITZKY, Signaturen der Analytischen Philosophie: Zwei retrospektive Studien, Tijdschrift voor Filosofie 39/1, 1977, S. 29 ff.

21 Vgl. dazu MAX WEBER, Wissenschaft als Beruf, in: Weber, Gesammelte Aufsätze zur Wissenschaftslehre, 2. Auflage, Tübingen 1951, S. 573 ff., „Der Einfall ersetzt nicht die Arbeit. Und die Arbeit ihrerseits kann nicht den Einfall ersetzen, so wenig wie die Leidenschaft es tut. Beide – vor allem: beide *zusammen* – locken ihn", andererseits: „Die Eingebung spielt auf dem Gebiete der Wissenschaft ganz und gar nicht ... eine größere Rolle als auf dem Gebiete der Bewältigung von Problemen des praktischen Lebens durch den modernen Unternehmer. Und sie spielt ... keine geringere Rolle als auf dem Gebiete der Kunst."

kert, aber dennoch einer kritischen Untersuchung zugänglich, die zum Beispiel alternative Vorschläge ins Spiel bringen und einen Vergleich der Vorzüge und Schwächen aller vorgeschlagenen Lösungen vornehmen kann. Dabei lassen sich unter Umständen auch im Rahmen der Wissenschaften erzielte Forschungsresultate verwenden, die zum Beispiel darauf hinweisen, daß gewisse Ziele nicht erreichbar und bestimmte Wege nicht beschreitbar sind[22]. Man kann diese Normierungen also in einen Kontext versetzen, der sie einer solchen Kritik zugänglich macht.

Eine derartige Argumentation kann allerdings nie in dem Sinne „zwingend" sein, daß jeder mögliche Zweifel auszuräumen ist. Eine Rationalitätskonzeption, die Notwendigkeiten dieser Art suggerieren möchte, läßt sich immer mit dem Hinweis darauf attackieren, daß jede Problemlösung kontextabhängig, also an Voraussetzungen gebunden ist, die man prinzipiell in Zweifel ziehen kann. Man muß sich daher in jedem Falle – wenn auch unter Berücksichtigung vorliegender Argumente – *entscheiden*, unter Umständen auf dem Umwege über eine Veränderung des Kontextes der in Betracht gezogenen Problemlösungen und einer daraus entstehenden neuen Sicht der Problemsituation. Die Entdeckung einer neuen Möglichkeit, eine Problemsituation zu artikulieren, gehört zu den wichtigsten Leistungen rationaler Praxis. Es scheint mir allerdings zweckmäßig zu sein, zwischen einer Kritik am realwissenschaftlichen Erkenntnisprogramm, die darauf abzielt zu zeigen, daß Erkenntnisse der angestrebten Art nicht *erreichbar* sind, und Argumenten zu unterscheiden, die den *Wert* der Wissenschaft in Frage stellen, weil sie unerwünschte Wirkungen im Gefolge hat. Es ist natürlich nicht zu leugnen, daß auch eine Kritik der letztgenannten Art interessant sein kann.

Was die *methodischen Normen* der Erkenntnispraxis in den Realwissenschaften angeht, so sind sie offenbar nur dann von Interesse, *wenn* man Erkenntnisse der skizzierten Art *anstrebt*, auf die sie zugeschnitten sind. Die Methodologie der Realwissenschaften hat insoweit nur den Status einer Technologie des kognitiven Problemlösungsverhaltens. Sie enthält keine kategorischen Imperative, sondern nur eine Anleitung zum *zweckmäßigen* Verhalten in Problemsituationen *der geschilderten Art*. Sie setzt wie jede Technologie Einsichten in die Beschaffenheit realer Zusammenhänge in Anweisungen für adäquates Handeln um, wobei sie bestimmte *Zielsetzungen* unterstellen muß[23]. Bei den betreffenden Einsichten wird

---

[22] Vgl. dazu das I. Kapitel, S. 21 f. oben.
[23] Genaugenommen braucht sie nur Möglichkeiten des Verfahrens zu explizieren, also in-

es sich, da es ja nicht um bereichsspezifische Methoden geht, vor allem um Auffassungen über sehr allgemeine Züge der menschlichen Erkenntnissituation handeln, wie sie im prinzipiellen Fallibilismus und den daraus folgenden Argumenten gegen Dogmatisierungen aller Art zum Ausdruck kommen. Für die Konkretisierung der sich daraus ergebenden Anforderungen kommen darüber hinaus Forschungsergebnisse der Realwissenschaften – zum Beispiel der Wahrnehmungslehre und der Linguistik – und Resultate der Mathematik und Logik in Betracht.

Im Zusammenhang mit der Tatsache, daß man für die Formulierung methodischer *Normen* bestimmte *Zielsetzungen* – und damit die in ihnen enthaltenen Wertgesichtspunkte – unterstellen muß, ist es vielleicht angebracht, auf die oben erwähnten antirealistischen Tendenzen im philosophischen Denken zurückzukommen. Daß man für die Diskussion der realwissenschaftlichen Methodologie auf den Realismus und die mit ihm verbundene Wahrheitsidee verzichten könne, ist nämlich eine heute anscheinend beliebte These[24]. An dieser These mag soviel richtig sein, daß man es mit einiger Vorsicht vermeiden kann, *Worte* wie „Wahrheit" und „Falschheit" zu gebrauchen, wenn man methodologische Fragen erörtert. Schwieriger scheint es mir schon zu sein, den *Sinn* methodologischer Feststellungen zu diskutieren, ohne – und sei es auch nur implizit – auf die Wahrheits*idee* zurückzugreifen. In den meisten methodologischen Konzeptionen wird zum Beispiel die Vermeidung oder die Eliminierung von Widersprüchen in den akzeptierten Auffassungen – also etwa innerhalb theoretischer Systeme – gefordert. Die Frage nach dem Grund für diese Forderung kann dahingehend beantwortet werden, daß sich sonst kontradiktorische Aussagen ableiten ließen, die jedenfalls falsch sind[25]. Man kann überdies natürlich darauf hinweisen, daß sich innerhalb widerspruchsvoller Systeme beliebige Aussagen ableiten lassen, so daß Systeme dieser Art überhaupt nicht mehr zwischen Aussagen diskriminieren. Aber

---

formative *Aussagen* zu machen, die sich bei *Annahme* der betreffenden Zielsetzungen in *Anweisungen* übersetzen lassen.

[24] Vgl. dazu KLAUS HOLZKAMP, Wissenschaftstheoretische Voraussetzungen kritisch-emanzipatorischer Psychologie, Zeitschrift für Sozialpsychologie, Band I, 1970; dazu meine Kritik in: Konstruktivismus oder Realismus? aaO. Inzwischen scheint Holzkamp aber seine Meinung in dieser Hinsicht korrigiert zu haben; vgl. auch HERBERT KEUTH, Objektivität und Parteilichkeit in der Wissenschaft, Zeitschrift für allgemeine Wissenschaftstheorie, Band VI, 1975, S. 19 ff., wo ein solcher Verzicht ebenfalls befürwortet wird.

[25] Vgl. dazu ALFRED TARSKI, aaO, S. 96. Der Umstand, daß man unter Umständen zeitweise Widersprüche *in Kauf zu nehmen* hat, ändert meines Erachtens nichts an ihrer Unerwünschtheit.

diese Antwort ist unbefriedigend, wenn nicht darauf eingegangen wird, im Hinblick auf welche Eigenschaften diskriminiert werden soll, so daß man wieder ganz zwanglos auf die Wahrheitsfrage zurückkommt.

Theorien pflegen aber nicht nur auf ihre Widerspruchslosigkeit hin untersucht zu werden. Nach üblicher Auffassung spielen überdies Experimente und empirische Untersuchungen eine erhebliche Rolle für ihre Überprüfung. Die vage, aber durchaus adäquate Vorstellung, die mit solchen Untersuchungen meist verbunden ist, läuft darauf hinaus, daß durch sie gewissermaßen der „Widerstand der Realität" für die Beurteilung solcher Aussagensysteme in Anschlag gebracht werden kann[26]. Auch hinter den Bemühungen, „Beobachtungsfehler" nach Möglichkeit auszuschalten, steht eine realistische Auffassung[27]. Gewiß mag das „Scheitern" einer Theorie an den „Tatsachen" mitunter eine sehr umwegige Angelegenheit sein. Das rechtfertigt aber keineswegs die Ansicht, Prüfungsanstrengungen dieser Art seien prinzipiell überflüssig. Man könnte dann auch beliebige Immunisierungsversuche zulassen. Der kritische Realismus läßt solche Untersuchungen jedenfalls sinnvoll erscheinen.

Wenn man sich die Frage stellt, worin sich die *Bewährung* einer Theorie von der einer Maschine unterscheidet, dann kommt man kaum darum herum, die Leistungen zu spezifizieren, die von beiden Arten von Gebilden erwartet werden. Soweit von Theorien Erklärungen verlangt werden, ist ein Rekurs auf den kognitiv-informativen Sinn der dabei auftauchenden Aussagen – auf ihren darstellenden Charakter – und damit auch auf den Unterschied zwischen mehr oder weniger zutreffender Darstellung von Sachverhalten angebracht. Nach dem üblichen Modell sind bei Erklärungen ja adäquate Beschreibungen der betreffenden Tatbestände abzuleiten. Selbst wer in wissenschaftlichen Theorien nur Instrumente für die Bewältigung praktischer Probleme sehen möchte, kommt nicht daran vorbei, bei der Behandlung des Prognoseproblems wenigstens für die Beurteilung der technisch verwendbaren Endprodukte wissenschaftlicher Tätigkeit realistische Gesichtspunkte ins Spiel zu bringen. Die Brauchbarkeit von Prognosen hängt bekanntlich unter anderem davon ab, inwieweit sie zu erwartende Vorgänge zutreffend darstellen. Wenn man aber einmal gezwungen ist, in diesem Punkte Konzessionen zu machen,

---

[26] Die methodische Konzeption Karl Poppers kann als ein Versuch angesehen werden, vor allem diesen Zug der wissenschaftlichen Methode herauszuarbeiten.

[27] Oswald Külpe weist mit Recht darauf hin, daß dieser Umstand für den Übergang vom naiven zum kritischen Realismus wesentlich ist; vgl. sein Buch: Einleitung in die Philosophie, 11. Auflage, Leipzig 1923, S. 192 f.

ist nicht einzusehen, warum man in bezug auf die dabei verwendeten theoretischen Systeme die Wahrheitsidee als unbrauchbar zurückweisen sollte. Eine solche Zurückweisung – etwa in Verbindung mit einer Deutung nomologischer Aussagen als bloßer „Regeln" – kann sich allerdings als Konsequenz aus unangemessenen Forderungen ergeben, etwa der Verifizierbarkeitsforderung für alle als sinnvoll zu betrachtenden Aussagen, die bekanntlich im logischen Positivismus zeitweise vertreten wurde.

Außerdem ist die Suche nach echten Erklärungen auf der Basis wahrer Theorien nicht durch eine instrumentalistische Deutung der Realwissenschaften *ad absurdum* zu führen, weil eine solche Resignationslösung noch kein Gegenargument produziert. Die Debatte um den Positivismus – nicht der sogenannte „Positivismusstreit", der einen irreführenden Namen bekommen hat – dürfte gezeigt haben, daß man die Sinnlosigkeit metaphysischer Fragen oder die Unmöglichkeit einer – unter Umständen hypothetisch-kritischen – Metaphysik zwar dogmatisch dekretieren, aber schwerlich nachweisen kann. Sie hat weiter gezeigt, daß auch die wissenschaftliche Forschung einen metaphysischen Hintergrund hat, den man nur auf Kosten der Erkenntnis vernachlässigen kann[28].

Was die Eigenart der für die Wissenschaft geltenden methodischen Normen angeht, so müssen wir nun auf das zurückkommen, was zur Methodologie rationaler Praxis schon gesagt wurde[29]. Die seit einiger Zeit übliche Unterscheidung zwischen Entdeckungs- und Begründungszusammenhang in der Erkenntnis und die daran anknüpfende Dichotomie zwischen Wissenschaftslogik einerseits und Geschichte, Soziologie und Psychologie der Wissenschaften andererseits läßt sich angesichts der tatsächlichen Beschaffenheit der Erkenntnissituation kaum in der überlieferten Weise durchhalten. Sie hat nicht nur dazu verführt, die Heuristik in die Psychologie zu verweisen und die Methodologie als ein rein logisches Unternehmen zu betrachten, wie das heute noch an der Tagesordnung ist. Sie hat darüber hinaus die These suggeriert, man könne zwischen heuristischen und methodischen Gesichtspunkten scharf unterscheiden. Überdies hat sie bei Kritikern den Verdacht hervorgerufen, die Betonung der Bedeutung der Phantasie oder Intuition für die Forschung sei nur darauf

---

[28] Im übrigen scheint schon in der Wahrnehmung eine der Wahrheitsidee analoge Steuerungsnorm wirksam zu sein, vgl. dazu meinen Beitrag: Erkenntnis, Sprache und Wirklichkeit, in: Sprache und Erkenntnis. Festschrift für Gerhard Frey zum 60. Geburtstag, herausgegeben von Bernulf Kanitscheider, Innsbruck 1976.

[29] Vgl. dazu Kapitel I, Abschnitt 4, oben.

angelegt, einen schwerwiegenden Mangel zu verdecken: *das Fehlen einer Heuristik*.

Tatsächlich kann man diesen Unterschied zwischen Heuristik und Methodik schon deshalb nicht machen, weil sich die in der Methodologie üblicherweise angebotenen Schemata – für brauchbare Theorien, adäquate Erklärungen, für die Prüfung und die Bewährung von Theorien – stets als Vehikel heuristischer Anweisungen verwenden lassen, als Bestandteile heuristischer Maximen. Solche Maximen beziehen sich jeweils auf die *Suche* nach Problemlösungen bestimmter Art, auf die Aufdeckung ihrer Vorzüge und Schwächen, auf ihre Verbesserung, auf die *Suche* nach alternativen Lösungen – Theorien, Gesetzmäßigkeiten, Erklärungen, Prüfungsmöglichkeiten –, auf die nach einer adäquaten vergleichenden Bewertung solcher Lösungen und auf die *Suche* nach einer angemessenen Beurteilung der Problemsituation überhaupt. Sie geben nie eine „Methode" im Sinne einer das Verhalten eindeutig bestimmenden Regel an die Hand, sondern schließen bestenfalls gewisse Verfahrensweisen aus. Dabei bleibt aber immer noch ein gewisser Spielraum für die Identifizierung brauchbarer Praktiken. Man findet innerhalb der einzelnen Disziplinen zwar eine Fülle von „Methoden" im Sinne bereichsspezifischer Forschungstechniken, aber die *allgemeine* Methodologie der Realwissenschaften hat überhaupt nur den Charakter einer *rationalen Heuristik*, die der menschlichen Phantasie gewisse nicht unwichtige Hilfen geben und die für die Erkenntnispraxis wichtigen Entscheidungen mitbestimmen kann.

Mit einem Algorithmus, der automatisch zu brauchbaren Lösungen führt, ist also nicht nur im „Entdeckungszusammenhang", sondern auch im sogenannten „Begründungszusammenhang" nicht zu rechnen, wenn man einmal die Möglichkeit dieser Unterscheidung einräumt. Auch die für die Bewertung von Lösungen zur Verfügung stehenden Gesichtspunkte führen keineswegs ohne weiteres zu eindeutigen Entscheidungen, denn es sind ja stets Interpretations- und Identifikationsprobleme zu lösen, und mitunter wird eine Gewichtung notwendig, die verschieden ausfallen kann. Die in der Wissenschaftslogik üblichen Schemata – für gute Theorien, adäquate Erklärungen, für die Prüfung und die Bewährung – werden meist so präsentiert, daß man die vorgelagerten Deutungsprobleme kaum wahrnehmen kann. Sie stellen überdies Idealisierungen dar. Die Aufgabe, festzustellen, inwieweit eine angebotene Lösung den gestellten Anforderungen entspricht, ist daher selbst eine Entdeckungsaufgabe. Die dem klassischen Denken adäquate Idee, im Erkenntnisbereich

Kontroversen durch *Kalkulationen* zu ersetzen, war möglicherweise für die Entwicklung mancher Disziplinen – z. B. der mathematischen Logik – fruchtbar, aber sie hat sich nichtsdestoweniger als utopisch erwiesen. Damit sollen die kalkulatorischen *Aspekte* der Erkenntnispraxis nicht geleugnet werden, aber sie gehören eher zum Gebiet der bereichsspezifischen Methodik als in die allgemeine Methodologie. Der Versuch, diese Disziplin völlig unter kalkulatorischen Gesichtspunkten zu behandeln, hat nur zur Vernachlässigung der Heuristik und zu einem damit verbundenen Methodenritualismus auch in bestimmten Fachdisziplinen geführt, bei dem oft die Problemorientierung verlorengeht. Wer die Bedeutung von Alternativen für die Entwicklung des wissenschaftlichen Denkens und für den Erkenntnisfortschritt betont, hat Anlaß, der Kontroverse und damit dem dialektischen Element einen Platz *innerhalb* einer rationalen Methodologie anzuweisen.

Das Erkenntnisprogramm der modernen Realwissenschaft, das auf die theoretische Untersuchung aller Wirklichkeitsbereiche abzielt, führt also zu einer Spezifizierung der Methode rationaler Praxis für die Lösung kognitiver Probleme, die sich an der in diesem Programm enthaltenen Zielsetzung orientiert. Auf dieser Zielsetzung beruht demnach die methodische Einheit der Wissenschaft. Daß die im Rahmen dieses Programms entwickelte Methode allmählich alle Bereiche des Wissens durchsäuert und ältere Wissensformen und Denkstile abgelöst hat, dürfte unter anderem *auch* damit zusammenhängen, daß in diesen Wissensformen teilweise verwandte Zielsetzungen wirksam waren. So konnten die mit Hilfe dieser Methode erzielten Erklärungen als alternative Lösungen für Probleme angesehen werden, die auch in ihnen aufgetreten waren. Das gilt vor allem, soweit in diesen Wissensformen kognitive Leistungen enthalten waren[30], wie das im mythischen Denken ohne Zweifel der Fall war, wenn dieses

---

[30] Das zeigt sich z. B. in der Entwicklung der sogenannten Geisteswissenschaften, die immer mehr unter den Einfluß des „naturwissenschaftlichen" Denkstils kommen, nicht etwa, weil er ihnen von außen aufgezwungen würde, sondern weil sich nachweisen läßt, daß die innerhalb des geisteswissenschaftlichen Denkens wirksamen Erkenntnisinteressen sich auf der Grundlage des realwissenschaftlichen Programms der theoretischen Erklärung besser verständlich machen lassen; vgl. dazu meine Aufsätze: Hermeneutik und Realwissenschaft. Die Sinnproblematik und die Frage der theoretischen Erkenntnis, in der Festschrift für Eduard Baumgarten, abgedruckt in meiner Schrift: Plädoyer für kritischen Rationalismus, 3. Auflage, München 1973, und: Geschichte und Gesetz. Zur Kritik des methodologischen Historismus, in: Kurt Salamun (Hgb.), Sozialphilosophie als Aufklärung. Festschrift für Ernst Topitsch, Tübingen 1978; vgl. auch KARL EIBL, Kritisch-rationale Literaturwissenschaft. Grundlagen zur erklärenden Literaturgeschichte, München 1976.

Denken sicher darüber hinaus auch noch andere Funktionen hatte. Sicherlich tut die Wissenschaft gut daran, den kognitiven Gehalt älterer Wissensformen in sich aufzunehmen, soweit er kritischer Untersuchung standhält. Sie ist ja weder auf besondere Inhalte noch auf spezielle Techniken festgelegt. Soweit die methodische Praxis bestimmter Disziplinen zu einer Einschränkung der Einbildungskraft führt[31], läßt sie sich im Namen einer Methodologie rationaler Erkenntnispraxis kritisieren.

8. Die soziale Einbettung der Wissenschaft und die Steuerung der Erkenntnispraxis

Seit dem vorigen Jahrhundert ist es – vor allem unter dem Einfluß des marxistischen Denkens – üblich geworden, menschliche Kulturleistungen aller Art dem Ideologieverdacht auszusetzen und sie als ideologische Gebilde zu demaskieren. In den literarischen Produkten, die dieser Aufgabe gewidmet sind, pflegen Anklage und Analyse eng miteinander verbunden zu sein. Es geht darum, durch den Nachweis der sozialen Verankerung solcher Leistungen, der Abhängigkeit ihrer Produktion von bestimmten Interessen und ihrer Bindung an bestimmte Institutionen, ihre objektive Geltung und damit gleichzeitig den Anspruch auf allgemeine Anerkennung in Frage zu stellen, der mit ihnen meist verknüpft wird. Einem solchen Verdacht ist seit langem auch die Wissenschaft unterworfen. Auch in

---

[31] Vgl. dazu die Kritik PAUL FEYERABENDs in seinem Buch: Wider den Methodenzwang, aaO, S. 31 und passim. Soweit in diesem Buch dogmatische Praktiken angeprangert werden, wie sie in der Tat nicht selten in wissenschaftlichen Disziplinen anzutreffen sind, ist dagegen kaum etwas einzuwenden. Andererseits scheint mir die These, die Elastizität der Wissenschaft bestehe darin, daß es keine „wissenschaftliche Methode" gebe und damit „keine Möglichkeit der Abgrenzung der Wissenschaft von anderen Lebensformen" – aaO, S. 23, Anm. 15 – übertrieben zu sein und auch nicht ganz mit der Kritik am Methodenzwang zu harmonieren. Soweit in der Wissenschaft ein Ritualismus auftritt, den man tatsächlich als einen die Phantasie einschränkenden Methoden*zwang* ansehen kann, verdient die Kritik volle Zustimmung. Aber die rationale Heuristik, die zur Abgrenzung des wissenschaftlichen Denkstils dienen kann, enthält keinen solchen Zwang. Sie enthält dagegen gerade diejenigen Komponenten, die von Feyerabend immer wieder mit positiven Akzenten versehen werden: Offenheit, Ablehnung starrer Traditionen – aaO, S. 32 –, Erfindung von Alternativen – aaO, S. 61 und passim –, Ablehnung von Immunisierungen – aaO, S. 64 –. Seine Wissenschaftskritik ist weitgehend eine Kritik bestimmter Formen des Wissenschafts*betriebes* und bestimmter *Deutungen* dieses Betriebes unter Voraussetzung von *Idealen*, die *de facto* in den besten Leistungen der Forschung wirksam waren.

ihr soll die „Seinsverbundenheit des Denkens" die Objektivität der dabei erzielten Resultate beeinträchtigen.

Nun ist die Tatsache kaum zu leugnen, daß die wissenschaftliche Forschung in den Wirkungszusammenhang des sozialen Lebens eingebettet und daß diese Einbettung nicht ohne Bedeutung für die Steuerung des Erkenntnisgeschehens ist. Wir haben keinen Grund anzunehmen, daß sich die Entdeckung, Bewertung und Verbreitung wissenschaftlicher Problemlösungen in einer Sphäre des reinen Geistes vollzieht, die mit der Befriedigung menschlicher Grundbedürfnisse, mit den auf die individuellen Bedürfnisstrukturen der Beteiligten abgestimmten Belohnungen und Bestrafungen und mit den institutionellen Regelungen, die der Koordination der Verhaltensweisen in diesem sozialen Bereich dienen, nichts zu tun hat. Das bedeutet aber unter anderem, daß Erklärungen der Entwicklung des Wissens – des Fortschritts, der Stagnation oder auch des Rückschritts der Erkenntnis –, die auf solche Faktoren keine Rücksicht nehmen, sogenannte rein interne Erklärungen, kaum ernsthaft in Betracht kommen. Das Bestreben, vor allem solche Erklärungen zu suchen oder gelten zu lassen, geht wohl vor allem darauf zurück, daß man glaubt, die Einbeziehung motivationaler und institutioneller Faktoren gefährde den Objektivitätsanspruch der Wissenschaft.

Versuche mit dieser Zielsetzung stellen aber meines Erachtens unnötige Kontrastreaktionen auf die Bemühungen marxistisch orientierter Theoretiker dar, die Bedeutung externer Faktoren zu akzentuieren, um eine Reduktion der Phänomene dieses Bereichs auf ihre ökonomische Basis zu erreichen. Sie scheinen überdies davon auszugehen, daß das in solchen Reduktionsversuchen waltende Vorurteil berechtigt ist, durch den Nachweis der sozialen Verankerung kognitiver Leistungen müsse ihre Geltung beeinträchtigt werden[32]. Aber das ist eine unnötige Sorge. Auch in Erklärungen, in denen externe Faktoren berücksichtigt werden, können dieje-

---

[31a] S. S. 83, unten.

[32] Übrigens ist die Tatsache interessant, daß der wissenschaftstheoretische Internalismus – der auf rein interne Erklärungen zielende Ansatz, der die empirische „externe Geschichte" der Wissenschaft nur ergänzend heranziehen will – anscheinend *Erklärungen ohne Gesetzmäßigkeiten* anstrebt, so daß der übliche Erklärungsbegriff für den Bereich der Geisteswissenschaften teilweise suspendiert wird. Schon die Rekonstruktion der „internen Geschichte" soll hier eine „rationale Erklärung" liefern; vgl. dazu IMRE LAKATOS, History of science and its rational reconstruction, in: Method and Appraisal in the physical sciences. The critical background to modern science, 1800–1905, ed. by Colin Howson, Cambridge 1976, S. 1. Im Grunde läuft diese Art der Betrachtung auf eine *Verwechslung von Verstehen und Erklären* hinaus, die natürlich deshalb sehr naheliegend ist, weil *innerhalb* von *Erklärungen* menschli-

nigen *Kriterien* eine Rolle spielen, die dem Verfechter der Idee objektiver Erkenntnis wichtig erscheinen, soweit sie *für die Steuerung* der Erkenntnispraxis tatsächlich *relevant* sind. Die kausale Bedeutung von Interessen und Institutionen hat keineswegs die Konsequenz, daß die für diese Objektivität bedeutsamen Normierungen unwirksam sind. Die aufgrund der jeweiligen Interessenlage und der mit ihr verknüpften institutionellen Vorkehrungen zustande kommenden sozialen Mechanismen können im Gegenteil gerade so funktionieren, daß sie solche Normierungen mehr oder weniger wirksam machen, unter Umständen auf Umwegen, deren Bedeutung für diesen Erfolg nicht leicht zu entdecken ist.

Eine der wichtigsten soziologischen Entdeckungen ist die, daß die soziale Bedeutung einer Tätigkeit nicht unbedingt das wichtigste oder auch nur eines der Motive für ihre Ausübung darstellt und daher auch für ihre Erklärung herangezogen werden muß[33]. Diese Entdeckung läßt sich auch auf Erklärungen, die sich auf den Bereich der Wissenschaft beziehen, nutzbringend anwenden. Man muß dabei nicht unbedingt so weit gehen, daß man die Entwicklung der wissenschaftlichen Erkenntnis als ein Nebenprodukt des Kampfes um Lehrstühle und andere Positionen betrachtet, obwohl sich eine solche Betrachtungsweise zumindest für bestimmte Regionen und Perioden geradezu aufdrängen mag. Aber die Bedeutung von institutionell mehr oder weniger stark geregelten Belohnungssystemen für die Forschung und die Verbreitung von Forschungsresultaten – z. B. in der Lehre – dürfte kaum zu unterschätzen sein[34]. Auch in diesem

---

cher Aktivitäten *Verstehen* – das heißt auf die Erfassung von Sinnzusammenhängen gerichtete Operationen – in der Tat eine bedeutende Rolle spielt, ein Umstand, den schon Max Weber deutlich erkannt hat, ohne daß er eine gänzlich befriedigende Lösung für die damit zusammenhängenden Probleme gefunden hätte.

[33] Vgl. dazu JOSEPH A. SCHUMPETER, Kapitalismus, Sozialismus und Demokratie, 2. Auflage, München 1950, S. 448, der diese in der *ökonomischen* Denktradition seit langem verwertete Einsicht für den Entwurf seiner Theorie der Demokratie verwendet. Die Schwäche des *soziologischen* Funktionalismus besteht darin, daß in ihm gerade diese soziale Bedeutung – die „Funktion" eines Faktors – für die Erklärung herangezogen wird, wobei ein methodologisch gesehen defekter Erklärungstyp produziert wird; vgl. dazu z. B.: CARL G. HEMPEL, The Logic of Functional Analysis, in: Llewellyn Gross (ed.) Symposium on Sociological Theory, Evanston 1959, S. 271 ff.

[34] Vgl. dazu schon ADAM SMITH, An Inquiry into the Nature and Causes of the Wealth of Nations (1776), London/New York 1910, II. Vol., S. 245 ff.: On the Expense of the Institutions for the Education of Youth, wo verschiedene institutionelle Regelungen und ihre Wirkungen untersucht werden, wobei die Kopplung von Belohnungen verschiedener Art mit der zu erbringenden Leistung und die Rolle der Konkurrenz akzentuiert wird. Dieses klassische Werk der Nationalökonomie ist keineswegs nur ein „ökonomi-

sozialen Bereich konkurrieren die Beteiligten um knappe Belohnungen oder sie schließen sich zusammen, um solche Belohnungen gemeinsam zu erringen. Konkurrenz, Konflikt und Kooperation spielen in ihm eine ähnliche Rolle wie auch sonst im sozialen Leben[35]. Wir finden in der Wissenschaft sowohl marktmäßige als auch organisationsartige Sozialformen der Koordination individueller Verhaltensweisen[36]. Wir finden darüber hinaus je nach Art der vorliegenden institutionellen Regelungen und Motivstrukturen verschiedene Belohnungsarten, von der Zuteilung von Geld, Macht oder Prestige bis zur Ermöglichung eines angenehmen Lebensstils und zur Prägung einer Berufsrolle, die ihrem Träger die Gelegenheit verschafft, in Freiheit einer befriedigenden Beschäftigung – einer Tätigkeit mit schöpferischen Aspekten – nachzugehen[37].

Im ganzen ist die Wissenschaft ein sozialer Bereich, in dem noch die Anarchie dominiert, eine Anarchie, wie man sie dem Kapitalismus immer wieder bescheinigt hat, die auch dann noch vorhanden ist, wenn es große Organisationen im Produktionsbereich gibt – in diesem Falle: die großen Institute –, Herrschaftsinseln im Marktmilieu, die miteinander in Konkurrenz stehen. Anarchie bedeutet hier das Fehlen einer *Herrschafts*ordnung für den *Gesamt*bereich, *nicht* das Fehlen einer *Ordnung* überhaupt. Der Markt ist in diesem Sinne eine herrschaftslose Ordnung, wenn es in

---

sches" Buch im üblichen Sinne, sondern es enthält eine umfassende soziologische Untersuchung unter Betonung institutioneller Aspekte und unter Voraussetzung der großen Bedeutung des Selbstinteresses der Beteiligten für den Ablauf sozialer Prozesse.

[35] Vgl. dazu schon: KARL MANNHEIM, Die Bedeutung der Konkurrenz im Gebiete des Geistigen (1928), in: Mannheim, Wissenssoziologie, Berlin/Neuwied 1964, S. 566 ff.; allerdings schränkt Mannheim seine These ausdrücklich auf das Gebiet des „seinsverbundenen Denkens" ein und macht für das exakt-wissenschaftliche Denken, wie auch sonst, sehr zu Unrecht eine Ausnahme.

[36] Zu den ersteren vgl. GERHARD SCHERHORN, Der Wettbewerb in der Erfahrungswissenschaft. Ein Beitrag zur allgemeinen Theorie des Marktes, Hamburger Jahrbuch für Wirtschafts- und Gesellschaftspolitik, 14. Jahr, 1969, S. 63 ff.; auf das Vordringen der Organisation in diese Sphäre hat schon Max Weber aufmerksam gemacht, vgl. seinen Aufsatz: Wissenschaft als Beruf, in: Gesammelte Aufsätze zur Wissenschaftslehre, 2. Auflage, Tübingen 1951, S. 568 f., wo er auf die Entstehung „staatskapitalistischer" Unternehmungen in Form der großen Institute eingeht, in denen, wie in der Fabrik, die Arbeiter von den Produktionsmitteln getrennt sind.

[37] Schon Adam Smith erwähnt die Reputation in diesem Zusammenhang – vgl. SMITH, aaO, S. 246 – und Scherhorn sieht in ihr sogar die wesentliche Belohnungsart – SCHERHORN, aaO, S. 67 –. Man sollte aber nicht verkennen, daß gerade bei den bedeutenderen Figuren der Wissenschaftsgeschichte unter Umständen *interne* Belohnungen, wie sie gerade eine schöpferische Arbeit mit sich bringen kann, eine erhebliche Rolle spielen können, so wichtig auch die äußere Anerkennung in diesem Falle sein mag.

ihm auch Machtunterschiede geben mag, die Demokratie dagegen eine
Form der Herrschaft. Es ist für das Erkenntnisgeschehen von größter Bedeutung, wie die Steuerungsmechanismen der betreffenden Märkte tatsächlich funktionieren, zu welchen Selektionen bei der Rekrutierung von
Forschern und Lehrern sie führen und welche Sozialisierungswirkungen
sich aus den betreffenden institutionellen Regelungen ergeben. Werden
Leute durch sie angezogen, die genügend Neugier, Intelligenz und Ausdauer, darüber hinaus die Bereitschaft besitzen, an überkommenen Lösungen zu zweifeln, und die Phantasie, die notwendig ist, um neue Lösungen zu finden und auszuarbeiten? Wird ein solches Verhalten prämiiert oder wird nur die Neigung gefördert, ein eingeübtes methodisches Ri-
tual auf beliebige Probleme anzuwenden und im übrigen einer bestimmten
Tradition oder Autorität gegenüber loyal zu bleiben?

Bisher scheint die Anarchie in der Sphäre wissenschaftlicher Erkenntnis
noch so zu funktionieren, daß Außenseiter eine gewisse Chance haben,
für ihre Lösungsvorschläge auch dann Anerkennung zu finden, wenn sie
im eigenen Haus – etwa an der eigenen Universität – wegen ihrer Abwei-
chungen vom herrschenden „Paradigma" keine Unterstützung finden.
Wenn allerdings die internen Arbeitsbedingungen wissenschaftlicher Institutionen unter dem Druck bürokratischer Regelungen, die einer kurz-
fristigen Orientierung entstammen, so geändert werden, daß aufgrund der
dadurch erzeugten Verschiebungen im Zeitbudget der Beteiligten überhaupt keine interessanten Lösungen mehr zu erwarten sind, dann wird das
Problem des Konformitätsdrucks zu einer sekundären Frage. Von Leuten, die, in Lehrpläne eingezwängt, einen großen Teil ihrer Zeit damit
verbringen, Überblicke über irgendwelche Gebiete zu geben und daneben
vor allem Verwaltungsaufgaben zu erfüllen, kann man kaum erwarten,
daß sie nebenbei noch interessante Forschungsergebnisse erzielen, eher
schon, daß sie die Forschung zu einem Routineunternehmen ausbauen,
dessen Effizienz am Ausstoß an bedrucktem Papier gemessen wird.

Im übrigen muß die „Loyalität" gewissen theoretisch-methodischen
Traditionen gegenüber, auf der die Schulenbildung in den Wissenschaften
beruht, nicht unbedingt und in jedem Falle auf einen Konformitätsdruck
der oben erwähnten Art zurückgehen. Das Festhalten an einem bestimmten Erkenntnisprogramm kann damit zusammenhängen, daß man glaubt,
im Rahmen dieses Programms und der mit ihm verbundenen theoretischen Tradition durch weitere Forschungsarbeit Verbesserungen erzielen
zu können, angesichts deren die betreffende Theorie als vorzugswürdige
Alternative erscheint, selbst wenn sie bisher in keinem so günstigen Lichte

erschienen war. Dabei spielen heuristische Gesichtspunkte eine Rolle, verbunden mit einer Abschätzung der eigenen Möglichkeiten des betreffenden Forschers, im Rahmen eines solchen Programms zum Erkenntnisfortschritt beizutragen, also etwa an der Entwicklung einer internen Alternative mitzuwirken, die bisherige Mängel überwindet. Eine Loyalität dieser Art ist keineswegs mit kritiklosem Festhalten an einem „Paradigma" verbunden. Sie führt daher auch nicht zu Immunisierungsversuchen, sondern zu einer kritischen Würdigung erkannter Schwächen[38]. Eine andere Einschätzung der Problemsituation und der eigenen Möglichkeiten wird unter Umständen eher zur Abwanderung führen, also zur Mitarbeit im Rahmen eines anderen Erkenntnisprogramms oder sogar zu dem Versuch, selbst eine derartige externe Alternative auszuarbeiten. Hier geht es also nicht um das dogmatische Festhalten an bestimmten Positionen, sondern um die Beantwortung der Frage, wie man am besten zum Erkenntnisfortschritt beitragen kann. Was soziologisch als bloße Loyalität einer Gruppe oder Schule gegenüber erscheinen mag, kann durchaus auf eine im Sinne kognitiver Zielsetzungen rationale Entscheidung zurückgehen.

Wie dem auch sei, unter dem Gesichtspunkt des Erkenntnisfortschrittes ist eine der wichtigsten Fragen die, wie die institutionellen Bedingungen einer im oben skizzierten Sinne rationalen Erkenntnispraxis erhalten und verbessert werden können, Bedingungen also, die nicht die bloße Konformität, sondern die Entwicklung konstruktiver und kritischer Phantasie fördern, die Entdeckung neuer Probleme und die Suche nach besseren Lösungen unterstützen und die Verbreitung solcher Lösungen ermöglichen. Das Problem scheint mir in mancher Hinsicht theoretisch analog zu sein dem Problem der wirtschaftlichen Entwicklung und des durch sie zustande kommenden technischen Fortschritts. Hier wie dort sorgen alle möglichen Umstände dafür, daß man auf die gewohnten und

---

[38] Vgl. dazu ALBERT O. HIRSCHMANN, Abwanderung und Widerspruch. Reaktionen auf Leistungsabfall bei Unternehmungen, Organisationen und Staaten, Tübingen 1974, S. 65 ff., wo eine Theorie der Loyalität vorgeschlagen wird, die sich meines Erachtens auf diesen Aspekt der Wissenschaftsentwicklung übertragen läßt. Die „rationale Erwartung, daß eine Verbesserung oder Reform ‚von innen her' bewerkstelligt werden kann" – aaO, S. 68 –, und zwar unter Umständen gerade durch den eigenen Beitrag, mag ein wichtiges Motiv sein für das Festhalten an einem Erkenntnisprogramm, das einer scharfen Kritik unterzogen wurde. Es kann dazu beitragen, die Aufmerksamkeit auf in seinem Rahmen mögliche – also „interne" oder „lokale" – Alternativen zu lenken, während andere Forscher, die mit dem gleichen Problemkreis beschäftigt sind, nach „externen" oder „globalen" Alternativen suchen, nach Problemlösungen, die außerhalb des betreffenden Programms liegen.

eingefahrenen Problemlösungen zurückgreift[39]. „Die Geschichte der Wissenschaft ist", wie Schumpeter feststellt, „eine einzige große Bestätigung der Tatsache, daß es uns überall schwerfällt, uns z. B. eine neue wissenschaftliche Auffassungsweise zu eigen zu machen. Immer wieder lenkt der Gedanke in die gewohnte Bahn ein, auch wenn sie unzweckmäßig geworden ist und das zweckmäßigere Neue an sich durchaus keine besonderen Schwierigkeiten bietet. Das Wesen und die lebensfördernde kraftsparende Funktion der festen Denkgewohnheit beruht ja eben darauf, daß sie unterbewußt geworden ist, ihre Resultate automatisch liefert und gefeit ist gegen Kritik und selbst den Widerspruch einzelner Tatsachen."[40]

Es gibt also die verschiedensten Motive für Konformität mit der herrschenden Meinung. Eines der stärksten scheint darin zu wurzeln, daß eine starke und gut artikulierte theoretische Tradition vorhanden ist, die man lehren kann, gleichgültig, wie offenkundig ihre Schwächen sind. Auch wer die Schwächen der in einem solchen Rahmen angebotenen Lösungen erkannt hat, läßt sich oft aus Bequemlichkeit, aus Angst vor Kollegen oder aus Mangel an Interesse nicht davon abbringen, sie so zu lehren, als wäre sie über jeden Zweifel erhaben[41]. Die Kosten der Kritik sind, je nach Motivlage, erheblich, und die Kosten der Suche nach neuen Lösungen erscheinen oft so hoch, daß man kaum bereit ist, sie zu übernehmen[42].

Hier zeigt sich, daß die soziale Verankerung der Methode rationaler Erkenntnispraxis in einer Welt der Knappheit ein Kostenproblem mit sich bringt. Gerade die Tatsache, daß es keinen Algorithmus für diese Praxis gibt – wie man ihn im klassischen Denken für erreichbar hielt –, daß sich

---

[39] Vgl. dazu JOSEF SCHUMPETER, Theorie der wirtschaftlichen Entwicklung, 5. Auflage, Berlin 1926, S. 124 ff.

[40] SCHUMPETER, aaO, S. 126.

[41] Es ist oft die Funktion von Lehrbüchern, den Glauben an bestimmte Lösungen zu stärken, statt zu kritischem Denken anzuregen. Ein Studium der Geschichte einer Disziplin scheint da ein gutes Gegengift zu sein; vgl. die Argumente Schumpeters für ein solches Studium in seiner: Geschichte der ökonomischen Analyse, aaO, S. 32 ff.

[42] Die Situation ist in dieser Hinsicht in der Wissenschaft mitunter ganz ähnlich, wie Schumpeter sie in seiner Analyse wirtschaftlicher Neuerungen schildert: „In der eigenen Brust dessen, der Neues tun will, erheben sich die Elemente der gewohnten Bahn und legen Zeugenschaft ab gegen den werdenden Plan. Eine neue und andersgeartete Willensaufwendung wird dadurch nötig, außer jener, die schon darin liegt, inmitten der Arbeit und Sorge des Alltags um Raum und Zeit für Konzeption und Ausarbeitung der neuen Kombination zu ringen und sich dahin zu bringen, in ihr eine reale Möglichkeit und nicht bloß Traum und Spielerei zu sehen. Diese geistige Freiheit setzt einen großen Überschuß von Kraft über das Erfordernis des Alltags voraus, ist etwas Eigenartiges und ihrer Natur nach selten"; vgl. Schumpeter, Theorie der wirtschaftlichen Entwicklung, aaO, S. 126.

gute Lösungen also nicht kalkulieren lassen und daß daher der Erfolg niemals garantiert werden kann, prägt die Erkenntnissituation in einer Weise, die sie anderen Situationen mit großer Ungewißheit ähnlich macht[43]. Für den Erkenntnisfortschritt ist es daher mitunter wichtiger, institutionelle und motivationale Bedingungen zu schaffen, die ein konstruktiv-kritisches Problemlösungsverhalten hinreichend belohnen, als eine Methodologie zu lehren, die in ihren wesentlichen Aspekten leicht zu begreifen, aber unter Umständen schwer zu befolgen ist.

---

[43] Zum Beispiel der Situation des Schumpeterschen Unternehmers; vgl. sein obengenanntes Buch. Wenn man nicht-pekuniäre Belohnungen und damit entsprechende Kostenarten in die Analyse einbezieht, wird aus der Analogie ein Spezialfall, der subsumiert werden kann. Das liegt in der Konsequenz einer Auffassung, nach der die Ökonomie ein allgemeines soziologisches Paradigma darstellt; vgl. meinen Aufsatz: Individuelles Handeln und soziale Steuerung. Die ökonomische Tradition und ihr Erkenntnisprogramm, in: Hans Lenk (Hgb.), Handlungstheorien interdisziplinär, IV, München 1977, S. 177 ff. Auch in der Wissenschaft ist der „Kredit" – der hier weitgehend auf Reputation beruht – ein Mittel der Umsteuerung der „Produktion". Darin kommt wohl eine allgemeine soziale Gesetzmäßigkeit zum Ausdruck; vgl. dazu etwa: GEORGE CASPAR HOMANS, Social Behavior: Its Elementary Forms, New York/Burlingame 1961, Ch. 16: Status, Conformity, and Innovation, S. 336 ff.

III. Kapitel

Das Problem der sozialen Steuerung und die Idee einer rationalen Jurisprudenz

9. Die Erkenntnis und das Problem der sozialen Normen

Das soziale Leben ist in seinem Ablauf durch eine große Anzahl von Normierungen verschiedenster Art mitbestimmt, von denen manche üblicherweise der Moral, andere dem Recht und wieder andere keinem der beiden Regelungstypen zugerechnet werden. Es dürfte schwer sein, eine allgemein verbindliche Abgrenzung zwischen diesen Arten von Regeln plausibel zu machen, die sich auf ihre jeweiligen Inhalte bezieht. In den verschiedenen Sozialformen, die in der Geschichte der Menschheit aufgetreten sind, sind inhaltlich sehr heterogene Regeln auf ähnliche Art sanktioniert worden. Es ist daher vielleicht zweckmäßiger, an die Ausgestaltung und Handhabung dieser Regelungstypen anzuknüpfen und von Recht nur dann zu sprechen, wenn sie gewisse Minimalanforderungen erfüllen, etwa die Existenz sekundärer Regeln, die die Identifikation, die Modifikation und die Adjudikation der jeweils primären Regeln in einer Gesellschaft regulieren[1]. Ein Rechtssystem im heute üblichen Sinne setzt darüber hinaus die Durchsetzung weiterer sekundärer Regeln voraus, die dafür sorgen, daß die Möglichkeit privater Sanktionen durch Gewaltanwendung weitgehend unterbunden wird und daß an ihre Stelle offizielle Sanktionen treten, die mit Hilfe mehr oder weniger zentralisierter sozialer Mechanismen verhängt und vollstreckt werden[2]. Die Normen der in einer Gesellschaft oder einem ihrer Bereiche herrschenden Moral pflegen dagegen auf andere Weise sanktioniert zu werden – durch „moralischen Druck" –, obwohl sie Gebote oder Verbote enthalten können, die für sehr wichtig gehalten werden, es sei denn, sie überschneiden sich inhaltlich mit

---

[1] Vgl. dazu H. L. A. HART, The Concept of Law, Oxford 1961, S. 89ff.

[2] Vgl. HART, aaO, S. 95; THEODOR GEIGER, Vorstudium zu einer Soziologie des Rechts, Kopenhagen 1947, 108ff.

den geltenden Rechtsnormen. Wenn man von dieser Begriffsbildung ausgeht, so wird sofort deutlich, daß es ganz unterschiedliche Stufen und
Formen der Ausgestaltung solcher Regelungstypen geben kann, so daß
eine Analyse konkreter Gesellschaften die Untersuchung ihrer jeweiligen
besonderen Struktur und ihrer Funktionsweise – und damit auch ihrer
Bedeutung für den Ablauf sozialer Prozesse: ihrer spezifischen *Steuerungswirkungen* – erforderlich macht. Wir kommen darauf zurück.

Zunächst sind aber wohl einige Bemerkungen zu der Art von Erkenntnis angebracht, die hinsichtlich der hier vorliegenden Probleme erwartet
werden kann. Die Lehre von Recht und Moral scheint eine gewisse Ähn-
lichkeit mit der Erkenntnis- und Wissenschaftslehre aufzuweisen. Wie
diese hat sie sich offenbar mit einem im einzelnen schwer abgrenzbaren
Bereich sozialkultureller *Tatbestände* zu befassen und bestimmte *faktische* Zusammenhänge zwischen ihnen zu klären. Andererseits erwartet
man von ihr meist *normative* Feststellungen, für deren Richtigkeit nicht
die bloß faktische Geltung bestimmter Normierungen ausschlaggebend
ist. Dasselbe gilt auch in bezug auf die Lehre von der Politik, deren Zusammenhang mit der Rechts- und Morallehre nicht zu bestreiten ist, wenn
auch die moderne politische Wissenschaft ihn teilweise aus den Augen
verloren zu haben scheint. Wenn man sich entschlossen hat, das tatsächlich geltende Recht, die herrschende Moral und die faktische Politik – also
die wirkliche Praxis in den betreffenden Bereichen – von dem zu unterscheiden, was unter gewissen Wertgesichtspunkten akzeptabel ist[3], dann
taucht die Frage auf, was der Beitrag der Wissenschaft – oder der Erkenntnis überhaupt – zur Lösung der betreffenden Probleme – der normativen
wie der faktischen – sein kann.

Wer vom Begründungsdenken des klassischen Rationalismus ausgeht,
für den liegt ohne Zweifel die Antwort nahe, daß die Wissenschaft – die
Lehre von Recht, Moral und Politik – in erster Linie die Frage nach der
Begründung der betreffenden Normierungen zu beantworten habe: die
Frage nach dem *Fundament von Recht, Moral und Politik,* so wie die Erkenntnislehre eine Antwort auf die Frage nach dem Fundament der Erkenntnis – insbesondere: der Wissenschaft – geben müsse. Wie aber im
Bereich der Erkenntnis nicht jede Auffassung als wohlbegründet und damit akzeptabel gelten könne, so müsse man auch in bezug auf die Normie-

---

[3] Diese Unterscheidung ist eine der Forderungen der analytischen Jurisprudenz, die
schwerlich bestritten werden kann; vgl. dazu H. L. A. HART, Der Positivismus und die
Trennung von Recht und Moral, in: Hart, Recht und Moral, herausgegeben von Norbert
Hoerster, Göttingen 1971.

rungen der rechtlich-moralischen Sphäre und auf politische Maßnahmen in dieser Hinsicht einen Unterschied machen. Man habe hier also zwischen *begründeten* und damit *legitimen* Regelungen und Entscheidungen und solchen zu unterscheiden, denen diese Eigenschaft nicht zugeschrieben werden könne. Wer in dieser Weise vorgeht, wird sich im allgemeinen kaum zu dem Zugeständnis bringen lassen, daß alle faktisch bestehenden Normierungen und alle zustande gekommenen Entscheidungen auch legitim seien. Er wird also die Möglichkeit einer Normenkritik und einer daran anknüpfenden Kritik politischer Maßnahmen zumindest nicht prinzipiell zurückweisen, wie das im Rahmen bestimmter Versionen des Rechts- und Moralpositivismus geschieht.

Diese Sicht der Dinge ist aber nur dann ohne weiteres annehmbar, wenn man die klassische Rationalitätsauffassung billigt, die sich als unhaltbar erwiesen hat. Wenn man dagegen die oben skizzierte Version des Kritizismus und ihre Deutung der Erkenntnispraxis annimmt, dann ergibt sich *zunächst* eine mögliche *realwissenschaftliche* Aufgabe, und zwar: aus einer *Spezifizierung des Programms der theoretischen Erklärung* auf der Grundlage von Gesetzmäßigkeiten. Wer nach einer Wissenschaft dieser Art – bzw. nach entsprechenden wissenschaftlichen Disziplinen – Ausschau hält, stößt auf die Tatsache, daß es eine Fülle von rechts- und moralsoziologischen und von politologischen Untersuchungen gibt, die offensichtlich zu dieser Spezies gehören, so daß man sich um ihre Existenz keine Sorgen zu machen braucht. Aber vieles auf diesem Gebiet enthüllt sich bei näherer Betrachtung als rein beschreibende Analyse von Werthaltungen und anderen Tatbeständen, die in irgendeiner Beziehung zu den erwähnten Normierungen stehen. Analysen dieser Art können den Anforderungen des erwähnten Programms kaum gerecht werden. Sie sind *ad hoc*-Untersuchungen irgendwelcher Fragen, die dem Soziologen einzufallen pflegen, wenn er das Normenthema in Erwägung zieht. Vertreter der Jurisprudenz oder andere an der systematischen Behandlung solcher Fragen interessierte Leute gewinnen dabei nicht selten den Eindruck, mit peripheren Problemen oder aber, auch das kommt vor, mit begrifflich-klassifikatorischen Untersuchungen konfrontiert zu werden, die zwar zentrale Kategorien betreffen, aber im wesentlichen als Vorstudien zu betrachten sind. Und dieser Eindruck kann durchaus zu Recht bestehen. Es scheint mir jedenfalls fragwürdig zu sein, diese Beurteilung nur der normativen Orientierung dieser Interessenten zur Last zu legen. Es ist vielmehr in der Tat so, daß die Zielsetzung der Erklärung zentraler Tatbestände bei vielen dieser Untersuchungen in den Hintergrund geraten ist.

Wenn man in der Geschichte ein wenig zurückgeht, dann stößt man auf eine sozialphilosophische Tradition, in deren Rahmen die naturalistische Betrachtung von Recht, Moral und Politik – unter Loslösung von der vorher im abendländischen Denken herrschenden Kosmosmetaphysik aristotelischer Prägung – ganz im Sinne des erwähnten Programms vorangetrieben wurde: nämlich die der schottischen Moralphilosophie[4]. Die Vertreter dieser Tradition suchten nach den natürlichen Grundlagen der betreffenden Phänomene und nach den Gesetzmäßigkeiten, denen sie unterworfen sind. Sie machten auf diese Weise den Versuch, die Sphäre des menschlichen und damit auch des sozialen Lebens in das Erkenntnisprogramm der theoretischen Realwissenschaften einzubeziehen. Damit soll nicht gesagt sein, daß sie die normative Seite der Probleme vernachlässigten, sondern nur, daß ihr naturalistisch-empiristischer Ansatz sie dazu führte, in ihren philosophischen Erörterungen unter anderem auch Beiträge zu einer nomologisch-erklärenden Behandlung der Problematik zu bringen. Aus dieser Tradition ist vor allem eine Sozialwissenschaft hervorgegangen, die es zu einer verhältnismäßig hoch entwickelten Theorie – oder besser: einer theoretischen Tradition – gebracht hat, einer Konzeption, in der die in den Naturwissenschaften übliche Erklärungsidee auf den Bereich der Gesellschaft übertragen wird: die politische Ökonomie. Ich kann hier nicht näher auf die Entwicklung dieser Disziplin eingehen. Was in unserem Zusammenhang wichtig ist, ist vor allem die Tatsache, daß in ihr eine für das Verständnis gesellschaftlicher Zusammenhänge zentrale Problematik behandelt wird, wenn auch teilweise im Hinblick auf spezielle Phänomene, so daß ihre allgemeine Bedeutung schwer erkennbar ist: die *Problematik der sozialen Steuerung*[5]. Und zwar wird sie hier in theoretischer Weise angegangen, unter Heranziehung von Gesetzmäßigkeiten[6].

---

[4] Vor allem FRIEDRICH AUGUST V. HAYEK verdanken wir eindringliche Hinweise auf die Bedeutung der schottischen Moralphilosophie für die Analyse sozialer Phänomene, verbunden mit eigenen weiterführenden Untersuchungen; vgl. dazu seine Aufsätze über David Hume und Bernard Mandeville in seinem Aufsatzband: Freiburger Studien, Tübingen 1969, sowie andere Arbeiten in diesem Band, aber auch sein Werk: Die Verfassung der Freiheit (1960), Tübingen 1971.

[5] Vgl. dazu meinen in Anm. 43, S. 59 oben erwähnten Aufsatz: Individuelles Handeln und soziale Steuerung.

[6] Daher hat Ludwig v. Mises meines Erachtens völlig recht, wenn er behauptet, daß „die verstreuten gesellschaftswissenschaftlichen Erkenntnisse erst durch die Ausbildung der Nationalökonomie, die ein Werk des 18. Jahrhunderts ist", zur *Wissenschaft* wurden, und wenn er in ihr einen allgemeinen sozialwissenschaftlichen Ansatz sieht, den man der üblichen So-

Wie immer man die mit den Bezeichnungen Recht, Moral und Politik umschriebenen Tatbestände im einzelnen charakterisieren und voneinander abgrenzen möchte, wer sie unter dem Gesichtspunkt einer erklärenden Wissenschaft vom sozialen Leben zu analysieren sucht, wird gut beraten sein, wenn er sich bemüht, sie in den Rahmen der allgemeinen Problematik der sozialen Steuerung einzuordnen. Das heißt aber, sie in der Weise zu behandeln, wie das in der Tradition der politischen Ökonomie üblich war. Damit soll allerdings nicht unterstellt werden, daß die inhaltlichen und methodischen Eigenheiten dieser Tradition auch im Detail stets akzeptabel sind. Es soll auch nicht behauptet werden, daß diese theoretische Tradition bisher alle Phänomene ins Blickfeld gebracht hat, die auf diese Weise angegangen werden können, noch auch, daß es keine Alternativen für ihre Erklärungsversuche geben kann, die ebenfalls in Betracht zu ziehen wären. Es soll nur darauf hingewiesen werden, daß das Erkenntnisprogramm der Ökonomie – im Gegensatz zu naheliegenden populären Deutungen dieser Disziplin – in einer Weise angemessen interpretiert werden kann, die es erlaubt, die Phänomene der sozialen Steuerung theoretisch in den Griff zu bekommen, die in der Moralanalyse, der Jurisprudenz und der älteren Politiklehre üblicherweise unter normativen oder hermeneutischen Gesichtspunkten abgehandelt zu werden pflegten[7].

Bei solchen Erklärungsversuchen treten die *konkreten Normierungen*, die in der Steuerung des sozialen Lebens wirksam sind, als *historisch variable und kulturell verschieden geprägte Tatbestände* auf, die in soziale Wirkungszusammenhänge eingebettet sind. Die faktische Moral und das geltende Recht hängen ebenso wie die Politik von allen möglichen Bedingungen natürlichen und sozialen Charakters ab, die sich in der Geschichte gewandelt haben. Das bedeutet aber nicht, daß es nicht sehr allgemeine Bedingungen menschlicher Existenz geben kann, die in allgemein anzutreffenden Zügen solcher Regelungen zum Ausdruck kommen. Die variablen *Normierungen* des sozialen Lebens können *nicht* selbst als *Gesetz-*

---

ziologie entgegensetzen kann, wenn auch der methodische Apriorismus, den er vertritt, äußerst anfechtbar ist; vgl. schon sein Buch: Grundprobleme der Nationalökonomie. Untersuchungen über Verfahren, Aufgabe und Inhalt der Wirtschafts- und Gesellschaftslehre, Jena 1933, S. 1 ff. und passim. Der verhaltenstheoretische Ansatz im soziologischen Denken operiert heute schon ganz im Sinne der ökonomischen Tradition; vgl. dazu das oben erwähnte Buch von HOMANS: Social Behavior.

[7] Diese Interpretation ist allerdings in einem wesentlichen Punkte *offen* für von der üblichen Erklärungspraxis der modernen Ökonomie abweichende Verfahrensweisen. Meines Erachtens wäre nämlich eine Revision der üblichen Verhaltensannahmen unter Berücksichtigung psychologischer Forschungsergebnisse in Betracht zu ziehen.

mäßigkeiten im Sinne des realwissenschaftlichen Programms aufgefaßt werden. Sie gehören vielmehr zu den Tatbeständen, die *für die Erklärung* sozialer Steuerungsvorgänge *in Rechnung gestellt* werden müssen und deren *Zustandekommen und Entwicklung* selbst *zu erklären* wäre. Da in der Tradition der individualistischen Soziologie, die in der klassischen Ökonomie ihren ersten Höhepunkt erreichte, alle sozialen Phänomene aus dem Zusammenspiel individueller Handlungen unter bestimmten Bedingungen erklärt werden, muß man die Gesetzmäßigkeiten, die für solche Erklärungen herangezogen werden, vorwiegend im Bereich der Verhaltensweisen selbst suchen[8].

Normierungen kommen für die Erklärung insoweit in Frage, als sie im individuellen Verhalten wirksam werden und dadurch den Ablauf sozialer Prozesse mitbestimmen. Ihr Zustandekommen und ihre Entwicklung ist aus dem Zusammenspiel individueller Verhaltensweisen zu erklären. Sie kommen in Betracht wegen ihrer *faktischen* Geltung, und *diese* ist zu erklären. An die Stelle der *Begründung normativer Geltung*, wie sie im klassischen sozialphilosophischen Denken dominiert hatte, ist also in der modernen Realwissenschaft die *Erklärung faktischer Geltung* und die *Erklärung von tatsächlichen sozialen Steuerungsvorgängen* unter *Berücksichtigung faktischer Geltung* von Normierungen getreten. Durch diese Problemverschiebung kann allerdings das der normativen Fragestellung zugrunde liegende Interesse kaum befriedigt werden.

10. Der Charakter der Jurisprudenz: Die Dogmatik und das Problem der sozialen Verankerung

Die Jurisprudenz als Wissenschaft vom geltenden Recht scheint auf den ersten Blick kaum Beziehungen zur Frage der Erklärung faktischer Geltung und damit zum Programm einer theoretischen Realwissenschaft der oben skizzierten Art zu haben. Sie entstammt einer anderen Tradition, die sich in enger Beziehung zur Rechtspraxis entwickelt hat und die vor allem

---

[8] Natürlich kommen hilfsweise alle möglichen Gesetze in Betracht, die zur Bestimmung der Struktur der jeweiligen Handlungssituationen beitragen, indem sie Eigenschaften der Handlungsschauplätze und den Ablauf natürlicher Prozesse, auch in technischen Aggregaten, bestimmen. Zu den methodischen Problemen solcher Erklärungen vgl. Siegwart Lindenberg, Individuelle Effekte, kollektive Phänomene und das Problem der Transformation, in: Klaus Eichner/Werner Habermehl (Hgb.), Probleme der Erklärung sozialen Verhaltens, Meisenheim 1977, S. 46f.

durch das Interesse bestimmt ist, dieser Praxis unmittelbar zu dienen, nicht durch das Interesse an theoretisch fundierten Erklärungen. Der Charakter der Rechtswissenschaft scheint überhaupt mit dem am Erklärungsinteresse orientierten Erkenntnisprogramm der modernen Realwissenschaften auffallend zu kontrastieren. Daher ist die Frage nicht von der Hand zu weisen, ob wir hier nicht eine gänzlich anders konstituierte Wissensform vor uns haben, deren methodische Eigenart sich zwanglos aus der Weise ihrer Praxisorientierung ergibt. Auch der dem modernen Denken innewohnende Kritizismus scheint hier an eine Grenze zu kommen, denn, wie führende Vertreter dieser Wissenschaft betonen, ist die Kerndisziplin dieses Gebiets, die systematische Jurisprudenz, eine *dogmatische* Wissenschaft *normativen* Charakters, in bezug auf die üblicherweise einfach von „Dogmatik" gesprochen wird, so daß sich ganz von selbst ein Vergleich mit der Theologie aufdrängt[9].

Man hat seit langem bemerkt, daß es zwischen Religion und Recht und zwischen Theologie und Jurisprudenz enge Zusammenhänge und strukturelle Ähnlichkeiten gibt[10]. Eine der wesentlichen Gemeinsamkeiten zwischen theologischer und juristischer Denkweise scheint mir darin zu liegen, daß in beiden Fällen ein Offenbarungsmodell der Erkenntnis wirksam ist, demzufolge die Wahrheit aus den Verlautbarungen von Instanzen

---

[9] Selbst ein Verfechter der analytischen Jurisprudenz und Naturrechtskritiker wie Norberto Bobbio spricht von einem *Autoritätsprinzip*, „das der Jurisprudenz und der Theologie eigen" sei, so daß man es hier immer mit einer Dogmatik zu tun habe, die auf ein Sollen abziele; vgl. BOBBIO, Über den Begriff der „Natur der Sache", in: Die ontologische Begründung des Rechts, herausgegeben von Arthur Kaufmann, Darmstadt 1965, S. 102. Und Julius Kraft, ein Philosoph der Fries-Nelsonschen Richtung des Kantianismus, sagt mit kritischem Akzent, die Jurisprudenz sei de facto „ein Teilgebiet der Theologie", denn sie enthalte „das System juristischer Wahrheiten, die darum wahr" seien, weil sie „von einem fremd- oder eigenautoritären Subjekt verkündet" seien. Ihre Wahrheit sei „also eine Glaubenswahrheit". In ihr, so sagt er weiter, sei ein „impliziter Offenbarungsglaube" enthalten, der „auf das explizite System des Offenbarungsglaubens, d. h. auf die Theologie" zurückführe, während die Theologie „auch die Jurisprudenz nur als ihre Tochterdisziplin anerkennen" könne. Dieser Zusammenhang könne, so führt er fort, „durch definitorische und organisatorische Verselbständigungen der Jurisprudenz verdeckt, aber nicht beseitigt werden". Er bleibe stets „beherrschend für den Grundcharakter jeder Form von Jurisprudenz"; JULIUS KRAFT, Die Unmöglichkeit der Geisteswissenschaft, 2. Auflage, Frankfurt 1957, S. 50 f.

[10] Vgl. etwa: HANS KELSEN, Gott und Staat (1923), in: Hans Kelsen, Aufsätze zur Ideologiekritik, herausgegeben von Ernst Topitsch, Neuwied/Berlin 1964, S. 29 ff., und CARL SCHMITT, Politische Theologie. Vier Kapitel zur Lehre von der Souveränität (1922), 2. Auflage, München/Leipzig 1934, S. 49 ff., wo Kelsen das Verdienst zugeschrieben wird, auf die „methodische Verwandtschaft von Theologie und Jurisprudenz hingewiesen zu haben".

entnommen werden kann, die mit unbezweifelbarer Autorität für die Lösung der betreffenden Probleme ausgestattet sind. Das hat die Konsequenz, daß im Rahmen dieses Denkens im wesentlichen nur zwei Arten von Problemen auftreten können: Probleme der *Identifikation* der in Betracht kommenden Verlautbarungen und Probleme ihrer angemessenen *Interpretation*. Einmal geht es um die Auswahl der gültigen Quellen, des „Kanons", zum anderen um ihre gültige Deutung, so daß in beiden Fällen Geltungsprobleme im Spiele sind, deren Lösung überdies einen unmittelbaren Bezug auf die Praxis zu haben pflegt, da der Inhalt der betreffenden Verlautbarungen normativen Charakter hat[11].

Hinsichtlich des Denkstils, der typischen Problemlagen und wohl auch gewisser typischer Schwierigkeiten scheint also zwischen beiden Disziplinen eine nicht unerhebliche Parallelität zu bestehen. Das bloße Faktum, daß eine maßgebende Instanz bestimmte Äußerungen gemacht hat, wird in einen Anspruch auf unbedingte allgemeine Anerkennung ihres Inhalts und damit gleichzeitig in einen kategorischen Befolgungsanspruch umgemünzt. Daß diese Instanz zu solchen Forderungen berechtigt ist, scheint allerdings eine Voraussetzung zu sein, die nur geglaubt werden kann. Infolgedessen kommt man kaum an der Feststellung vorbei, daß hier von den Betroffenen offenbar in beiden Fällen ein Glaubensgehorsam erwartet wird, wie er für die übliche Deutung der Erkenntnispraxis in anderen Wissenschaften kaum in Betracht kommt.

Allerdings erscheint die Situation in etwas anderem Licht, wenn man die tatsächliche Deutungspraxis in beiden Disziplinen in Augenschein nimmt. In beiden Fällen gibt es offenbar bei der Lösung der oben erwähnten Probleme erhebliche Gestaltungsmöglichkeiten für die Experten. Es bereitet nämlich nicht nur mitunter Schwierigkeiten, die maßgebenden Verlautbarungen der jeweiligen Autoritäten zu identifizieren, sondern es ist darüber hinaus oft nicht einmal ohne weiteres möglich, eine bestimmte Deutung als angemessen zu bestimmen. Daraus ergibt sich ein Spielraum für diejenigen Rollenträger, die über ein Identifikations- und Interpretationsmonopol für die betreffenden „Offenbarungen" verfügen. Dabei ist der Umstand nicht ohne Bedeutung, daß die Instanz, die angeblich hinter ihnen steht, sich bei genauerer Untersuchung als fiktiv erweisen kann[12].

---

[11] Für die religiöse Sphäre gilt das zumindest insoweit, als in ihr ethische Bezüge auftauchen.

[12] So hat sich der überindividuelle Staatswille, der angeblich hinter der Gesetzgebung steht, als eine Fiktion erwiesen. Carl Olivecrona nimmt das zum Anlaß, die sogenannte Imperativtheorie zu revidieren und den Begriff eines „freistehenden Imperativs" zu definieren,

So darf man die „Dogmen", von denen diese Experten in ihrer Vermittlungstätigkeit auszugehen haben, in nicht unerheblichem Maße jeweils als ihr eigenes Erzeugnis auffassen. Insoweit tritt an die Stelle der Erfassung und Weitergabe dogmatisch vorgegebener fremder Verlautbarungen die Äußerung selbstgeschaffener Dogmen. Das kann zwar zur Flexibilität und Anpassungsfähigkeit der betreffenden Denkweisen und der mit ihnen verbundenen Institutionen beitragen, führte aber andererseits auch nicht selten zu schwerwiegenden Zweifeln an der Legitimität dieses Denkstils[13]. Die Autorität der theologischen und juristischen Experten ist nämlich kaum noch ausreichend, wenn sie nicht mehr durch einen entsprechenden Offenbarungsglauben gestützt ist und auch keine andere Legitimation findet.

Es sieht jedenfalls so aus, als wenn die dogmatisch-normative Struktur, die dem juristischen Denken auch von kritischen Vertretern dieser Disziplin zugeschrieben zu werden pflegt, kaum zu ändern sei. Sie scheint mit den Anforderungen zusammenzuhängen, die an den praktischen Juristen gestellt werden[14]. Von ihnen müssen die Vertreter der Jurisprudenz offenbar ausgehen, wenn sie den angehenden Juristen das Wissen vermitteln, das diese in ihrer Rechtspraxis später anzuwenden haben. Die Jurisprudenz scheint demnach schon von ihrem Ursprung her eine in starkem

---

unter den auch die Gesetze subsumiert werden können; vgl. dazu OLIVECRONA, Der Imperativ des Gesetzes, Kopenhagen 1942, S. 27 und passim; sowie sein Buch: Gesetz und Staat, Kopenhagen 1940. In der Theologie scheint man den Gott, an den zu glauben selbst Theologen heute Schwierigkeiten haben, teilweise per definitionem zu einem „freistehenden Interrogativ" machen zu wollen: „Gott heißt dann", wie z. B. Herbert Braun feststellt, „das Woher meines Umgetriebenseins", vgl. BRAUN, Die Problematik einer Theologie des Neuen Testaments, in seinem Aufsatzband: Gesammelte Studien zum Neuen Testament und seiner Umwelt, 3. Auflage, Tübingen 1971, S. 341.

[13] Vgl. dazu etwa JAMES M. BUCHANAN, The Limits of Liberty. Between Anarchy and Leviathan, Chicago/London 1975, S. 105 f. und passim; sowie Hayeks Kritik am Rechtspositivismus in seinem Werk: Law, Legislation and Liberty, A new Statement of the liberal principles of justice and political economy, Vol. 2, The Mirage of Social Justice, London/Henly 1976, S. 44 ff. und passim.

[14] Vgl. dazu OTTMAR BALLWEG, Rechtsphilosophie als Grundlagenforschung der Rechtswissenschaft und der Jurisprudenz, in: Albert/Luhmann/Maihofer/Weinberger (Hgb.), Rechtstheorie als Grundlagenwissenschaft der Rechtswissenschaft, Düsseldorf 1972, S. 45: „Es handelt sich bei der juristischen Dogmatik um ein außer Frage gestelltes Meinungsgefüge zur Herbeiführung von Entscheidbarkeit im Bereich juristischen Wertens." In diesem Zusammenhang ist von „Begründungszwang", „Deutungszwang" und „Entscheidungszwang" die Rede, eine Erkenntnisfunktion wird aber ausdrücklich geleugnet, aaO, S. 46.

Maße praxisorientierte Wissenschaft zu sein, für die eine Wissenschaftslehre, die sich am reinen Erkenntnisinteresse orientiert, kaum von Bedeutung sein kann. Wenn man die Lehrpraxis der juristischen Fakultäten ins
Auge faßt, um einen Einblick in die Eigenart dieser Wissenschaft zu gewinnen, erhält man daher zunächst den Eindruck, daß vor allem eines
wichtig ist, nämlich: daß der angehende Praktiker lernt, bestimmte *Texte*
– Gesetzestexte, Kommentare, Sammlungen von Gerichtsentscheidungen
– *zu benutzen*, um mit ihrer Hilfe zu brauchbaren *Entscheidungen* zu
kommen, die dem *geltenden Recht* entsprechen. Die Bindung an das geltende Recht scheint den gleichzeitig *dogmatischen* und *normativen* und –
jedenfalls soweit sie sich auf Texte stützen muß – den *hermeneutischen*
Charakter dieser Erkenntnispraxis zu präjudizieren. Schon von dem ihr
zugrunde liegenden *Erkenntnisinteresse* her muß sich die Jurisprudenz
anscheinend von den durch das Programm der theoretischen Erklärung
bestimmten Realwissenschaften unterscheiden. Wenn sich dennoch Bestrebungen zeigen, diese Disziplin dem naturwissenschaftlichen
Methodenideal zu unterwerfen oder eine Revision ihres Selbstverständ-
nisses in diesem Sinne zu erreichen, dann pflegt man sie denn auch stets
mit dem Hinweis darauf zurückzuweisen, daß in ihnen der eigentliche
Charakter dieser Wissenschaft grundsätzlich verkannt werde[15].

Dennoch ist es keineswegs so, daß sich die Vertreter der Jurisprudenz in
der Deutung ihrer Erkenntnispraxis und in der Abwehr von Bestrebungen
dieser Art einig wären, ebensowenig, wie etwa ein Konsens bestünde hinsichtlich ihrer Stellungnahme zum Naturrecht und seiner Bedeutung für
das positive Recht und die darauf bezogene Rechtswissenschaft. Es gibt
vielmehr sehr unterschiedliche Auffassungen über den Charakter dieser
Disziplin bei ihren Vertretern.

Immer noch sind naturrechtliche Auffassungen zu finden, in denen das
positive Recht als durch eine normative Wirklichkeit absoluten Charakters, eine Art höheren Rechts, konstituiert und gebunden angesehen
wird[16], durch eine Wirklichkeit, die von menschlichen Setzungen unab-

---

[15] Vgl. dazu besonders: HERMANN KANTOROWICZ, Rationalistische Bemerkungen über
Realismus, in seinem Buch: Rechtswissenschaft und Soziologie. Ausgewählte Schriften zur
Wissenschaftslehre, herausgegeben von Thomas Würtenberger, Karlsruhe 1962, S. 101 ff.,
sowie: EIKE V. SAVIGNY, Die Jurisprudenz im Schatten des Empirismus, und meine Antwort: Normativismus oder Sozialtechnologie? in: Rechtstheorie als Grundlagenwissenschaft der Rechtswissenschaft, aaO, S. 97 ff. und 109 ff.

[16] Vgl. ALFRED VERDROSS, Was ist Recht? Die Krise des Rechtspositivismus und das Naturrecht, in: Naturrecht oder Rechtspositivismus? herausgegeben von Werner Maihofer,

hängig, aber für sie verbindlich und mit Gewißheit erkennbar ist. Die Idee
einer solchen Wirklichkeit ist im Grunde genommen nur im Rahmen einer
soziomorphen Kosmologie[17] sinnvoll, innerhalb deren sie auch tatsächlich entstanden ist, einer Auffassung also, in der der Gesamtzusammenhang der Natur – einschließlich der in sie eingebetteten Welt des Menschen – als ein Sinnzusammenhang gedeutet wird, der von göttlichen
Mächten gestiftet wurde. Diese Mächte sind dann als Quelle jener absolut
verbindlichen Normen anzusehen, von denen die Wirklichkeit nach dieser Anschauung durchwaltet ist und nach denen sich auch das positive
Recht menschlicher Gemeinschaften zu richten hat. Ohne die Annahme
der Existenz solcher normstiftenden Mächte fehlt der für das Naturrecht
charakteristischen normativen Deutung der Wirklichkeit jede Grundlage[18]. Dieses Recht hat von seinem Ursprung her *sakralen* Charakter und
seine Verwendung zur Legitimation des positiven Rechts muß zu dessen
Sakralisierung führen, wie das ja auch tatsächlich geschehen ist[19]. Die
Möglichkeit einer solchen Legitimationsleistung ergibt sich aus der Abstammung solcher überpositiver Normen. Das Problem der Rechtser-
kenntnis besteht hier nur darin, die Offenbarungen der normstiftenden
Instanzen zu identifizieren, sie angemessen zu deuten und sie entsprechend anzuwenden. Im naturrechtlichen Denken ist daher noch die *Einheit von Theologie und Jurisprudenz* und nicht nur ihre *strukturelle Ähn-
lichkeit* gegeben[20].

Darmstadt 1966, S. 307 ff., und ALBERT AUER, Der Mensch und das Recht, im gleichen
Band, S. 463 ff.

[17] Vgl. dazu HANS KELSEN, Gott und Staat, aaO, sowie ERNST TOPITSCH, Vom Ursprung und Ende der Metaphysik. Eine Studie zur Weltanschauungskritik, Wien 1958.

[18] Damit soll nicht geleugnet werden, daß diese Auffassung unter praktischen Gesichtspunkten bestimmte Vorzüge haben kann; vgl. dazu BERTRAND DE JOUVENEL, Über die
Staatsgewalt, Die Naturgeschichte ihres Wachstums, Freiburg 1972, S. 237 ff.; aber die
Glaubenskrise führt dazu, daß sie unterminiert wird, womit auch diese Vorzüge verschwin-
den; vgl. aaO, S. 250 ff.

[19] Vgl. den naturrechtskritischen Beitrag ADOLF ARNDTS, Die Krise des Rechts, in: Naturrecht oder Rechtspositivismus? aaO, S. 116 ff.

[20] Es ist daher nicht überraschend, wenn die hier vorherrschende Denkweise gleichzeitig
dogmatischen, normativen und hermeneutischen Charakter hat, denn es kommt ja darauf
an, den *normativen* Inhalt *dogmatisch* vorgegebener Offenbarungen zu *verstehen*. In diesem
Zusammenhang ist dann auch die Feststellung von Hans Dombois verständlich, „daß die
Struktur des Rechtsproblems sich wesentlich mit der Struktur der Offenbarungstheologie
deckt", vgl. DOMBOIS, Das Problem des Naturrechts. Versuch eines Grundrisses, in: Naturrecht oder Rechtspositivismus? aaO, S. 456.

In dieser Form ist die naturrechtliche Auffassung eine Version jenes absoluten Begründungsdenkens, das heute als überwunden gelten darf, eine Version, die überdies mit dem hybriden Begriff einer normativen Wirklichkeit und dem dazu komplementären Begriff einer normativen Erkenntnis belastet ist. Diese Begriffe verschleiern nur, daß in diesem Denken letzten Endes auf die *bloße Faktizität* einer normsetzenden Instanz rekurriert wird, auf ein *metaphysisches Faktum* gewissermaßen, das sich zwar normaler Erkenntnis entziehen mag, dadurch aber keineswegs immun wird gegen die Frage nach seiner Legitimation. Die naturrechtlichen Kritiker des Rechtspositivismus vergessen zu oft, daß ihre Konstruktionen in demselben Punkt der Kritik ausgesetzt werden können, in dem sie selbst eine bestimmte Version des Positivismus zu kritisieren pflegen, da nämlich, wo ein *Faktum* – wie die Wirksamkeit einer Rechtsordnung – mit *Geltung im normativen Sinne* ausgestattet wird[21]. Auch auf theologisch-metaphysischer Ebene kann ein Schluß von der Faktizität einer Normsetzung auf ihre normative Geltung nicht den Charakter eines Fehlschlusses verlieren.

Der Regreß auf das Naturrecht kann also grundsätzlich den Mangel nicht beheben, der hier der positivistischen Auffassung angelastet wird. Darüber hinaus ist die soziomorphe Kosmologie, ohne die diese Art des naturrechtlichen Denkens sinnlos wird, mit einem der modernen wissenschaftlichen Erkenntnis entsprechenden Weltbild nicht vereinbar. Daraus kann sich ein zusätzlicher Einwand gegen dieses Denken ergeben[22]. Die Auffassung, die Rechtswissenschaft bedürfe heute wieder dieser überpositiven Variante des dogmatischen Denkens[23], scheint mir auf einer Ver-

---

[21] Alf Ross hat diese Version des Positivismus als Quasi-Positivismus naturrechtlichen Charakters einer Kritik unterzogen, und zwar am Beispiel der Kelsenschen „Grundnorm", vgl. dazu ROSS, Validity and the Conflict between Legal Positivism and Natural Law, Revista Jurídica de Buenos Aires, 1961, IV, S. 46 ff., besonders S. 78 ff. Das gleiche Beispiel wird interessanterweise von einem Vertreter des Naturrechts dazu benutzt, die „Achillesferse des modernen Positivismus" zu enthüllen, um daraus dann positive Konsequenzen für das Naturrecht zu ziehen, vgl. A. P. D'ENTRÈVES, Natural Law. An Introduction to Legal Philosophy, London 1951, S. 106 ff.

[22] Dann nämlich, wenn man bereit ist, den Erkenntnisfortschritt für die Gestaltung des eigenen Weltbildes und damit auch für die Kritik an tradierten Weltauffassungen fruchtbar zu machen, was allerdings keineswegs als „notwendig" erwiesen werden kann; vgl. dazu mein oben erwähntes Buch: Traktat über kritische Vernunft.

[23] Zur Kritik eines Versuchs, den Rechtspositivismus als „logisch widersinnig" zu erweisen, vgl. NORBERT HOERSTER, Zur logischen Möglichkeit des Rechtspositivismus, Archiv für Rechts- und Sozialphilosophie, Vol. XVI, 1970, S. 43 ff.

kennung der grundsätzlichen Einwände dagegen unter dem Einfluß einer Bewertung zu beruhen, die einer anfechtbaren Einschätzung historischer Zusammenhänge entstammt[24]. Die *Sakralisierung* des Rechts braucht mit seiner *Humanisierung* nichts zu tun zu haben. Daß diese Kritik nicht jede Form des Rechtsdenkens trifft, die sich der Sprache des Naturrechts bedient, braucht kaum besonders betont zu werden[25].

Wer die naturrechtliche Betrachtungsweise aufgibt, hat die Möglichkeit, das *positive Recht* als menschliche *Kulturleistung* zu betrachten, und zwar als ein Phänomen aus dem Bereich der *sozialen Kontrolle*, der Steuerung des gegenseitigen Verhaltens der Mitglieder der Gesellschaft, dem auch die Phänomene der Sitte und der Moral zuzurechnen sind, wie oben schon vorgeschlagen wurde. Es handelt sich dabei, darüber scheint es im wesentlichen kaum Meinungsverschiedenheiten zu geben, um ganz bestimmte Arten von Normen, die im allgemeinen von bestimmten dafür qualifizierten Rollenträgern moderner komplexer Gesellschaften – Richtern, Anwälten und Verwaltungsbeamten – zur Interpretation gewisser Situationen verwendet werden und die zu einem erheblichen Teil in offiziellen Texten zu finden sind[26]. Solche Texte bilden ja die Grundlage dessen, was in der Kerndisziplin der Rechtswissenschaft, der sogenannten „dogmatischen" Jurisprudenz, gelehrt wird.

Diese Auffassung führt aber keineswegs zu einer eindeutigen Bestimmung des Charakters dieser Disziplin. Man kann vielmehr mindestens zwei Hauptströmungen des juristischen Denkens unterscheiden, die auf ihrer Grundlage mit unterschiedlichen Deutungen aufwarten: eine *realistisch-soziologische* und eine *normativistisch-analytische* Richtung. Nach der ersteren befaßt sich die Jurisprudenz als eine *empirische* Wissenschaft mit *sozialen Tatbeständen*. Nach der letzteren dagegen befaßt sie sich mit *gültigen Regeln* und kann deshalb nur als eine *normative* Wissenschaft aufgefaßt werden, die darauf abzielt, ein Sollen zu erkennen[27]. Hier wird

---

[24] Zur Kritik vgl. Adolf Arndt, Die Krise des Rechts, aaO, sowie August Knoll, Katholische Kirche und scholastisches Naturrecht. Zur Frage der Freiheit, Wien/Frankfurt/Zürich 1962.

[25] Sie trifft z. B. nicht die von Hayek bevorzugte Deutung, die, soweit ich sehe, keinen der oben erläuterten Mängel aufweist; vgl. Hayek, The Mirage of Social Justice, aaO, S. 59 ff. und passim.

[26] So sieht jedenfalls die heutige Situation aus, die uns hier primär interessiert.

[27] Für die erste Auffassung vgl. z. B. Alf Ross, On Law and Justice, London 1958; für die zweite Hermann Kantorowicz, Der Begriff des Rechts, herausgegeben von A. H. Campbell, Göttingen o. J., S. 38 ff., und Hans Kelsen, Kausalität und Zurechnung, Österreichische Zeitschrift für öffentliches Recht, Band VI, 1954, S. 133 ff.

offenbar versucht, unter Abstraktion von naturrechtlichen wie von soziologischen Gesichtspunkten das positive Recht als einen *autonomen Kosmos von geltenden Normen* zu bestimmen, der von einer reinen Jurisprudenz nichtempirischen Charakters *kognitiv erfaßt* werden soll.

Diese Sicht der Dinge kommt ohne Zweifel dem praxisorientierten Selbstverständnis des normalen Juristen sehr entgegen, denn diese Praxis besteht großenteils darin, solche Normen zur Ableitung oder Legitimierung von Entscheidungen zu verwenden. Überdies kommt sie der Grundorientierung des analytischen wie des hermeneutischen Denkens entgegen, denn die anzuwendenden Normen müssen jeweils mit Hilfe einer Interpretation relevanter Texte eruiert werden. Die *Methodologie* der reinen Jurisprudenz scheint daher eher auf die in diesen philosophischen Richtungen akzentuierten *analytischen* oder *hermeneutischen Verfahrensweisen* zurückgreifen zu können als auf die Methoden der theoretischen Realwissenschaften. Am plausibelsten klingt die Argumentation der Normativisten gegen den Realismus charakteristischerweise dann, wenn sie etwa auf die Tätigkeit des Richters Bezug nimmt, der ja seine Entscheidungen nicht auf Beschreibungen und Erklärungen sozialer Tatbestände allein stützen kann, sondern auf jeden Fall normativer Regeln bedarf, um sie zu rechtfertigen[28]. Wenn sich die Jurisprudenz auf die Voraussage des Richterverhaltens beschränken würde, wie das in manchen Versionen des Realismus anklingt, dann könnte offenbar der Richter selbst in einer Entscheidungssituation nichts mit ihr anfangen, denn er will ja nicht sein eigenes Verhalten voraussagen, sondern eine brauchbare Entscheidung treffen.

Anknüpfend an solche Argumente kann man allerdings auch den Ansatzpunkt des Normativismus im juristischen Selbstverständnis in Frage stellen. Es ist nämlich keineswegs selbstverständlich, daß sich die Jurisprudenz als Wissenschaft ohne weiteres mit dem Richter in einer Entscheidungssituation identifizieren kann. Ihre Aussagen *über* das Recht sind zunächst einmal von den Normen *des* Rechts und den sie enthaltenden Texten – den Aussagezusammenhängen juristischer Dokumente – zu unterscheiden[29]. Wenn die Regeln des positiven Rechts selbst normativen Charakter haben, so muß das ja keineswegs auch auf die Aussagen der Jurisprudenz *über* diese Regeln zutreffen. Wenn man einmal mit dieser Un-

---

[28] Vgl. dazu die Argumentation von KANTOROWICZ gegen den amerikanischen Realismus, aaO, S. 110 ff.

[29] Vgl. dazu ALF ROSS, On Law and Justice, aaO, S. 9.

terscheidung Ernst macht, verschwindet vielmehr die merkwürdige Idee einer *kognitiven* Erfassung von Normen, die sich in *normativen* Aussagen niederschlagen soll. Daß die Aussagen der Rechtssprache in erheblichem Umfange normativen Charakter haben, wird kaum bestritten. Die Anwendung *dieser* Aussagen auf juristisch relevante Situationen durch den Richter oder andere Rollenträger führt zu Entscheidungen mit entsprechenden sozialen Wirkungen. Die Aussagen der Jurisprudenz dagegen *beziehen sich auf* Aussagen der ersten Art und die in ihnen formulierten Regeln. Sie brauchen daher nicht diesen Charakter zu haben.

Man kann natürlich diese Regeln so behandeln, *als ob* es sich um jenen autonomen Kosmos geltender Normen handele, von dessen Existenz die normativistisch-analytische Auffassung ausgehen zu können glaubt. Diese Fiktion verschwindet aber, wenn die Frage gestellt wird, was hier mit „Geltung" gemeint sei und auf welchen raum-zeitlichen Bereich sich diese Geltung beziehe. Dann wird nämlich sofort deutlich, daß man in irgendeiner Weise der sozialen Verankerung und Wirksamkeit dieser Normen Rechnung tragen muß[30]. Die Frage der Existenz eines solchen Normensystems – des positiven Rechts oder auch der positiven Moral – ist nicht ohne Bezugnahme auf soziale Fakten zu entscheiden. Wenn man sich aber nicht dazu herbeiläßt, diese Frage zu berücksichtigen, so kann man zwischen dem in einem bestimmten Bereich – einem konkreten Raum-Zeit-Gebiet – geltenden positiven Recht und einem imaginären System von Regeln ähnlicher Art keinen wesentlichen Unterschied mehr feststellen[31]. Eine reine Jurisprudenz, die in solchem Maße von sozialen Tatbeständen abstrahieren würde, müßte damit zu einer Formalwissenschaft degenerieren.

---

[30] Auch H. L. A. Hart, der in seiner Analyse vor allem den *internen* Aspekt der Rechtsregeln – ihren Befolgungsanspruch den Adressaten gegenüber – betont, ist dennoch gezwungen, für die Beantwortung der Frage nach der *Identifikation* des in einem bestimmten Bereich geltenden Rechtssystems auf eine *faktisch anerkannte* Regel (rule of recognition) zurückzugreifen; vgl. dazu HART, The Concept of Law, aaO, S. 97 ff. Diese Regel entspricht in mancher Hinsicht der Kelsenschen Grundnorm, aber das Problem ihrer Existenz ist jeweils eine *Tatsachenfrage*; vgl. HART, aaO, S. 245 f.; vgl. auch die Rezension von ALF ROSS: The Concept of Law, by H. L. A. Hart, in: Yale Law Journal, Vol. 71, 1962, S. 1185 ff.

[31] Auch die von Hayek vertretene Auffassung scheint mit insofern eine Version des Realismus zu sein, als es in der Jurisprudenz für ihn zunächst darauf ankommt, die überlieferten Rechtsregeln zu identifizieren, also eine Erkenntnisaufgabe zu lösen. Eine weitere Aufgabe besteht dann darin, das System dieser Regeln auf seine Konsistenz hin zu überprüfen und es entsprechend zu modifizieren, zu ergänzen und dadurch weiterzuentwickeln; vgl. FRIEDRICH AUGUST V. HAYEK, The Mirage of Social Justice, aaO, S. 15 f., 38 ff. und passim.

11. Der Charakter der Jurisprudenz: Die sozialtechnologische Deutung

Die Kenntnis der geltenden Normen des positiven Rechts – zweifellos ein Kernstück des rechtswissenschaftlichen Wissens – ist, wie wir gesehen haben, auch von großer Bedeutung für die Analyse der sozialen Wirklichkeit, und zwar deshalb, weil diese Normen bis zu einem gewissen Grade *wirksam* sind und daher für die *Erklärung sozialer Wirkungszusammenhänge* herangezogen werden müssen. Die Problematik der *sozialen Steuerung* und der *Funktionsweise der Steuerungsmechanismen*, die den Ablauf des sozialen Lebens mitbestimmen, kann nicht bewältigt werden, ohne daß dabei die faktisch wirksamen Normierungen berücksichtigt werden.

Ausgangspunkt für ihre Bewältigung kann die theoretische Idee sein, daß die kognitiven und normativen Überzeugungen der handelnden Personen zusammen mit motivationalen Faktoren konstitutive Bedeutung für ihren Willensbildungsprozeß und damit für ihre Entscheidungen und für die Bildung ihrer Handlungsgewohnheiten haben[32]. Sie führen unter anderem jeweils zu einer spezifischen Weise der Situationswahrnehmung und – in ihrem Rahmen – zu Erwartungen – auch über das Verhalten anderer Personen –, die als entscheidungsrelevant anzusehen sind. Es liegt auf der Hand, daß in diesem Zusammenhang als gültig angesehene Normierungen – auch solche des positiven Rechts – eine wichtige Rolle spielen können, und zwar nicht nur als Bestandteile von normativen, sondern auch von kognitiven Komponenten der betreffenden Überzeugungssysteme. Die Annahme, daß sich andere Personen an solchen Normen orientieren, ist nämlich mitbestimmend für den Erwartungshorizont der Person, deren Verhalten jeweils erklärt werden soll. So wird also das Wissen über in der Gesellschaft wirksame Normen relevant für die Erklärung sozialer Vorgänge[33]. Es wird bei der Konstruktion der Anwendungsbedingungen für die in Frage kommenden Gesetzmäßigkeiten verwertet.

---

[32] Schon in den Arbeiten Max Webers findet man einen Ansatz in dieser Richtung; vgl. z. B. die einschlägigen Passagen seines Aufsatzes: R. STAMMLERS „Überwindung" der materialistischen Geschichtsauffassung (1907) in seinen: Gesammelten Aufsätzen zur Wissenschaftslehre, 2. Auflage, Tübingen 1951, S. 322 ff., wo seine Konzeption der „verstehenden Erklärung" besonders überzeugend exemplifiziert wird. Zum Problem der Möglichkeit einer Erklärung menschlichen Handelns – also sinnvoller, dem Verstehen zugänglicher Verhaltensweisen – auf theoretischer Basis vgl. auch meinen Aufsatz: Hermeneutik und Realwissenschaft, aaO.

[33] Aus ihrer Kenntnis ergeben sich *Anhaltspunkte* für die *Rekonstruktion* der Überzeugungssysteme handelnder Personen. Unter „Verstehen" scheint Weber meist solche *Akte*

Nehmen wir zum Beispiel an, es gehe darum, eine bestimmte richterliche Entscheidung zu erklären. Hier ist schon die Identifikation dieses Verhaltens als einer sinnhaften Aktivität ein Verstehensakt, der eine gewisse Rechtskenntnis voraussetzt. Auch die Erklärung kann natürlich seinen sinnhaften Charakter nicht ignorieren. Das bedeutet allerdings keineswegs, daß die betreffenden Normierungen die einzigen kausal relevanten Faktoren sind. Im Gegenteil, es ist erklärungsbedürftig, inwiefern sich die betreffende Person gerade an ihnen und gerade in dieser Weise orientiert hat, inwiefern sie also steuerungsrelevant wurden. Das mag auf sehr komplexe Wirkungszusammenhänge führen, in denen auch motivationale und situative Faktoren eine Rolle spielen, so daß ihre theoretische Durchleuchtung außerordentlich schwierig sein kann. Die im ökonomischen Denken verkörperte individualistische Tradition der Soziologie wird gerade im Hinblick auf solche Probleme auf einschlägige Resultate der psychologischen Forschung angewiesen sein. Um sie zu lösen, muß man offenbar die Struktur eines teilweise normregulierten Verhaltens in ausreichendem Maße nomologisch erfaßt haben.

Man sieht also, welche wichtige Rolle für die Erklärung des faktischen Verhaltens die Rekonstruktion der entscheidungsrelevanten Überzeugungen der betreffenden Personen – des Richters, dessen Urteil zu erklären ist, aber auch z. B. des Unternehmers, dessen Entscheidungen Rücksicht auf die geltenden Rechtsregeln nehmen – unter Verwertung des Wissens über das geltende Normensystem – das positive Recht oder die positive Moral – spielt. Man wird sich de facto in den meisten Fällen sogar mit einer Erklärungsskizze begnügen müssen, in der die *Interpretation* der jeweiligen Situation mit Hilfe dieses Normensystems *durch den Erklärenden* an die Stelle einer *expliziten Darstellung* der Zusammenhänge nach dem *üblichen Erklärungsschema* tritt. Daher ist es ganz verständlich, daß die Idee auftauchen konnte, man könne hier auf Erklärung überhaupt verzichten, weil der gesamte Zusammenhang durch Verstehen ausreichend erfaßbar sei, und daß man darüber hinaus dieses Verstehen im Sinne der Hermeneutik auffassen zu können glaubte, obwohl diese Disziplin nur als eine Technologie der Auslegung von Texten gelten kann[34].

---

der Rekonstruktion verstanden zu haben. Seine Lösung des Erklärungsproblems auf dieser Basis ist allerdings wohl im einzelnen unzureichend.

[34] Dieser Auffassung ist nicht nur Dilthey, sondern vorher schon Schleiermacher nahegekommen. Sie kann keineswegs als durch die universale Hermeneutik neueren Datums überholt angesehen werden. Vgl. dazu: Hermeneutik und Realwissenschaft, aaO.

Unter gewissen Normalbedingungen ist die Anwendung des relevanten Deutungsschemas aufgrund einer Verwertung der in Betracht kommenden Texte – z. B. der Gesetze, Kommentare und Entscheidungssammlungen – ein bis zu einem gewissen Grade brauchbares Surrogat für eine zureichende Erklärung, die Textinterpretation also das wesentliche heuristische Mittel einer solchen Ersatzlösung des Erklärungsproblems. Das kann sehr leicht zu der kurzschlüssigen Auffassung führen, die Rechtssoziologie wie die sogenannte dogmatische Jurisprudenz seien im Grunde genommen hermeneutische Disziplinen, da beide es im wesentlichen mit der Auslegung von Texten für die Ableitung adäquater Entscheidungen zu tun hätten. Dabei geht es de facto in der Rechtssoziologie – wie überhaupt in der theoretischen Sozialwissenschaft – um die Durchleuchtung von Wirkungszusammenhängen, für die das Recht mitkonstituierend ist. Die Textdeutung ist nur ein Hilfsmittel im Rahmen dieser Erkenntnisleistungen, um den Kontext des Problemlösungsverhaltens der beteiligten Individuen zu rekonstruieren. Wer sich dazu verstehen kann, das geltende Recht als einen Bestandteil des „objektiven Geistes" anzusehen, hat hier einen Hinweis darauf, wie dieser Geist das tatsächliche Geschehen beeinflußt: durch Mitwirkung bei der Strukturierung der Problemsituation handelnder Personen. Daß eine Wissenschaft von der sozialen Steuerung für die Rekonstruktion der für den sozialen Ablauf relevanten institutionellen Vorkehrungen unter anderem auch auf Textinterpretationen dieser Art angewiesen ist, scheint mir auf der Hand zu liegen[35].

Wenden wir uns nun wieder der Kerndisziplin der Rechtswissenschaft, der sogenannten „dogmatischen Jurisprudenz", zu, um die Frage zu klären, ob diese Disziplin tatsächlich keine wesentliche Beziehung zur realwissenschaftlichen Erkenntnispraxis haben kann. Wir hatten gesehen, daß die These vom normativen Charakter dieser Disziplin, die von vielen für selbstverständlich gehalten wird, problematisch ist, auch wenn der normative Charakter der juridischen Sprache – bzw. der in ihr abgefaßten Texte – nicht bestritten wird. Es ist, wie wir sahen, nicht ohne weiteres möglich, vom Charakter dieser Sprache auf den der Jurisprudenz zu schließen, in der *über* Aussagen gesprochen wird, die in dieser Sprache formuliert sind, und über deren *Sinn*, also die *Normierungen*, die in ihnen zum Ausdruck kommen. Soweit das der Fall ist, scheint die Jurisprudenz

---

[35] Die theoretische Ökonomie wird sich also mit solchen Fragen im Zeichen der gerade im Gange befindlichen „institutionalistischen Revolution" vermutlich in stärkerem Maße als bisher zu befassen haben.

zunächst zwar keine normative, aber mindestens eine hermeneutische Disziplin zu sein, und was die Bezeichnung „dogmatisch" angeht, so ist ihre Berechtigung nicht ganz einzusehen[36].

Nun dienen die in ihr praktizierten Auslegungsverfahren aber offenbar dazu, das „geltende Recht" zu rekonstruieren. Wenn man darunter, wie das meist der Fall ist, die in einem bestimmten Raum-Zeit-Gebiet tatsächlich geltende und damit auch wirksame Rechtsordnung versteht, dann handelt es sich dabei wohl um Tatbestände der sozialen Wirklichkeit[37]. Die Deutungshypothesen für die in Frage kommenden Rechtstexte wären demnach wieder nur Hilfsmittel für die Aufstellung normaler Hypothesen über soziale Tatbestände – nämlich über bestimmte Steuerungsphänomene – in bestimmten sozialkulturell abgrenzbaren Raum-Zeit-Gebieten. Damit wären wir bei jener realistisch-soziologischen Auffassung der Jurisprudenz angelangt, die von den Normativisten als unangemessen abgelehnt wird, weil sie diese Disziplin für die Rechtspraxis unbrauchbar mache. Es ist aber schwer zu sehen, was sich gegen diese Auffassung sagen läßt, wenn sie in einer Form vorgebracht wird, die dem normativen Charakter juridischer Texte gerecht zu werden sucht.

Allerdings scheinen sich Schwierigkeiten daraus zu ergeben, daß die relevanten Texte einen mehr oder weniger großen Deutungsspielraum offenlassen und daß darüber hinaus die Idee der Lückenlosigkeit der Rechtsordnung sich als unhaltbar erwiesen hat. Es ist daher offenbar notwendig, das geltende Normensystem durch entsprechende Auslegungspraktiken zu ergänzen. Zunächst bedeutet das nur, daß die Feststellung der tatsächlich geltenden Rechtsordnung nicht so einfach ist, wie man annehmen könnte[38]. Das ist aber noch kein Grund, die realistische Auffassung aufzugeben. Man kann allerdings verstehen, daß eine Jurisprudenz, die der Rechtspraxis Orientierungshilfen zu geben wünscht, an dieser Stelle normative Gesichtspunkte ins Spiel zu bringen sucht. Hier taucht

---

[36] Bei Kantorowicz ergibt sie sich offenbar daraus, daß die von ihr analysierten Regeln von ihm „Dogmen" genannt werden, vgl. KANTOROWICZ, Der Begriff des Rechts, aaO, S. 45 ff.; aber auch wenn man diesen merkwürdigen Sprachgebrauch akzeptiert, kann man diese Charakterisierung des *Gegenstandes* dieser Disziplin doch nicht ohne weiteres auf *sie selbst* übertragen.

[37] Vgl. dazu ALF ROSS, On Law and Justice, London 1958, S. 9, wo die These vertreten wird, daß der diese Rechtsordnung beschreibende Vertreter der Jurisprudenz seine Erkenntnisse in Aussagen der folgenden Art formulieren kann: „Die und die Direktive ist gültiges deutsches Recht", wobei solche Aussagen als Tatsachenaussagen aufzufassen wären.

[38] Vgl. dazu HART, Der Positivismus und die Trennung von Recht und Moral, aaO, S. 29 ff.

nämlich die Frage auf, „wie die Gesetze ausgelegt und ihre Lücken ausge-
füllt werden *sollen*"[39], damit die Regelung der betreffenden sozialen Verhältnisse *adäquat* im Sinne des geltenden Rechts ist, eine Frage, deren Beantwortung in der Praxis oft zu dem Vorgang führt, den man „richterliche
Rechtsschöpfung" zu nennen pflegt. Durch sie wird anscheinend die
Rechtsordnung jeweils mitgestaltet, so daß eine einfache Feststellung der
geltenden Ordnung für die Lösung der hier in Betracht kommenden Probleme nicht weiterzuhelfen scheint. Wenn man diese Lösung kurzerhand
der Rechtspraxis überlassen wollte, dann hätte die Jurisprudenz als Wissenschaft offenbar in einem sehr wichtigen Punkt der Praxis kaum etwas
zu bieten. Muß man also die realistische Auffassung aufgeben und zum
Normativismus übergehen, wenn man der Jurisprudenz die Aufgabe stellen will, die geltende Rechtsordnung nicht nur *festzustellen*, sondern sie
durch adäquate Vorschläge *mitzugestalten*?

In diesem Zusammenhang neigen die Vertreter des Normativismus interessanterweise dazu, den *teleologischen* Gesichtspunkt ins Spiel zu bringen, indem sie auf die Zwecke hinweisen, an denen sich die Deutungsvorschläge der Jurisprudenz zu orientieren hätten[40]. Gleichgültig, ob man
solche *Zweck- oder Wertgesichtspunkte* dem Gesetz selbst oder anderen
Quellen entnehmen zu können glaubt, es ist jedenfalls nicht einzusehen,
warum man sie nicht explizit machen sollte, um sie allgemeiner Beurteilung zugänglich zu machen. Das gleiche gilt für die *Überlegungen zu den
Wirkungszusammenhängen*, die für die Formulierung bestimmter Vorschläge relevant sind, zum Beispiel über die Wirkungen angewandter
Normen oder vorzuschlagender Auslegungen auf das soziale Leben,
Überlegungen, die zugestandenermaßen eine wichtige Rolle zu spielen
haben[41]. Wer den *Sinn* des Gesetzes bestimmen möchte, muß sich *eo ipso*

---

[39] So KANTOROWICZ in seinem Aufsatz: Rechtswissenschaft und Soziologie, in: Rechtswissenschaft und Soziologie. Ausgewählte Schriften zur Wissenschaftslehre, Karlsruhe
1962, S. 137, wo es um eine „den Zwecken des Gesetzes" gemäße Regelung des Boykotts
geht.

[40] Vgl. dazu etwa NORBERTO BOBBIO, Über den Begriff der „Natur der Sache", aaO, wo
gezeigt wird, daß Argumentationen, die von der Natur der Sache ausgehen, auf teleologische
Interpretationen reduziert werden können; vgl. auch HART, aaO, S. 54 ff.

[41] Auch Hayek läßt in seiner Konzeption die Berücksichtigung von Zweckgesichtspunk-
ten und die faktischer Zusammenhänge zu; vgl. dazu sein Werk: Law, Legislation and Liberty, Vol. I: Rules and Order, London 1973, S. 105 f., wo u. a. konstatiert wird, „that there can
never be a science of law that is purely a science of norms and takes no account of the factual

Gedanken über die mit ihm intendierten *Wirkungen* und die damit angestrebte *Ordnung* machen. Solche Überlegungen machen die Verwendung
nomologischen Wissens erforderlich, denn die *Steuerungswirkungen* von
Gesetzen und Auslegungen sind *nicht* einfach *logische Konsequenzen* der
betreffenden Aussagen. Sie machen überdies natürlich die Berücksichtigung des *Systemzusammenhangs* der betreffenden Normen nötig, insoweit diese Wirkungen durch diesen Zusammenhang bedingt sind.

Wenn man sich dazu verstehen kann, das alles nach Möglichkeit explizit
zu machen – und gerade eine *praxisorientierte* Jurisprudenz hat allen
Grund dazu, wenn sie der Praxis wirklich *helfen* will –, dann ergibt sich
die Möglichkeit, diese Disziplin als eine – an bestimmten, unter Umständen auch *alternativen Wertgesichtspunkten* orientierte – *Sozialtechnologie*
aufzufassen. Sie zielt darauf ab, unter diesen hypothetisch vorausgesetzten Gesichtspunkten bestimmte *Deutungsvorschläge* für im geltenden
Recht *anerkannte Normsätze*, bestimmte *Vorschläge* für die *Modifikation*
des *Systems der geltenden Normen*, um Normenkonflikte zu beseitigen,
und darüber hinaus auch *Vorschläge* für eine *Ausgestaltung dieses Systems*
durch *Einführung neuer Normen* im Wege der Gesetzgebung zu formulieren. Auf das Problem der Wertgesichtspunkte, die dabei eine Rolle
spielen können, kommen wir noch zurück. Die Übernahme der betreffenden Deutungen oder Normierungen in den Bestand des geltenden
Rechts wäre dann Sache der dazu autorisierten Rollenträger der Rechtspraxis – der Richter und der Gesetzgebungsgremien –, die ihre Entscheidungen im Lichte der von der Jurisprudenz gelieferten Erkenntnisse treffen könnten. Diese selbst wäre praxisorientiert, ohne normativen Charakter zu haben. Sie wäre nicht dogmatisch, sondern würde mit Hypothesen
operieren, Hypothesen, in denen vor allem die relevante sozialwissen-
schaftliche Erkenntnis verwertet ist. Und sie wäre keine hermeneutische
Disziplin, obwohl sie unter anderem auch mit Auslegungsmethoden für
Texte operieren würde.

---

order at which it aims", und dann das Problem der *faktischen Kompatibilität* der Normen eines Systems aufgeworfen wird – vgl. dazu den Abschnitt über die Kompatibilitätspro-
blematik in meinem Beitrag zur Kraft-Festschrift: Wissenschaft und Politik, in: Probleme
der Wissenschaftstheorie, herausgegeben von Ernst Topitsch, Wien 1960, S. 223 ff. –; vgl.
auch HAYEK, The Mirage of Social Justice, aaO, S. 38 ff., wo wieder der Gesamtzusammenhang des Normensystems akzentuiert wird.

12. Politische Ökonomie als rationale Jurisprudenz:
Die sozialtechnologische Grundlage der Politik

Die theoretische Ökonomie kann man, wie wir gesehen haben, als einen soziologischen Ansatz auffassen, der sich die Untersuchung der Problematik der sozialen Steuerung im Rahmen eines naturalistischen Erkenntnisprogramms zur Aufgabe gemacht hat. Das bedeutet aber, daß in dieser theoretischen Tradition die institutionellen Bedingungen solcher Steuerungsphänomene und daher auch die in diesem Zusammenhang wirksamen Normierungen berücksichtigt werden müssen. In der ökonomischen Klassik ist das auch weitgehend geschehen[42]. Mit der neoklassischen Phase begann dann eine Problemverschiebung in Richtung auf eine entscheidungslogische – und damit formalistische – Auffassung, unter deren Einfluß sich die Neigung ausbreitete, ökonomische Modelle in einem institutionellen Vakuum zu konstruieren und ihre grundlegenden Verhaltensannahmen so gehaltlos wie nur eben möglich zu machen[43]. Erst seit kurzer Zeit entwickelt sich im Rahmen der ökonomischen Tradition ein theoretischer Institutionalismus, der einer der zentralen Ideen der Klassik wieder zu ihrem Recht verhilft[44], indem er der Bedeutung rechtlicher Regulierungen für die Steuerung sozialer Prozesse Rechnung trägt.

Das *ökonomische Erkenntnisprogramm* ist in seinen wesentlichen Zügen gerade so geartet, daß die Resultate der theoretischen Forschung in dieser Tradition *Grundlage einer rationalen Jurisprudenz*, einer sozial-

---

[42] Das gilt vor allem für das Werk von Adam Smith, der, wie Hutchison mit Recht feststellt – vgl. TERENCE HUTCHISON, Adam Smith and the Wealth of Nations, The Journal of Law and Economics, Vol. XIX, 1976, S. 507 ff. –, ein Philosoph in einem umfassenden Sinne des Wortes war, vor allem auch ein Sozialphilosoph, der in seinen ökonomischen Untersuchungen dem rechtlichen Rahmen des sozialen Geschehens größte Bedeutung beimaß.

[43] Diese Tendenz, die ich als „Modell-Platonismus" immer wieder attackiert hatte, wird seit einiger Zeit – wenigstens was das institutionelle Defizit der dabei resultierenden Konstruktionen angeht – von Harold Demsetz und anderen Vertretern der eigentumsrechtlichen Richtung als „Nirwana-Ansatz" scharf kritisiert. Andere Theoretiker bemühen sich, die Ergebnisse der psychologischen Forschung für die Revision der Verhaltensannahmen fruchtbar zu machen; vgl. dazu TIBOR SCITOVSKY, Psychologie des Wohlstands. Die Bedürfnisse des Menschen und der Bedarf des Verbrauchers, Frankfurt/New York 1977; HARVEY LEIBENSTEIN, Beyond Economic Man. A New Foundation for Microeconomics, Cambridge (Mass.)/London 1976.

[44] Vgl. dazu EIRIK G. FURUBOTN/SVETOZAR PEJOVICH, Property Rights and Economic Theory: A Survey of Recent Literature, Journal of Economic Literature, Vol. X, 1972, S. 1137 ff., sowie den von diesen beiden Ökonomen herausgegebenen Aufsatzband: The Economics of Property Rights, Cambridge/Mass. 1974.

technologischen Disziplin der oben skizzierten Art, sein könnten, die als wichtigen Teil eine *Lehre von der Gesetzgebung* in sich enthalten müßte[45]. Es mag merkwürdig klingen, wenn man die theoretische Ökonomie als eine soziologische Tradition charakterisiert und sie gleichzeitig als mögliche Grundlage einer solchen Jurisprudenz bezeichnet. Aber der Schein einer Konfusion, der dadurch erzeugt werden mag, kommt nur dadurch zustande, daß wir dazu neigen, die institutionell verfestigte wissenschaftliche Arbeitsteilung und die mit ihr verbundenen Disziplinabgrenzungen ernster zu nehmen als die Struktur unserer theoretischen und praktischen Probleme. Wer – in Verkennung der Allgemeinheit ihres theoretischen Ansatzes – die Ökonomie auf den sogenannten wirtschaftlichen Bereich einengen, der Soziologie die von ihr bisher ungelösten Restprobleme und die übrigen Bereiche der Gesellschaft zuweisen und die Jurisprudenz auf Textinterpretationen beschränken möchte, der kann in der Tat die oben vorgeschlagene Fusion, die der Eigenart der hier vorliegenden Probleme entstammt, nur als einen illegitimen Versuch ansehen, die durch Tradition geheiligten Schranken zwischen etablierten Disziplinen zu durchbrechen. Aber er wird Schwierigkeiten haben zu verstehen, inwiefern man das ökonomische Hauptwerk von Adam Smith als einen Beitrag zur Lehre von der Gesetzgebung einstufen konnte, und er wird auch die enge Beziehung der Benthamschen Prinzipien der Gesetzgebung zur ökonomischen Grundproblematik kaum angemessen würdigen können.

Der Utilitarismus, der das ökonomische Denken in der neoklassischen Phase stark beeinflußt hat, ist aus den verschiedensten Gründen – und teilweise wohl mit Recht – scharf kritisiert worden[46]. Aber das bedeutet keineswegs, daß alle seine Ideen unbrauchbar sind. Die Unterschiede zwischen der schottischen Moralphilosophie und dem philosophischen Radikalismus Benthams sind nicht zu unterschätzen[47], aber es gibt doch eine wesentliche Gemeinsamkeit, die gerade unser Problem betrifft. Bentham wollte wie Hume und Smith das in den Naturwissenschaften bewährte

---

[45] Dugald Stewart, der Herausgeber der Werke von Adam Smith, hat in seinem biographischen Anhang die Beziehung der politischen Ökonomie zu einer solchen Jurisprudenz deutlich herausgestellt. Für ihn war das Smithsche Werk – An Inquiry into the Nature and Causes of the Wealth of Nations, 1776 –: „... the most comprehensive and perfect work that has yet appeared, on the general principles of any branch of legislation", vgl. STEWART, Account of the Life and Writings of Adam Smith, LL.D., in: The Works of Adam Smith, in five volumes, Vol. V, 1811–1812, Reprint, Aalen 1963, S. 484.

[46] Vgl. dazu das V. Kapitel, unten.

[47] Vgl. dazu vor allem die diesbezüglichen Arbeiten HAYEKs, z. B. The Mirage of Social Justice, aaO, S. 17 ff.

Programm theoretischer Erklärung auf den moralischen Bereich – das heißt: auf die Sphäre des sozialen Lebens – übertragen[48] und darauf eine Kunstlehre gründen, die als Grundlage einer rationalen Politik zu verwenden sei. Dabei sah er die Bedeutung einer allgemeinen Theorie des Verhaltens für die Realisierung dieses Zieles, einer Theorie, die seiner Auffassung nach auf das Streben der Menschen nach Befriedigung ihrer Bedürfnisse zurückgreifen mußte, um ihre Verhaltensweisen zu erklären. Diese Theorie suchte er zu skizzieren[49], und er tat das in einer Weise, die manches vorwegnahm, was in der psychologischen Forschung später wirksam wurde. Er sah, daß die mit dem Streben nach Bedürfnisbefriedigung zusammenhängende Erwartung von Belohnungen und Bestrafungen verschiedenster Art von großer Bedeutung für das Verhalten ist[50] und daß die Kunstlehre von der Gesetzgebung – als Teil der Sozialtechnologie – an die betreffenden Erkenntnisse anknüpfen muß, wenn sie realistisch verfahren will[51].

Jede wirksame Gesetzgebung läuft ja auf eine Umgestaltung der sozialen Ordnung hinaus und damit auf eine Umsteuerung des sozialen Geschehens in bestimmten Bereichen. Diese Umsteuerung wird dadurch möglich, daß andere Verhaltensweisen als bisher positiv oder negativ prämiiert werden – durch positive und negative Sanktionen im weiteren Sinne dieses Wortes – und auf diese Weise eine Änderung der Interessenlage bei den Mitgliedern der Gesellschaft erreicht wird. Das gilt natürlich nicht nur für Akte der Gesetzgebung, sondern auch für andere Eingriffe in das soziale Leben. Das individualistische Erkenntnisprogramm, das alle sozialen Vorgänge aus dem Zusammenspiel der Verhaltensweisen von Individuen zu erklären sucht, die sich bemühen, die durch ihre Bedürfnisse und Erwartungen konstituierten Probleme zu lösen, ist seiner Struktur nach besonders dazu geeignet, als Grundlage einer solchen Sozialtechnologie zu dienen[52].

---

[48] Vgl. ELIE HALÉVY, The Growth of Philosophical Radicalism, London 1928, S. 9ff.; das Ziel war, die Newtonsche Methode in die Analyse der Moral einzuführen.

[49] Vgl. dazu JEREMIAS BENTHAMS, des englischen Juristen, Prinzipien der Gesetzgebung, herausgegeben von Etienne Dumont, Köln 1833.

[50] Das ist nicht so trivial, wie es prima facie klingen mag, denn „Belohnungen" und „Bestrafungen" wurden im Zusammenhang mit der Bedürfnisstruktur dabei in sehr allgemeiner Weise aufgefaßt.

[51] Das gilt natürlich auch für andere Teile der Sozialtechnologie, z. B. die Lehre von der Erziehung; vgl. dazu KURT LEWIN, Die psychologische Situation bei Lohn und Strafe, Leipzig 1931.

[52] Das soll natürlich nicht bedeuten, daß die heute im Rahmen dieses Programms vorlie-

Eine angewandte Wissenschaft dieser Art kann nur Handlungsmöglichkeiten aufweisen und damit Möglichkeiten, bestimmte Ziele oder Zielkombinationen zu realisieren und dabei bestimmte Mittel zu verwenden oder auch zu vermeiden. Sie kann – hinsichtlich des Problems der sozialen Ordnung – mögliche Arten institutioneller Vorkehrungen und ihre allgemeine Weise des Funktionierens charakterisieren und dabei die Wirkungen solcher Systeme im Hinblick auf von gewissen vorausgesetzten Wertgesichtspunkten her formulierte Leistungsmerkmale analysieren, wie das zum Beispiel Adam Smith mit den damals zur Verfügung stehenden Mitteln versucht hat[53]. Sie kann natürlich keine *Legitimation* einer Sozialordnung im Sinne der klassischen Begründungsidee liefern, denn ein solcher Versuch ist, wie wir gesehen haben, ein utopisches Unterfangen[54]. Wenn man den kritizistischen Standpunkt akzeptiert, dann müssen an die Stelle von Begründungen dieser Art *vergleichende Bewertungen alternativer Problemlösungen* treten, und genau das ist mit den Mitteln einer angewandten Wissenschaft der angegebenen Art möglich, wenn die dazu notwendigen Wertgesichtspunkte zur Verfügung gestellt werden können. Die auf Adam Smith zurückgehende Methode entspricht also nicht nur dem methodischen Stil der Erkenntnispraxis einer auf Erklärung abzielenden Wissenschaft. Sie leistet darüber hinaus einen wesentlichen Beitrag zur Beantwortung der *Frage, wie eine rationale Politik möglich ist*, eine Politik, die sich die Resultate wissenschaftlicher Erkenntnis zunutze macht und darüber hinaus insofern die Bedingungen einer rationalen Praxis erfüllt, als sie von der Analyse und Bewertung der Vorzüge und Schwächen alternativer Problemlösungen ausgeht, um zu einer Entscheidung zu kommen.

---

genden Erklärungsansätze keine Schwächen haben; vgl. dazu: Individuelles Handeln und soziale Steuerung, aaO.

[53] Vgl. RUTLEDGE VINING, Economics in the United States of America, S. 14 f.; sowie JAMES M. BUCHANAN, The Justice of Natural Liberty, The Journal of Legal Studies, Vol. V, 1976, S. 8, wo betont wird, daß dabei außer dem Gesichtspunkt der Effizienz auch der der Gerechtigkeit eine Rolle spielte.

[54] Auch PETER GRAF KIELMANNSEGG, der in seiner interessanten historischen und systematischen Untersuchung zur Verfassungsproblematik – Volkssouveränität. Eine Untersuchung der Bedingungen demokratischer Legitimität, Stuttgart 1977 – ausdrücklich Begründungsforderungen aufstellt und die Begründungsidee mitunter auch kritisch gegen andere Lösungsvorschläge ausspielt – z. B. aaO, S. 214 –, verzichtet in seinem eigenen Vorschlag dann de facto auf diese Idee und ersetzt sie durch eine weniger ehrgeizige Konstruktion – aaO, S. 256 ff. –, die, soweit ich sehe, mit der hier vertretenen Auffassung vereinbar ist.

Was die Wertgesichtspunkte angeht, die dabei in Betracht gezogen werden, so ist es keineswegs selbstverständlich, daß sie sich auf ein einheitliches Prinzip zurückführen lassen[55]. Eine Mehrzahl akzeptabler Gesichtspunkte führt natürlich zu einem Gewichtungsproblem, das unter Umständen nicht *in abstracto*, sondern nur unter Berücksichtigung konkreter historischer Bedingungen zu lösen ist. Die verschiedenen politischen Strömungen, die die Gesetzgebung beeinflussen, unterscheiden sich mitunter mehr darin, wie sie solche Gewichtungsprobleme lösen möchten, als durch die Wertgesichtspunkte, die sie als maßgebend ansehen. Da ihre diesbezüglichen Vorstellungen überdies noch mit unterschiedlichen Auffassungen über Tatsachen und Tendenzen des sozialen Lebens verbunden sind, wird die Problemsituation für alle Beteiligten sehr viel komplexer, als die auf Wirkung berechnete politische Rhetorik der Verfechter verschiedener Lösungen das erkennen läßt[56].

Die Verwertung wissenschaftlicher Erkenntnisse in einer als Basis rationaler Politik brauchbaren Alternativanalyse hat den Sinn, die für jede rationale Praxis wichtige Frage der Realisierbarkeit zu beantworten und damit die Grenzen des Möglichen abzustecken. Die Beantwortung solcher Fragen hängt natürlich unter anderem davon ab, auf welche konkrete Situation und damit auf welche Handelnden – auf die Träger welcher sozialer Rollen – sie sich bezieht. Technologische Aussagensysteme pflegen sich auf mögliche Ansatzpunkte für menschliches Handeln zu beziehen. Ihre Anwendung erfordert die Identifizierung solcher Ansatzpunkte in der jeweiligen Situation, um die *realisierbaren* unter den *relevanten* Alternativen herauszuarbeiten. Da für die Bestimmung der Relevanz Wertgesichtspunkte benötigt werden, ist schon in der Alternativanalyse mit den Resultaten reiner Erkenntnis allein nicht auszukommen. Bei der Anwendung technologischen Wissens auf konkrete Situationen sind Wertungen unvermeidbar, und zwar schon für die Suche nach relevanten Alternativen, die durch die praktische Problemsituation und die ihr inhärenten Wertungen bestimmt ist. Man sieht gewissermaßen – und das gilt, wie wir gesehen haben, auch für die Erkenntnispraxis der Wissenschaft – von vornherein aus, um einen überschaubaren Bereich von Alternativen zu

---

[55] Das von Cesare Beccaria stammende und von Jeremy Bentham übernommene Prinzip des größten Glückes der größten Zahl, das noch lange Zeit in wohlfahrtsökonomischen Formulierungen nachgewirkt hat, ist mit Recht in Verruf gekommen.

[56] Vgl. dazu HERMANN LÜBBE, Der Streit um Worte, Sprache und Politik, Bochum 1967, wo die besondere *ratio* dieser Rhetorik herausgearbeitet wird.

gewinnen. Wie im Falle der Erkenntnispraxis so steht auch hier hinter der Methode des Problemlösungsverhaltens eine *rationale Heuristik*, die unter Umständen durch langfristige *Programme* geprägt ist, Programme, in denen die *Art der gesuchten Problemlösungen* – durch die Anforderungen, die an adäquate Lösungen zu stellen sind – vorgezeichnet ist.

IV. Kapitel

Die Anatomie des Friedens und der Staat

13. Knappheit, Krieg und Eroberung:
Die Despotie als Normalform des Staates

Die Knappheit der Mittel zur Fristung des Lebens ist ein durchgehender Zug der menschlichen Lebenssituation von der Frühgeschichte bis heute. Auch zunehmender Wohlstand kann diesen Tatbestand nicht beseitigen, weil die Bedürfnisse keiner natürlichen Begrenzung unterliegen. Eines der wichtigsten Mittel, um die sich daraus ergebenden Probleme zu lösen, war seit jeher die Anwendung von Gewalt gegen andere, um die Ergebnisse ihrer Arbeit für eigene Zwecke verwenden zu können. Die Herstellung von Waffen zur Verbesserung der Möglichkeiten der Gewaltanwendung hat sich in vielen Fällen mehr gelohnt als die Herstellung von Werkzeugen zur Verbesserung der friedlichen Produktion. Das gilt auch für den Fall der organisierten Gewaltanwendung von Gruppen gegeneinander, den Krieg[1]. Der Krieg ist daher eine in vielen Fällen bewährte Alternative zur friedlichen Produktion, auch wenn er unter allgemeineren Gesichtspunkten, etwa unter dem Gesichtspunkt der Lebensinteressen einer umfassenderen Gesamtheit von Menschen, zur Verschwendung beitragen mag. Wenn er zur Eroberung eines Gebiets, verbunden mit der Unterwerfung seiner Bevölkerung, führt, kann sich daraus ein dauerhafter Vorteil für die siegreiche Gruppe ergeben. Dabei wird aus der aktuellen äußeren Gewaltanwendung ein Zustand, in dem durch Gewaltandrohung ein Dauergehorsam erzwungen wird. Durch Verwandlung der offenen in die latente Gewalt wird das betreffende Gebiet befriedet. Die Gruppe, die das Ge-

---

[1] Es ist daher, wie Stanislaw Andrzejewski (Andreski) mit Recht feststellt, eine der größten Illusionen anzunehmen, daß Kriege immer für Illusionen geführt werden, vgl. ANDRZEJWSKI, Military Organization and Society, London 1954, S. 11, siehe auch GORDON TULLOCK, The Social Dilemma. The Economics of War and Revolution, Blacksburg 1974, S. 87 ff.

waltmonopol errichtet hat, herrscht über die unterworfene Gruppe und beutet sie für ihre Zwecke aus. Ihre Herrschaft ist, unter ihren Gesichtspunkten betrachtet, eine dauerhafte Alternative zur friedlichen Produktion. Aus Krieg und Eroberung ist ein Staat hervorgegangen. Seine *Staatsidee* ist, so könnte man sagen, die *Idee der Ausbeutung*.

Wenn diese Form der Lösung des Knappheitsproblems einmal entdeckt ist, können ihre Vorteile nicht verborgen bleiben. Es lohnt sich für viele Gruppen, so zu verfahren, unter Umständen auch, einer herrschenden Gruppe die Beute abzujagen und ihr Gewaltmonopol durch das eigene zu ersetzen. Daher muß jeder Staat zur eigenen Sicherung stets auf den Krieg vorbereitet sein. Die Organisation der Kriegführung aber erfordert Zentralisierung, und zwar um so mehr, je zahlreicher die Streitkräfte sind. Die Existenz aneinander angrenzender autonomer Herrschaftsverbände bedeutet dauernde Kriegsgefahr. Es ist daher oft vorteilhaft für solche Gebilde, sich schon im Frieden für den Krieg zu organisieren. Unter dem Gesichtspunkt der Kriegsbereitschaft scheint aber eine despotische Form der Herrschaft meist die beste zu sein. Ist sie vorhanden, dann liegt es nahe, ihre Vorteile auch auszunutzen[2], zur Gewaltanwendung nach außen, zum Krieg und zur Eroberung neuer Gebiete, und zur Gewaltanwendung nach innen mit dem Ziel der Unterdrückung und Ausbeutung der Bevölkerung des eroberten Bereichs. Soweit die Methode der Lösung des Knappheitsproblems durch Anwendung organisierter Gewalt als vorteilhaft gilt, ist jeder Staat daher mit einer Tendenz zur Expansion bis an die Grenze des technisch-organisatorisch Möglichen behaftet. Das hat in der Geschichte immer wieder zur Bildung großer despotisch regierter Reiche geführt.

Der Staat ist wahrscheinlich das seit der Entstehung der Hochkulturen für die Geschichte der Menschheit, für ihre soziale und kulturelle Entwicklung, wichtigste soziale Gebilde. Die Normalform des Staates aber ist die Despotie. „Unter einem despotischen Regime zu leben war das normale Schicksal der Menschheit seit der Entstehung großer Staaten."[3] Eine

---

[2] Vgl. dazu GEORG SIMMEL, Soziologie. Untersuchungen über die Formen der Vergesellschaftung, 3. Auflage, Berlin 1923, S. 233: „Die bekannte Wechselwirkung zwischen despotischer Verfassung und kriegerischen Tendenzen einer Gruppe ruht auf diesem formalen Grunde: der Krieg bedarf der zentralistischen Zuspitzung der Gruppenform, die der Despotismus am ehesten garantiert; und umgekehrt, wenn dieser einmal besteht und jene Form verwirklicht, so streben die auf diese Weise aufgehäuften und aneinandergedrängten Energien sehr leicht zu ihrer natürlichen Entladung, zu einem äußeren Krieg."

[3] So STANISLAV ANDRESKI in seinem Buch: The Uses of Comparative Sociology, Berkeley/Los Angeles 1964, S. 141.

der wesentlichen Vorbedingungen für die Entstehung des Staates war die agrikulturelle Revolution der neolithischen Periode, die zur Agrarisierung der Erde geführt hat und damit dazu, daß der größte Teil der Erdbevölkerung viele Jahrtausende lang in bäuerlichen Lebensformen – das heißt im allgemeinen in Dorfgemeinschaften – leben mußte. Mit der agrikulturellen war ebenso wie später mit der industriellen Revolution eine außerordentlich große und intensive Bevölkerungsexplosion verbunden[4], die unter anderem die Voraussetzung für die Entstehung von Hochkulturen schuf, denn ohne eine gewisse Bevölkerungsdichte und die dadurch ermöglichte Arbeitsteilung war es nicht möglich, das für solche Gebilde charakteristische Entwicklungsniveau zu erreichen[5]. Alle Hochkulturen sind in der Zeit zwischen der agrikulturellen und der industriellen Revolution entstanden – also etwa innerhalb der letzten zehntausend Jahre –, und zwar im Rahmen von Agrargesellschaften, deren Bevölkerung zum größten Teil mit der Produktion von Nahrungsmitteln beschäftigt war. In den Städten, den „Wachstumsspitzen der Hochkulturen"[6], in denen vor allem von der Nahrungsproduktion freigesetzte Spezialisten konzentriert waren und die zum Teil als Zentren der politischen Macht dienten, lebte nur ein geringer Anteil der Gesamtbevölkerung.

Der vorherrschende Staatstyp der agrikulturellen Periode war die meist durch Eroberung und Überschichtung zustande gekommene und der Agrargesellschaft aufgepfropfte Despotie, die man auch „orientalische Despotie" oder „Agrodespotie" genannt hat[7]. In ihr gab es keine rechtlichen Beschränkungen der Staatsgewalt, die ihre Kontrolle über die ihr unterworfene Bevölkerung mit Hilfe einer bürokratischen Elite daher jeweils soweit ausbaute, wie es technisch möglich und für ihre Zwecke nötig

---

[4] Vgl. dazu Carlo M. Cipolla, The Economic History of World Population, 6th ed., Harmondsworth 1974, S. 100 und passim.

[5] Vgl. Alexander Rüstow, Entstehungs- und Lebensbedingungen der Hochkulturen, in: Synopsis. Festgabe für Alfred Weber, herausgegeben von Edgar Salin, Heidelberg 1948, S. 397ff.

[6] Vgl. Rüstow, aaO, S. 407ff.

[7] Vgl. dazu Karl A. Wittfogel, Oriental Despotism. A Comparative Study of Total Power, New Haven 1957. Wittfogel nennt die Gesellschaften, für die diese Form der Herrschaft charakteristisch war, auch „hydraulische Gesellschaften", weil in ihnen die bürokratisch regulierte Bewässerungswirtschaft eine zentrale Rolle gespielt habe. Wie Andreski in seiner Analyse des Wittfogelschen Buches feststellt – Oriental Despotism or Agrarian Bureaucray, in: Andreski, aaO, S. 163ff. –, muß aber dessen These, daß die Existenz großer Bewässerungsanlagen eine notwendige Bedingung dieser Form der Despotie sei, zurückgewiesen werden, ebenso wie die These vom statischen Charakter agrodespotischer Systeme.

war, und den Bereich ihrer Herrschaft auch territorial so weit wie möglich ausdehnte. Die Befriedung großer Gebiete durch die Errichtung mächtiger Reiche mit dieser Struktur war ein Resultat der militärischen Unternehmungen kriegerischer Stämme, die die Bevölkerung der eroberten Landstriche als Beute behandelten. Nur ein Staat, der für militärische Unternehmungen ausreichend gerüstet ist, kann seitdem den Frieden in den von ihm kontrollierten Gebieten durchsetzen. Er kann auch das nur zeitweise und unter günstigen Bedingungen, besonders dann, wenn er in der Lage ist, seine Herrschaft bis an die Grenzen desjenigen Bereichs auszudehnen, innerhalb dessen die ökonomische und soziale Grundlage für eine überlegene Kriegstechnik und Militärorganisation vorhanden ist.

Der Krieg scheint seit jeher zu den normalen Erscheinungen der menschlichen Geschichte gehört zu haben. Die Eroberung von Gebieten, verbunden mit der Unterwerfung der in ihnen wohnenden Bevölkerung, ist seit der neolithischen Revolution ebenfalls an der Tagesordnung. Die dauernde Kriegsgefahr, die für die meisten selbständigen Herrschaftsverbände zu den Normalbedingungen ihrer Existenz gehört, hat sich, aus den erwähnten Gründen, zumindest bis zur industriellen Revolution, immer wieder zugunsten interner Machtkonzentrationen in sozialen Gebilden dieser Art und damit zugunsten despotischer Systeme ausgewirkt. Sogar Staaten mit freiheitlicher Verfassung sind in Kriegszeiten genötigt, sich in mancher Hinsicht despotischen Systemen anzunähern. Und auch sonst pflegen sich Notstandssituationen eher zuungunsten innerer Freiheit auszuwirken. Der Rückfall in die Despotie gehört gewissermaßen zu den natürlichen Abwehrreaktionen selbständiger Herrschaftsverbände in solchen Situationen. Da diese Situationen aber historisch gesehen immer wieder auftreten, scheint die Entwicklung politischer Systeme mit freiheitlicher Verfassung, wie sie für die europäische Geschichte der letzten Jahrhunderte charakteristisch ist, ein Ausnahmefall zu sein, der in besonderem Maße der Erklärung bedarf.

Daß die europäische Entwicklung eine weltgeschichtliche Ausnahme darstellt, ist in der Tat ein wichtiges Resultat der vergleichenden historisch-soziologischen Forschung von Montesquieu über Marx bis zu Weber, Wittfogel und Brunner. Offenbar besteht ein enger Zusammenhang zwischen der in diesem Bereich der Erde zeitweise gelungenen Zähmung der Staatsgewalt, der Entstehung eines rationalen Kapitalismus und der industriellen Revolution, die sich von hier aus innerhalb von 200 Jahren über den ganzen Erdball ausgebreitet und alle bestehenden Gesellschaften in Mitleidenschaft gezogen hat.

Nicht erst die europäischen Staaten der Neuzeit haben besondere sozialstrukturelle Züge entwickelt, die sie von denen aller anderen Hochkulturen unterscheiden, so daß man selbst von den absoluten Monarchien der Barockzeit sagen kann, daß die in ihnen vorhandene Machtkonzentration bei weitem nicht an die im gleichzeitigen osmanischen Reich – einer typischen orientalischen Despotie – heranreichte[8]. Auch die typische europäische Stadt ist „eine einmalige Erscheinung"[9], ein Sonderfriedensbezirk mit eigenem Rechtsgebiet, der dadurch vom umliegenden Land geschieden ist und eine sozialkulturelle und politisch-ökonomische Sonderentwicklung durchmacht. Darüber hinaus lassen sich „in der feudal-bäuerlichen Welt, in der die europäische Stadt erwachsen ist, bereits Voraussetzungen, nicht nur für die spezifische Freiheit, sondern für die eigentümliche Entfaltung des europäischen Städtewesens überhaupt" erkennen[10]. „Der europäische Feudalismus läßt auch in seinen schroffsten Formen durch seine Bindung an die Treue und damit an das Recht einen Raum für die Freiheit. Hier wird jeder Kampf gegen die wahrhaft nicht fehlenden Mißbräuche, gegen Ausbeutung und Unterdrückung zum Kampf ums Recht."[11]

---

[8] „In comparison with Suleiman the Magnificent, Louis XIV was almost a constitutional monarch", so ANDRESKI, in: Old and New Elements in Totalitarianism, aaO, S. 312. Daß Rußland in dieser Hinsicht nicht zu Europa gehört, sondern trotz einiger Versuche nie von einem – allerdings atypischen, weil in seiner Entwicklung aus technisch-organisatorischen Gründen gehemmten – agrodespotischen Regime losgekommen ist, bis es sich in einen ebenfalls totalitären Industriestaat verwandelte, dafür vgl. RICHARD PIPES, Rußland vor der Revolution. Staat und Gesellschaft im Zarenreich, München 1977.

[9] So OTTO BRUNNER in: Das Problem einer europäischen Sozialgeschichte, in seinem Aufsatzband: Neue Wege der Sozialgeschichte, Göttingen 1956, S. 19: „Was uns hier seit etwa 1100 begegnet, der jüngere Kaufmannstyp, der freie Zunfthandwerker, die genossenschaftliche Bürgergemeinde gibt es nur in Europa und unterscheidet sich sehr wesentlich von den Städten anderer Kulturen, auch von den frühmittelalterlichen Städten Europas selbst"; vgl. dazu vor allem Max Weber, der in seiner Abhandlung über die Stadt den Unterschied zwischen der okzidentalen und der orientalischen Stadt herausgearbeitet hat, Wirtschaft und Gesellschaft, 3. Auflage, Tübingen 1947, II. Halbband, S. 514 ff. und 528 ff. Die mittelalterlich-okzidentale Stadt usurpierte – im Gegensatz zu allen anderen Städten – „die Durchbrechung des Herrenrechts" nach dem Grundsatz: „Stadtluft macht frei", dazu auch OTTO BRUNNER, Stadt und Bürgertum in der europäischen Geschichte, aaO, und Europäisches und russisches Bürgertum, aaO.

[10] Vgl. BRUNNER, Europäisches Bauerntum, aaO, S. 62 ff. Selbst die „Unfreiheit" der Bauern, die eine Herrschaft über sich hatten und deren besonderen Rechtsschutz genossen, bedeutete etwas anderes als etwa die Leibeigenschaft der weitgehend willkürlicher Herrschaft unterworfenen russischen Bauern; vgl. dazu auch RICHARD PIPES, aaO, S. 159 ff.

[11] BRUNNER, aaO, S. 71; zu den verschiedenen Formen des Feudalismus vgl. auch AN-

Alle Hochkulturen sind, wie Spengler mit Recht festgestellt hat, Stadt-
kulturen[12]. Deshalb ist die jeweilige Form der Stadt, die Verfassung dieses
für die kulturelle Entwicklung bedeutsamsten Sozialgebildes, auch politisch von Bedeutung. Und die Tatsache, daß schon im feudalen Stadium
der europäischen Entwicklung die Städte teilweise zu Inseln der Freiheit
geworden sind, ist trotz der Auswirkungen des territorialstaatlichen Ab-
solutismus sicherlich nicht ohne Einfluß auf die Gestaltung der europäischen Herrschaftsformen geblieben. Die Stellung des spätmittelalterli-
chen Stadtbürgers muß auf die des späteren Staatsbürgers abgefärbt haben.

Die Ausbreitung der industriellen Revolution über die Erde hat bekanntlich keineswegs dafür gesorgt, daß sich auch die sozialstrukturellen
Rahmenbedingungen, innerhalb deren diese Revolution in ihrem Ur-
sprungsbereich möglich wurde, in gleicher Weise verbreitet haben. Im
Gegenteil, die technischen Möglichkeiten, die durch sie geschaffen wurden, können, wie sich gezeigt hat, durchaus der Entwicklung neuer totalitärer Herrschaftsformen zugute kommen. Die Agrodespotie alter Art verschwindet und macht einer industriellen Despotie Platz, die sich der modernen Technik und moderner Organisationsformen bedient, um die Bevölkerung von einem Machtzentrum her bürokratisch zu kontrollieren,
allerdings meist unter der Maske einer egalitären Ideologie mit geschichtsphilosophischem Hintergrund.

14. Die Utopie der Herrschaftslosigkeit:
Die anarchistische Herausforderung und das Problem der Gewalt

Die in der Phase zwischen der agrikulturellen und der industriellen Revolution vorherrschenden politischen Systeme kamen keineswegs ohne
eine ideologische Stützung aus. Die Agrodespotien dieser Zeit waren häu-

---

DRESKI, Feudalism, aaO, S. 149. Feudalismus und bürokratischer Despotismus waren nach
Andreski die beiden Pole, um die und zwischen denen die großen vorindustriellen politi-
schen Formationen oszillierten; mit einer kurzlebigen Ausnahme: Rom in den zwei letzten
Jahrhunderten der Republik, ANDRESKI, aaO, S. 168. Zum Unterschied zwischen dem
westlichen Feudalismus und der russischen Sozialstruktur vgl. PIPES, aaO, S. 7 ff.
[12] OSWALD SPENGLER, Der Untergang des Abendlandes. Umrisse einer Morphologie der
Weltgeschichte, Sonderausgabe, München 1963, S. 661; „Der höhere Mensch des zweiten
Zeitalters" – des Zeitalters der Hochkulturen nämlich – „ ist *ein städtebauendes Tier*". Vgl.
auch ALEXANDER RÜSTOW, Entstehungs- und Lebensbedingungen der Hochkulturen, aaO,
S. 409 und passim.

fig auch Theokratien, in denen eine einflußreiche Priesterschaft für die
Kontrolle des religiösen Lebens, für Erziehungsaufgaben und für admini-
strative Aufgaben mancher Art zuständig war und in denen dem Herr-
scher religiöse Qualitäten zugesprochen wurden, etwa die eines Gottes,
einer Person mit göttlicher Abstammung oder eines hohen Priesters[13]. Im
Rahmen einer soziomorphen Kosmologie, die den Kosmos mitsamt der in
ihn eingebetteten Tatbestände des menschlichen Lebens als einen Sinnzusammenhang zu begreifen sucht – der für diese Periode typischen Form
religiöser Weltauffassung –, ließ sich eine Rechtfertigung institutioneller
Vorkehrungen bewerkstelligen, die plausibel war, solange eine solche
Auffassung glaubwürdig erschien[14].

Die im Rahmen dieser Auffassung entwickelte politische Theologie be-
trachtete daher den Staat als Teil der göttlichen Weltordnung und ope-
rierte für die Legitimation politischer Entscheidungen mit der göttlichen
Autorität. Die Offenbarungen dieser Autorität werden ja üblicherweise
als immun gegen jede Art von Kritik angesehen. Dadurch gewinnen diejenigen Personen, die kraft ihres Amtes als befähigt gelten, sie zu identifizieren und zu deuten, die Möglichkeit, auf hermeneutischem Wege die
Steuerung des sozialen Geschehens zu beeinflussen. Der Sinn dieses Geschehens ist den Beteiligten angeblich von außen – durch den in Offenbarungen bekundeten Willen einer transzendenten Macht – vorgegeben. Sie
haben ihn nur zu verstehen und den Weisungen zu gehorchen, die sich für
ihre eigenen Aktivitäten daraus ergeben.

Daß sich in Situationen dieser Art für diejenigen, die mit Erfolg ein
Deutungsmonopol für sich in Anspruch nehmen können, stets Möglichkeiten ergeben, ihre eigenen Absichten zu verfolgen, ist aus der Geschichte religiöser und quasi-religiöser Institutionen bekannt. Sie können
sich dabei sogar noch den Vorteil höherer Legitimation verschaffen. Der
Tatbestand der Herrschaft und der in ihrem Rahmen notwendigen oder
zweckmäßigen Gewaltanwendung gegen Individuen, die nicht bereit
sind, sich ihren Direktiven zu fügen, wird dabei prinzipiell auch dann
nicht in Frage gestellt, wenn bestimmte Anordnungen wegen ihrer Nicht-

---

[13] Vgl. dazu WITTFOGEL, Oriental Despotism, aaO, S. 87.

[14] Der Gottesbegriff lieferte in ihr den archimedischen Punkt, auf den für Begründungen
aller Art zurückgegangen werden konnte. Dieser Begriff diente, wie Kelsen festgestellt hat,
der Rechtfertigung des Sollens und der Erklärung des Seins, zwei Zielsetzungen also, die im
Rahmen der soziokosmischen Auffassung noch kaum zu unterscheiden sind; vgl. dazu
HANS KELSEN, Gott und Staat, aaO; vgl. auch das VII. Kapitel meines Buches: Traktat über
kritische Vernunft, S. 158 ff.

übereinstimmung mit anerkannten Normen gelegentlich der Kritik ausgesetzt werden. Die Möglichkeit einer solchen Kritik kommt allerdings im wesentlichen nur für nicht-despotische Systeme in Betracht, die sich im Rahmen einer solchen soziokosmischen Auffassung zu legitimieren suchen[15].

Der den Herrschenden geschuldete Gehorsam läßt sich in Gebilden, die sich in solcher Weise legitimieren, stets auf den Gehorsam gegen Gott zurückführen, dessen geoffenbarter Wille auch für die Herrschenden maßgebend ist. Die Weltauffassung, in deren Kontext diese politische Theologie sich entwickelt hat, scheint also vor allem eine Einstellung zu prämiieren, in der Glaube, Gehorsam und Verstehen miteinander verschmolzen sind, eine Einstellung, die für die Stabilität hierarchischer Systeme günstig ist. Eine solche Einstellung ist allerdings, wie sich in neuester Zeit gezeigt hat, keineswegs an die soziokosmische Weltauffassung gebunden.

Auch die politischen Systeme Europas waren für ihre Legitimation bis in die jüngste Zeit auf Überzeugungen angewiesen, die sich aus einer Weltauffassung dieser Art herleiten lassen. Aber auch in dieser Beziehung gab es eine vom universalen Schema abweichende europäische Sonderentwicklung, die im Endeffekt andere Legitimationsformen hervorgebracht hat. Die Entwicklung der modernen Naturwissenschaft seit dem 16. Jahrhundert führte mit der Überwindung der alten Kosmosmetaphysik auch zur Erosion des soziokosmischen Denkens im Bereich der Sozialphilosophie. Wie die natürliche Theologie durch den Ausbau der durch physikalische Erkenntnisse bestimmten neuen Kosmologie ihre Stütze in der Wirklichkeitsauffassung verlor, so kam die politische Theologie durch die anthropologische Wendung im sozialphilosophischen Denken ins Wanken, die der Entstehung der modernen Sozialwissenschaften voranging. Der naturwissenschaftliche Denkstil wirkte allmählich auch in den Bereich der Sozialphilosophie hinein, wenn sich dort auch die Residuen des aristotelischen Weltbildes länger halten konnten als in der Betrachtung der Natur.

---

[15] Die Vorstellung, daß die Staatsgewalt sich von Gott herleite, muß, wie de Jouvenel betont hat, keineswegs zur Rechtfertigung absoluter Herrschaft führen; vgl. BERTRAND DE JOUVENEL, Über die Staatsgewalt. Die Naturgeschichte ihres Wachstums, Freiburg 1972, S. 39 ff. Sie führt aber unter bestimmten sozialstrukturellen Voraussetzungen dazu. Vgl. dazu etwa das 9. Kapitel: Die Kirche als Dienerin des Staates, des oben erwähnten Buches von RICHARD PIPES, Rußland vor der Revolution, besonders S. 238 ff. und 248 ff., über die Zusammenarbeit der Priester mit der Polizei und über ihre Pflicht zur Denunziation politisch Andersdenkender.

Bei Thomas Hobbes finden wir bekanntlich schon eine „natürliche" Rechtfertigung der Staatsgewalt, eine Begründung also, die auf transzendente Wesenheiten verzichtet und den Staat nicht als Einrichtung der göttlichen Weltordnung, sondern als Menschenwerk betrachtet[16]. Und schon bei ihm ist auch das Motiv zu finden, das den Verfechtern anarchistischer Auffassungen am meisten zu schaffen machen dürfte: die *Sicherung des Lebens*, die ohne die Existenz einer Staatsgewalt nicht zu erreichen sei. Die Sicherung des inneren und äußeren Friedens einer Gemeinschaft ist offenbar in der Tat – soweit sie überhaupt erreichbar ist – zumindest in einer Welt komplexer Gesellschaften nur möglich, wenn sich in ihr eine Staatsgewalt etabliert hat.

Wenn man die Geschichte der letzten Jahrhunderte überblickt, sieht man, daß sich die Staatsformen in mancherlei Hinsicht geändert haben, aber die Staatsgewalt selbst trotz aller revolutionären und evolutionären Wandlungen ständig an Stärke gewonnen zu haben scheint[17]. Der Staat – nach der Definition Max Webers ein Herrschaftsverband, dessen Verwaltungsstab erfolgreich das Monopol legitimer Gewaltanwendung für sich in Anspruch nimmt[18] – ist eine der wichtigsten Organisationsformen des sozialen Lebens geblieben, und seine Bedeutung für die Lebensgestaltung der seiner Herrschaft Unterworfenen hat ständig zugenommen. Die liberale Minimalstaatsdoktrin, die den Umfang der Staatstätigkeit in starkem Maße einzuschränken empfiehlt, hat ihre Anziehungskraft für die meisten Philosophen, Staatswissenschaftler und Politiker längst verloren, und in den Jahren seit dem ersten Weltkrieg haben sich autoritäre und totalitäre Herrschaftsformen in einem Maße ausgebreitet, wie man es im vorigen Jahrhundert für unmöglich gehalten hätte.

Die radikalen Kritiker der heute vorherrschenden politischen Ordnungen gehen nichtsdestoweniger von Auffassungen aus, in denen das *Ab-*

---

[16] Vgl. THOMAS HOBBES, Leviathan, 1651, London 1914, S. 87; wie Watkins feststellt: „Hobbes, in effect, inverted the traditional Christian notion of political authority: not God above but the people below endow their sovereign with a quasi-divinity, make him a ‚mortal god'. This anthropomorphosis of political authority was implicit in Hobbes's method." Vgl. J. W. N. WATKINS, Hobbes's System of Ideas. A Study in the Political Significance of Philosophical Theories, London 1965, S. 75.

[17] Das ist eine der Hauptthesen, die BERTRAND DE JOUVENEL in seinem Buch: Über die Staatsgewalt, aaO, überzeugend vertritt.

[18] Vgl. dazu MAX WEBER, Wirtschaft und Gesellschaft, 3. Auflage, Tübingen 1947, S. 29; dazu kritisch: ROBERT NOZICK, Anarchie, Staat, Utopia, München 1976, S. 35 ff.; ich gehe hier nicht auf die Korrekturen an der Weberschen Definition ein, die sich daraus ergeben könnten.

sterben des Staates als *notwendige Bedingung einer wohlgeordneten Ge-*
sellschaft hervorgehoben und für die nähere oder fernere Zukunft sogar in
Aussicht gestellt wird. Daß die geistigen Väter des Marxismus diesen
anarchistischen Gedanken in ihre Geschichtsphilosophie eingearbeitet
haben, ist bekannt[19]. Auf die Schwierigkeiten, mit denen eine Konzeption
konfrontiert ist, die für die Lösung der ökonomischen Probleme mit der
Idee zentraler Planung operiert und gleichzeitig für die Lösung der zentralen politischen Problematik ein anarchistisches Ideal bereithält, wurde
schon seit langem aufmerksam gemacht[20]. *De facto* haben sich natürlich
überall, wo die Verfechter marxistischer Auffassungen an die Macht kamen, wie das zu erwarten war, die Notwendigkeiten der Organisation gegen das romantische Ideal durchgesetzt, und die betreffenden Gesellschaften sind weiter von dem in Aussicht gestellten utopischen Zustand entfernt als je zuvor.

Dennoch ist das Ideal, wie wir in den 60er Jahren wieder feststellen
konnten, noch wirksam. Gerade die Enttäuschung über die tatsächliche
Entwicklung in denjenigen Gebieten, in denen der Marxismus zur herrschenden Ideologie geworden ist, hat die romantische Komponente des linken Radikalismus der Vergessenheit entrissen und die alten Unklarheiten
wieder in die Diskussion eingebracht. Es ist wieder möglich geworden, gegen die kapitalistische „Anarchie der Produktion" zu polemisieren, um
dann selbst letzten Endes die Errichtung einer herrschaftsfreien Gesellschaft in Aussicht zu stellen, und damit offenbar ebenfalls eine „Anarchie
der Produktion", deren Steuerungsmechanismen allerdings meist gänzlich ungeklärt bleiben. Die *Verbindung von Sozialismus und Anarchismus*
scheint nicht nur utopisch, sondern darüber hinaus paradox zu sein[21], die

---

[19] Vgl. z. B. KARL MARX/FRIEDRICH ENGELS, Das kommunistische Manifest (1848), neu
eingeleitet von Hermann Weber, Hannover 1966, S. 16; sowie FRIEDRICH ENGELS, Die
Entwicklung des Sozialismus von der Utopie zur Wissenschaft (1882), Berlin 1945, S. 57.

[20] Vgl. dazu vor allem den Abschnitt 5: Das anarchistische Ideal des Kommunismus: der
Widerspruch zwischen der politischen und der ökonomischen Theorie des Marxismus, im
II. Kapitel des Buches von HANS KELSEN, Sozialismus und Staat. Eine Untersuchung der politischen Theorie des Marxismus (1920), 3. Auflage, eingeleitet und herausgegeben von Norbert Leser, Wien 1965, S. 78 ff. Dieser Abschnitt enthält eine durchschlagende Kritik an einem zentralen Punkt der marxistischen Auffassung, der auch für das politische Geschick des
Sozialismus von großer Bedeutung war.

[21] Schon Bakunin hatte bekanntlich die autoritären Züge des Marxschen Denkens entdeckt, die im Widerspruch zum anarchistischen Ideal standen, vgl. etwa MICHAIL BAKUNIN,
Persönliche Beziehungen zu Marx, in: Bakunin, Gott und der Staat und andere Schriften,
herausgegeben von Susanne Hillmann, Reinbek 1969, S. 178; aber eine praktikable Alterna-

Verbindung von Sozialismus und Despotie dagegen nicht nur realisierbar, sondern darüber hinaus, wie sich bisher gezeigt hat, kaum vermeidbar[22], es sei denn, man versteht unter „Sozialismus" nur einen reformierten Kapitalismus.

Aber der Traum von der Abschaffung der Staatsgewalt ist heute keineswegs mehr ausschließlich als Bestandteil sozialistischer Zukunftsvisionen wirksam. Inzwischen hat sich auf der rechten Seite des politischen Spektrums eine radikal-kapitalistische Auffassung entwickelt, die in dieser Hinsicht ähnliche Vorstellungen enthält[23]. Diese *Verbindung von Anarchismus und Kapitalismus* ist insofern plausibler als der romantische Anarchismus sozialistischer Observanz, als in ihr die Steuerungsmechanismen deutlich gemacht werden, die in der staatsfreien Gesellschaft das soziale Geschehen kanalisieren sollen. Das Monopol legitimer Gewaltanwendung soll nämlich nach dieser Auffassung dadurch beseitigt werden, daß der Steuerungsmechanismus des Marktes auf die Gesamtgesellschaft übertragen wird, so daß auch die bisher zentralen Staatsfunktionen – vor allem: der Schutz der Bürger gegen Gewalt in jeder Form – an private Organisationen übergehen und marktmäßig geregelt werden[24]. Auch die Aufrechterhaltung einer funktionierenden Rechtsordnung, die für den klassischen Liberalismus ein ausreichendes Motiv der Rechtfertigung des

---

tive – mit entsprechenden für komplexe Gesellschaften geeigneten institutionellen Vorkehrungen, deren Funktionieren wenigstens im Prinzip geklärt worden wäre – hat es im Rahmen des romantischen Anarchismus offenbar nie gegeben. Der Sozialismus war daher auf autoritäre Formen sozialer Kontrolle angewiesen, die nicht einmal mit den liberalen Errungenschaften des bürgerlichen Zeitalters vereinbar waren.

[22] Es wäre sicherlich falsch, die Verfechter sozialistischer Ideale als Liebhaber der Despotie zu desavouieren, aber es handelt sich hier ja keineswegs um die Frage, welche Art von Träumen wir bevorzugen, sondern, welche Konsequenzen der Versuch haben kann, solche Träume zu realisieren; vgl. dazu JOSEPH A. SCHUMPETER, Kapitalismus, Sozialismus und Demokratie, 2. Auflage, München 1950, besonders S. 481 ff.; sowie das Vorwort zur 3. Auflage in: BERTRAND RUSSELL, Wege zur Freiheit. Sozialismus, Anarchismus, Syndikalismus, Frankfurt 1971, S. 7 ff., wo er seine früheren utopischen Hoffnungen nur noch „als Vision einer ferneren Zukunft" aufrechterhalten zu können glaubt.

[23] Für einen Überblick vgl. LAURENCE S. MOSS, Private Property Anarchism: An American Variant, in: Gordon Tullock (ed.), Further Explorations in the Theory of Anarchy, Blacksburg 1974, wo auch auf die Vorläufer dieser Auffassung im 19. Jahrhundert eingegangen wird.

[24] Vgl. dazu MURRAY N. ROTHBARD, For a New Liberty, New York/London 1973, wo in sehr detaillierter Weise auf die damit verbundenen Probleme eingegangen wird; vgl. auch DAVID FRIEDMAN, The Machinery of Freedom. Guide to a Radical Capitalism, New York/Evanston/San Francisco/London 1973.

staatlichen Gewaltmonopols war, soll also nach dieser Anschauung ohne ein solches Monopol möglich sein.

Während es ziemliche Schwierigkeiten bereitet, zu begreifen, wie sich bei Sozialisierung bisher privater Funktionen eine Abschaffung des Staates bewerkstelligen lassen soll, läßt es sich offenbar durchaus plausibel machen, daß durch eine Privatisierung bisheriger Staatsfunktionen ein solches Ziel wenigstens prinzipiell erreichbar ist. Die oben erwähnte Paradoxie, die vor allem für den Marxismus charakteristisch ist, kann hier also schon deshalb nicht entstehen, weil das anarchistische Prinzip konsequent auf alle Bereiche der Gesellschaft ausgedehnt wird, ohne daß irgendwelche Vorstellungen von kollektiver Kontrolle und zentraler Planung entgegengesetzte Konsequenzen nahelegen[25].

Was immer man zu solchen Vorschlägen sagen will, im Gegensatz zu den Analysen marxistischer Kritiker des Kapitalismus, die sich im allgemeinen darauf beschränken, die Schwächen dieser Gesellschaftsformation und der mit ihr verbundenen Produktionsweise herauszuarbeiten, ohne sich besondere Gedanken über die konkrete Ausgestaltung einer sozialistischen Alternative zu machen, findet man bei diesen Kritikern von der anderen Seite eine ganze Reihe konkreter Gestaltungsvorschläge, für deren Funktionieren sie sich auf gewisse Resultate des ökonomischen Denkens berufen können. Die totale Kritik der Marxisten hat nicht wenig dazu beigetragen, das geistige Klima für totalitäre Experimente zu schaffen, und zwar nicht zuletzt deshalb, weil sie, im Gegensatz zur Tradition der klassischen Ökonomie[26], das für eine rationale Praxis wesentliche Denken in realisierbaren Alternativen desavouiert und durch ein geschichtsphilosophisches Entwicklungsdenken ersetzt haben. Dagegen versuchen jene Theoretiker, ihre Kritik an den bestehenden Verhältnissen mit einer Analyse institutioneller Vorkehrungen zu verbinden, die an die

---

[25] Die Schwäche des romantischen Anarchismus besteht, wie James M. Buchanan mit Recht feststellt, darin, daß er die Leistungsmerkmale eines freien Marktes ignoriert. „Socialist organization, defined broadly as extended collective or state control over voluntary exchange processes, must be and can only be antithetic to anarchy, despite the surprising linkage of these two contradictory organizational norms in much of the romantic literature", so Buchanan in seinem Buch: The Limits of Liberty. Between Anarchy and Leviathan, Chicago/London 1975, S. 18 f., vgl. auch: aaO, S. 2 ff.

[26] Dabei ist vor allem an Adam Smith zu denken; vgl. Kap. III oben, aber auch an John Stuart Mill, der in seinem Werk immerhin alternative soziale Regulierungen in Betracht gezogen hat; vgl. dazu MILL, Principles of Political Economy with some of their Applications to Social Philosophy (1848), New York 1965.

Stelle bisheriger Regelungen treten könnten. Überdies werden sie mit ihrer Konzeption den auch für die marxistische Vision charakteristischen Intentionen anarchistischen Charakters eher gerecht, als das von einer ökonomischen Analyse marxistischer Provenienz her möglich zu sein scheint.

Wie schon Kelsen festgestellt hat, polemisiert nämlich der echte Anarchismus nicht gegen die „Anarchie der Produktion", sondern er fordert sie. Und er ist auch „nicht gegen die kapitalistische Gesellschaftsordnung, weil sie ihm zuviel, sondern weil sie ihm zuwenig anarchistisch ist, weil sie noch eine – wenn auch nicht alle sozialen Beziehungen ergreifende – Zwangsordnung, weil sie eine staatliche Ordnung ist"[27]. Wenn man dagegen wie etwa Engels „der natürlichen Ordnung der Gesellschaft, die in Wahrheit die Anarchie, das heißt eine anarchische Ordnung der Natur ist", ausdrücklich die „planmäßige bewußte Organisation" entgegensetzt, dann kommt man eher zu einer „Apotheose des Staates" als zu einer Konkretisierung des Ideals einer Gesellschaft freier Menschen[28], und eine solche Apotheose des Staates findet man heute *de facto* in der Praxis kommunistischer Gesellschaften[29]. Daß der Etatismus gerade auch zur Pathologie dieser Gesellschaften gehört, wird heute von den Verfechtern eines kritischen Marxismus selbst betont[30], die allerdings von der Orthodoxie als Revisionisten bekämpft und nach Möglichkeit auch mit politisch-institutionellen Mitteln kaltgestellt zu werden pflegen.

Nun gibt es sicherlich gute Gründe, Bemühungen um eine Abschaffung des Staates in der heutigen Weltsituation für utopisch zu halten, und zwar schon deshalb, weil die Aussichten für einen herrschaftsfreien Verband, sich in einer Welt hochgerüsteter Staaten zu behaupten, sehr gering sein würden. Ganz abgesehen davon würden sich wohl in einem Zustande der

---

[27] HANS KELSEN, Sozialismus und Staat, aaO, S. 86 f.

[28] Vgl. dazu schon HANS KELSEN, aaO, S. 87 f.

[29] Noch Bakunin hatte vor allem den Gottesglauben mit der Rechtfertigung einer absoluten Staatsautorität und der Knechtung von Untertanen in Verbindung gebracht; vgl. BAKUNIN, Gott und der Staat und andere Schriften, aaO. Daß eine atheistische Ideologie ganz ähnliche Legitimationsleistungen vollbringen kann, ist seit der Revolution von 1917 deutlich geworden.

[30] Vgl. etwa SVETOZAR STOJANOVIC, Kritik und Zukunft des Sozialismus, München 1970; in diesem Buch wird die historische Aufgabe des Sozialismus in der Verallgemeinerung der Demokratie – und zwar einer möglichst direkten Demokratie – gesehen; aaO, S. 101. Ein solches Ideal schließt natürlich die Abschaffung der Staatsgewalt aus, im Gegensatz zur Verallgemeinerung des Marktes bei den Verfechtern des radikalen Kapitalismus. Demokratie ist eine Form der Herrschaft und damit nicht: Herrschaftslosigkeit.

Anarchie ganz von selbst Herrschaftsverbände herausbilden, die zumindest den Charakter eines Minimalstaates klassisch-liberaler Prägung hätten[31]. Ein Übergang zu einer anarchischen Gesellschaftsform dürfte für die betreffende Bevölkerung die alsbaldige Eingliederung in einen fremden Herrschaftsbereich zur Folge haben, denn ein Machtvakuum dieser Art ist erfahrungsgemäß nicht von langer Dauer. Eine Ausbreitung solcher Formen ist daher schon aus diesem Grunde kaum möglich.

Die Aufrechterhaltung einer funktionierenden sozialen Ordnung in gewaltloser Form – das heißt: ohne die Benutzung physischer Gewalt und ohne die glaubhafte Androhung dieses Mittels – ist zwar ohne weiteres denkbar[32], aber sie scheint als allgemeines Prinzip menschlichen Zusammenlebens nicht realisierbar zu sein[33]. Die in einer Welt der Knappheit unvermeidlichen Interessenkonflikte können offenbar nur dann ohne ständige ungeregelte Gewaltanwendung der daran Beteiligten ausgetragen werden, wenn zumindest eine Instanz vorhanden ist, die bereit ist, die Befolgung bestimmter Spielregeln durch Sanktionen zu erzwingen, hinter denen als *ultima ratio* die Gewaltanwendung steht. Die *Anarchie* – im Sinne einer allgemeinen herrschaftslosen und gewaltfreien Ordnung – ist deshalb nicht realisierbar, weil eine *Ordnung* irgendwelcher Art durch *Zwang* – und das heißt: durch glaubwürdige Androhung und damit auch fallweise Anwendung von Gewalt – gesichert werden muß[34].

---

[31] Für einen Nachweis dieser These vgl. Robert Nozick, Anarchie, Staat, Utopie, aaO, Teil I.

[32] Sie ist sogar in bestimmten Bereichen, wie wir immer wieder erfahren, auch tatsächlich erreichbar, vgl. dazu James M. Buchanan, The Limits of Liberty, aaO, S. 4 ff., mit Hinweis auf die normale Unterhaltung in einer kleinen Gruppe, aber auch auf die Universitäten der 60er Jahre, deren Störbarkeit gerade darauf beruhte, daß ihr Funktionieren weitgehend von impliziten Regeln gegenseitiger Toleranz und Achtung abhing. „Anarchy works. It fails to work when and if individuals refuse to accept the minimal rule for mutual tolerance." Wer für „begrenzte Spielregelverletzungen" plädiert, wie das manche unserer „kritischen" Philosophen getan haben, sorgt für die Erosion solcher Ordnungen und damit gleichzeitig dafür, daß gesetzliche Regelungen an ihre Stelle treten, die entsprechend sanktioniert werden können.

[33] Winston C. Bush hat zu zeigen versucht, daß unter der üblichen ökonomischen Annahme der Orientierung individuellen Verhaltens am Selbstinteresse weder der Hobbessche Naturzustand noch die Proudhonsche geordnete Anarchie zu erwarten ist. Ohne funktionierende Erzwingungsmechanismen sind offenbar stabile Lösungen des Ordnungsproblems im allgemeinen nicht erreichbar; vgl. dazu Bush, The Hobbesian Jungle or Orderly Anarchy? in: A. T. Denzau/R. J. Mackay (eds.), Essays on Unorthodox Economic Strategies: Anarchy, Politics and Population, Blacksburg 1976, S. 27 ff.

[34] Hans Kelsen macht das sogar zum Definitionsmerkmal einer Rechtsordnung, vgl. seine: Reine Rechtslehre, 2. Auflage, Wien 1960, S. 34 ff. Für ihn sind die als Recht bezeich-

Das bedeutet also, daß ein *protektiver Staat* schon notwendig ist, wenn der Hobbessche Naturzustand vermieden werden soll. Es braucht nicht bestritten zu werden, daß die staatliche Zwangsgewalt überflüssig wäre, wenn alle Mitglieder der Gesellschaft bereit wären, die betreffenden Normen ohnehin zu befolgen, aber damit kann nicht in allen Fällen gerechnet werden. Die Möglichkeit des risikolosen Bruches wichtiger Normen würde aber den Bestand der Ordnung bald in Frage stellen. Allerdings wird die Notwendigkeit, in einer Gesellschaft Verhaltensnormen bestimmter Art als Rechtsnormen zu etablieren und damit im angegebenen Sinne mit Sanktionen zu versehen, weitgehend auch davon abhängen, in welchem Ausmaße entsprechende Normierungen schon sozial verankert und damit verhaltenswirksam sind, wie also die faktische Moral der betreffenden Bevölkerung beschaffen ist. Das Maß des für die Aufrechterhaltung einer funktionierenden Ordnung erforderlichen Zwanges kann demnach sehr verschieden sein. Bis zu einem gewissen Grade sind Moral und Recht füreinander substituierbar[35].

15. Friedenssicherung und Gewaltmonopol: Der Machtstaat als Schutzverband und die internationale Anarchie

Der Staat scheint also heute schon aus einem Grunde unvermeidbar zu sein: Er ist derjenige Herrschaftsverband, der bis zu einem gewissen Grade in der Lage ist, den Frieden zu sichern, wenn er auch keineswegs eine Friedensgarantie zu geben vermag. Die *Sicherung des Friedens* kann gewissermaßen als die *elementare Funktion der Staatsgewalt* für die Gesellschaft angesehen werden. Das darf allerdings nicht so verstanden werden, als ob durch den Hinweis auf diese Funktion eine Erklärung ihres Ursprungs oder ihrer Existenz erzielt werden könnte. Funktionalistische Erklärungen dieser Art sind mit Recht der Kritik unterworfen worden[36].

---

neten Gesellschaftsordnungen *ex definitione* „Zwangsordnungen menschlichen Verhaltens". „Als Zwangsordnung", so stellt er fest – aaO, S. 36 –, „unterscheidet sich das Recht von anderen Gesellschaftsordnungen. Das Zwangsmoment, das ist der Umstand, daß der von der Ordnung als Folge eines für gesellschaftsschädlich angesehenen Sachverhalts statuierte Akt auch gegen den Willen des davon betroffenen Menschen und – im Falle des Widerstandes – mit Anwendung physischer Gewalt zu vollstrecken ist, ist das entscheidende Kriterium." Vgl. auch H. L. A. HART, The Concept of Law, Oxford 1961, S. 20ff.: Law as Coercive Orders.

[35] Vgl. dazu JAMES M. BUCHANAN, The Limits of Liberty, aaO, S. 117f.

[36] Vgl. Anm. 33. S. 54, oben.

Es handelt sich vielmehr um eine sozialtechnologische These: Wer ein Interesse an der Sicherung des Friedens hat, der wird auf die Etablierung einer Staatsgewalt nicht verzichten können. Das bedeutet natürlich nicht, daß die Staatsgewalt nicht zu den verschiedensten Zwecken benutzt werden kann und in der Geschichte auch benutzt worden ist, zu Zwecken, die über die Erfüllung dieser elementaren Aufgabe weit hinausgehen und sogar in Widerspruch zu ihr geraten können. Es bedeutet auch nicht, daß diese Funktion immer in einer Weise erfüllt wird, die den übrigen Interessen der Mitglieder der Gesellschaft und ihren Idealen in ausreichender Weise Rechnung trägt. Das Gegenteil ist vielmehr, wie wir gesehen haben, historisch der Normalfall. Das Interesse an der Sicherung des Friedens ist ja nur eines unter vielen, und es dürfte überdies bei verschiedenen Individuen und Gruppen in verschieden starkem Maße ausgeprägt sein[37]. Die Friedenssicherung ist ein öffentliches Gut, für dessen Bereitstellung durch die Staatsgewalt die Mitglieder einer Gesellschaft in unterschiedlichem Maße Opfer zu bringen bereit sind.

In der mittelalterlichen Feudalgesellschaft gab es bekanntlich keine zentrale Instanz, die den allgemeinen Frieden zu sichern in der Lage war. Der ursprüngliche Friedensverband war die Sippe, deren Mitglieder zu gegenseitiger Hilfe verpflichtet waren, und Rache und Fehde gehörten als Formen gewaltsamer Selbsthilfe zur damals geltenden Rechtsordnung[38]. Die Versuche, einen allgemeinen „Landfrieden" mit einer – wenn auch nicht vollkommenen – Beseitigung dieser legitimen Selbsthilfearten durchzusetzen, sind im Mittelalter immer wieder gescheitert. Nur Einschränkungen und Regulierungen des Fehderechts wurden im Zuge der Landfriedensbewegung[39] erreicht. Der Adel hat sich Residuen dieses Rechts bekanntlich noch bis in die Periode der Bildung des modernen Staates hinein erhalten können. Erst mit der „Sozialisierung" des Militärwesens, das heißt: mit dem Übergang des Eigentums an den „Produktionsmitteln" –

---

[37] Das heißt unter anderem, daß die Bereitschaft, sich die Erfüllung dieser Aufgabe etwas kosten zu lassen, bei verschiedenen Leuten verschieden groß ist; vgl. dazu BUCHANAN, The Limits of Liberty, aaO, S. 60 ff., wo daraus Konsequenzen für das Zustandekommen einer Verfassung gezogen werden, wenn von einem Naturzustand Hobbesscher Prägung ausgegangen wird. Um die Individuen in einem solchen Zustand dazu zu veranlassen, „abzurüsten" und einer Verfassung zuzustimmen, müssen dann entsprechende Umverteilungen der Ausstattung mit Gütern – d. h. mit Ansprüchen auf die Kontrolle über bestimmte Aspekte ihrer Umgebung – stattfinden.

[38] Vgl. etwa OTTO BRUNNER, Land und Herrschaft. Grundfragen der territorialen Verfassungsgeschichte Österreichs im Mittelalter, 4. Auflage, Wien/Wiesbaden 1959, S. 17 ff.

[39] Vgl. BRUNNER, aaO, S. 33 ff.

oder besser: den „Destruktionsmitteln" – in diesem Bereich auf den Staat war es möglich, die militärische Führungsschicht so zu disziplinieren, daß auch sie auf das Recht zu gewaltsamer Selbsthilfe zu verzichten bereit war. Die Sicherung des inneren Friedens durch die Monopolisierung legitimer Gewaltanwendung lag offenbar nicht so sehr im Interesse dieser Schicht als im Interesse derjenigen Mächte, die gemeinsam die Voraussetzungen für die Entstehung des modernen Staates geschaffen haben: des Königtums und der aufsteigenden Schicht des Bürgertums. Und eines der wichtigsten Motive für die Schaffung dieser Voraussetzungen war auf der Seite des Königtums – bzw. des Landesfürstentums – die Krise des Finanzsystems der Feudalgesellschaft, das nicht mehr in der Lage war, die steigenden Kosten der Kriegführung aufzubringen[40].

Der moderne Staat sucht das Monopol der Gewaltanwendung nicht nur zur Sicherung des inneren Friedens, sondern darüber hinaus – ebenso wie frühere Herrschaftsverbände dieser Art – vor allem zur Sicherung der Möglichkeit erfolgreicher Kriegführung und damit eines für ihn vorteilhaften äußeren Friedenszustandes. Dazu bedarf er nicht nur der – seit dem 15. Jahrhundert beginnenden und im 18. Jahrhundert im allgemeinen abgeschlossenen – Sozialisierung des Militärwesens, sondern auch der Sozialisierung und Zentralisierung der Verwaltungsfunktionen durch Aufbau einer Bürokratie und der Einrichtung eines Steuersystems zur Finanzierung aller dieser Funktionen. Die Rede von der Sicherung des äußeren Friedens ist angesichts der Expansionsbestrebungen europäischer Staaten seit ihrer Entstehung sicherlich weitgehend als Euphemismus aufzufassen. Aber es läßt sich kaum leugnen, daß die Konkurrenz innerhalb des Staatensystems in ganz ähnlicher Weise auch unter dem Gesichtspunkt bloßer Machterhaltung zu solchen Bestrebungen führen mußte. Ähnliches gilt ja auch für die Konkurrenz zwischen Unternehmungen, die bemüht sind, ihre Machtstellung aufrechtzuerhalten[41].

In einem System internationaler Anarchie, also einem Zustand, in dem es keine zwischenstaatliche Rechtsordnung gibt, die durch eine zentrale Instanz mit Gewaltmonopol gesichert ist – und die Existenz einer solchen

---

[40] Darauf hat schon Schumpeter seinerzeit hingewiesen, vgl. seinen Aufsatz, Die Krise des Steuerstaats, in: JOSEPH A. SCHUMPETER, Aufsätze zur Soziologie, Tübingen 1953, S. 12: Für eine Analyse des Zusammenhangs zwischen den Wandlungen der Kriegführung und dem Aufstieg der Staatsgewalt, vgl. auch BERTRAND DE JOUVENEL, Über die Staatsgewalt, aaO, 8. Kapitel, S. 166 ff.

[41] Vgl. dazu einerseits BERTRAND DE JOUVENEL, aaO, S. 166 ff.; und andererseits WILLIAM J. BAUMOL, Business Behavior, Value and Growth, New York 1959, S. 88 ff.

Instanz würde ja den Staatscharakter der sozialen Verbände, die dieses System bilden, zugunsten eines, wenn auch vielleicht föderativen, Weltstaates beseitigen –, sind die Staaten auf gewaltsame Selbsthilfe angewiesen. Das internationale Oligopol legitimer Gewaltanwendung, das mit den einzelstaatlichen territorial beschränkten Monopolen verbunden ist, scheint, wie oben schon erwähnt, Kriege fast unvermeidlich zu machen[42]. Daß aber ein Weltstaat, dessen Gewaltmonopol keiner territorialen Einschränkung mehr unterliegt, den Krieg unmöglich machen würde, ist nicht mehr als eine logische Wahrheit, denn alle gewaltsamen Auseinandersetzungen innerhalb eines solchen Gemeinwesens wären ja *ex definitione* nur Bürgerkriege. Die Möglichkeit solcher Weltbürgerkriege ist aber nach bisheriger Erfahrung keineswegs eine Gefahr, die man auf die leichte Schulter nehmen könnte. Die Polizeiaktionen einer despotischen Weltregierung könnten eine existierende Weltfriedensordnung weit unangenehmer gestalten als einen Zustand, in dem souveräne Staaten in der Lage sind, begrenzte Kriege miteinander zu führen[43].

Es ist also keineswegs selbstverständlich, daß die Herstellung einer Weltregierung, auch unter dem Gesichtspunkt der Gewaltvermeidung, auf jeden Fall vorzuziehen ist, ganz abgesehen von anderen Gesichtspunkten wie individuelle und nationale Freiheit, Gerechtigkeit, was immer man darunter verstehen mag, und Wohlstand. Allerdings hat die Existenz moderner Massenvernichtungsmittel eine Situation geschaffen, die die Herstellung einer stabilen Weltfriedensordnung heute für alle Staaten vorteilhaft erscheinen läßt. Das Problem liegt nur darin, wie sie erreicht

---

[42] Vgl. dazu etwa EMERY REVES, der kurz nach dem zweiten Weltkrieg in seinem Buch: Die Anatomie des Friedens, Hamburg/Stuttgart/Baden-Baden/Berlin, o. J., den Zusammenhang zwischen der Existenz souveräner Einzelstaaten und der Entstehung von Kriegen thematisiert hat. „Das Nebeneinander gesellschaftlicher Gruppen mit gleicher souveräner Macht ist genau die Voraussetzung für Krieg, gerade die Voraussetzung, welche niemals, unter keinerlei Umständen, Frieden bringen kann", aaO, S. 31.

[43] Nach Kant läge die Bildung eines Völkerstaats, der alle Völker der Erde umfassen würde, im Interesse der Vernunft. Aber nach der herrschenden Idee vom Völkerrecht könne realistischerweise nur das „Surrogat eines den Krieg abwehrenden, bestehenden und sich immer ausbreitenden *Bundes* den Strom der rechtscheuenden, feindseligen Neigung aufhalten, doch mit ständiger Gefahr ihres Ausbruchs"; vgl. IMMANUEL KANT, Zum ewigen Frieden (1796), in: KANT, Kleinere Schriften zur Geschichtsphilosophie, Ethik und Politik, herausgegeben von Karl Vorländer, Hamburg 1959, S. 134 f.; an anderer Stelle bringt er die Hoffnung der Entstehung eines allgemeinen weltbürgerlichen Zustandes auf lange Sicht zum Ausdruck, und zwar als Resultat rationaler Erwägungen aufgrund der Bedeutung der internationalen Verkettung und der wachsenden Schuldenlast für alle Staaten; vgl. KANT, Idee zu einer allgemeinen Geschichte in weltbürgerlicher Absicht, aaO, S. 16 ff.

werden kann. Daß man sie durch bloße Abrüstung erreichen kann, ist eine
höchst fragwürdige These, denn auch die multilaterale Abrüstung macht
Kriege zunächst nur weniger destruktiv und erhöht damit unter Umständen ihre Wahrscheinlichkeit[44]. Auch ein Gleichgewicht der Mächte ist
kein Mittel zur Eliminierung des Krieges, sondern bestenfalls zur Verringerung seiner Bedeutung[45]. Internationale Abmachungen aller Art sind,
wie man immer wieder erfahren mußte, schwer zu sanktionieren, zumal
ein erheblicher Anreiz besteht, die Partner über den eigenen Rüstungs-
stand und die eigenen Absichten irrezuführen. Dabei hat der in dieser
Hinsicht Skrupelloseste im allgemeinen den anderen gegenüber Vorteile.
Solange keine zentrale Instanz da ist, die die Einhaltung von Abmachungen erzwingen und auch glaubwürdig machen kann, daß sie das tut, ist an
eine allgemeine Friedensordnung kaum zu denken.

Eine Sozialtechnologie der Friedenssicherung muß von einer realistischen Auffassung des Krieges und seiner Möglichkeiten ausgehen. Das
bedeutet unter anderem, daß sie den jeweiligen sozialen Zusammenhang
in Rechnung stellt, der zu ganz verschiedenen Prägungen des Kriegs führen kann[46]. Außerdem hat sie die Tatsache zu berücksichtigen, daß Kriege
um der Vorteile – oder auch: der vermeintlichen Vorteile – willen geführt
zu werden pflegen, die mit ihrer Hilfe zu erreichen sind[47], sie also nicht,
wie heute mitunter üblich, als bloße Ausbrüche aggressiver Instinkte oder
Triebe zu betrachten. Ohne Zweifel haben sie im Laufe der Geschichte
vielen sozialen Gemeinschaften erhebliche Vorteile gebracht, besonders,

---

[44] Vgl. dazu Gordon Tullock, The Social Dilemma. The Economics of War and Revolution, Blacksburg 1974, S. 100 und passim.

[45] Dazu Tullock, aaO, S. 126 ff.

[46] Clausewitz, der im Kriege „ein wahres politisches Instrument..., eine Fortsetzung des
politischen Verkehrs, ein Durchführen desselben mit anderen Mitteln" gesehen hat, hat diese
Kontextabhängigkeit in besonderem Maße herausgestellt; vgl. Carl v. Clausewitz, Vom
Kriege, 16. Auflage, Bonn 1952, S. 108 ff. und 888 ff. Er hat im übrigen in seinen Betrachtungen schon teilweise, wenn auch nur sehr skizzenhaft, mit einem „ökonomischen" Ansatz ge-
arbeitet, wie er heute zum Beispiel von Tullock verwendet wird; vgl. z. B. Clausewitz,
aaO, S. 98 f., 114 ff. und Tullock, aaO, passim. Er hat überdies die Bedeutung der Kritik
für die Praxis im allgemeinen – aaO, S. 210 ff. – und die der Erörterung möglicher Alternativen für die Kritik betont – aaO, S. 219 ff. – und sogar auf die methodischen Mängel des bloßen Gebrauchs konformer Fälle für die Stützung von Auffassungen hingewiesen – aaO, S.
233 ff. Seine „Methodologie" des Krieges war eher eine rationale Heuristik als ein System
von Regeln im Sinne eines Algorithmus; vgl. dazu aaO, S. 203 ff., über „Methodismus".

[47] Vgl. dazu Clausewitz, aaO, passim, sowie Tullock, aaO, S. 87 ff., wo darauf hingewiesen wird, daß ein Krieg, der für ein Volk unvorteilhaft ist, für eine Regierung dennoch
von Vorteil sein kann.

wenn es ihnen gelang, einen beträchtlich reicheren, aber viel schwächeren Gegner nach einem Sieg entsprechend auszunutzen, aber auch dann, wenn sie nur die Möglichkeit hatten, Kriegsgefangene als Arbeitskräfte für die eigene Produktion auszunutzen[48]. Die Investition in Instrumente der Gewaltanwendung für den äußeren und inneren Gebrauch hat sich für viele Gruppen auch schon dadurch gelohnt, daß die Abschreckungswirkung solcher Investitionen die Gewaltanwendung selbst erübrigt hat[49].

Zur Sicherung des Friedens bedarf die Staatsgewalt zweier zentral gesteuerter Apparate: eines Militärapparates für die äußere, und eines Polizeiapparates für die innere Sicherheit. Der „nackte" Staat ist also eo ipso Militär- und Polizeistaat, wenn auch nicht in dem extremen Sinn, der mit diesen Ausdrücken verbunden zu sein pflegt. Natürlich können beide Apparate mehr oder weniger entwickelt sein, und sie können über die für die Sicherung des Friedens erforderlichen minimalen Funktionen hinaus eine Fülle weiterer Aufgaben übernehmen, bis zur Überwachung aller sozialen Vorgänge und der Ausbreitung der Herrschaft auf fremde Gebiete. Eroberung und Unterdrückung sind ja im wesentlichen diejenigen Aktivitäten, aus denen der Staat hervorgegangen ist. Die „Befriedung" einer unterworfenen Bevölkerung geschieht im Interesse der Eroberer. Der auf diese Weise erreichte Friedenszustand hat für die Betroffenen Konsequenzen, die ihn gegenüber ihrer früheren Situation kaum als vorzugswürdig erscheinen lassen, denn der Frieden beruht auf ihrer Wehrlosigkeit. Die Schutzdienste der Herrschenden werden teuer bezahlt. Später kann sich dann zeigen, daß ein schonender Umgang mit den Unterworfenen auch für die Herrschenden lohnender ist, so daß sie Anlaß haben, ihren Druck zu mildern. Schließlich kommt es vor allem in Westeuropa zu Koalitionen zwischen der Spitze der Hierarchie, dem König, und den Unterworfenen, durch die dieser seine Herrschaft stabilisieren kann[50].

---

[48] Max Weber sah als entscheidenden Umstand für den Niedergang des römischen Reiches die Einstellung der Eroberungskriege an, die dazu führte, daß die regelmäßige Versorgung der Sklavenmärkte mit Menschenmaterial nicht mehr sichergestellt war; vgl. WEBER, Die sozialen Gründe des Untergangs der antiken Kultur, in: Weber, Soziologie – Weltgeschichtliche Analysen – Politik, herausgegeben von Johannes Winckelmann, 2. Auflage, Stuttgart 1956, S. 12 ff.; vgl. auch DE JOUVENEL, aaO, S. 106 ff. über Krieg und Sklaverei.

[49] Vgl. dazu den Abschnitt „Die Unterschätzung der Rolle der Gewalt", in: ROBERT WAELDER, Fortschritt und Revolution, Stuttgart 1970, S. 186 ff.

[50] Die Staatsgewalt verdankt, wie de Jouvenel feststellt, „ihre Existenz einem Doppelsieg, dem militärischen des Eroberers über die Besiegten sowie dem politischen des Königs über die Eroberer", aaO, S. 132.

So kann der Aufstieg der Staatsgewalt auch Vorteile für die Unterworfenen mit sich bringen. Sie ist gezwungen, sich in stärkerem Maße um deren Wohlfahrt zu kümmern. Der Ausbau des Staatsapparates verlangt Investitionen, die nur aus den Arbeitserträgen der Bevölkerung zu bestreiten sind. Die Förderung der Produktivität dieser Arbeit liegt daher auch im Interesse der Staatsgewalt, und sie ist nur möglich, wenn entsprechende Belohnungen geboten werden können. Die Staatsgewalt geht zu Versuchen über, Handel und Produktion zu fördern, um dadurch ihre eigene Expansion zu ermöglichen. Der merkantilistische Staat kümmerte sich im eigenen Interesse um die Verbesserung der Situation der unteren Bevölkerungsschichten, weil diese Schichten die Militär- und Steuerlast im wesentlichen zu tragen hatten, die für die Größe der Staatsmacht ausschlaggebend war[51].

16. Die Ambivalenz des Staates und die regulative Idee der Friedenssicherung

Daß der Staat in der Lage ist, den Mitgliedern der Gesellschaft, deren Gewaltmonopol er beansprucht, wichtige Dienste zu leisten, kann nicht bestritten werden. Den Naturzustand Hobbesscher Prägung, der an seine Stelle treten könnte und der in Zeiten des Bürgerkrieges auch tatsächlich zustande kommen kann, werden nur wenige prinzipiell vorzuziehen geneigt sein. Zumindest die durch die Staatsgewalt bis zu einem gewissen Grade erreichbare Sicherung des Friedens erscheint den meisten Leuten wohl erstrebenswert. Auch die Anarchisten weisen diesen Dienst im allgemeinen nur deshalb zurück, weil sie diese Sicherung auch ohne den Staat erreichen zu können glauben und weil die Staatsgewalt im allgemeinen eine sehr viel weitergehende Wirksamkeit entfaltet, die ihnen nicht akzeptabel erscheint. In der Beurteilung dieser Wirksamkeit gehen denn auch die Meinungen meist auseinander.

Zunächst ist ja nicht zu bestreiten, daß die Staatsgewalt stets ein Eigenleben und ein Eigeninteresse entfaltet, dessen Auswirkungen sich mit den Interessen vieler oder auch der meisten Mitglieder der Gesellschaft nicht

---

[51] Vgl. dazu OTTO HINTZE, Der österreichische und der preußische Beamtenstaat im 17. und 18. Jahrhundert. Eine vergleichende Betrachtung, in: Hintze, Staat und Verfassung. Gesammelte Abhandlungen zur allgemeinen Verfassungsgeschichte, herausgegeben von Gerhard Oestreich, 2. Auflage, Göttingen 1962, S. 342, 350.

zu decken brauchen[52]. In dieser Beziehung handelt es sich hier allerdings nur um einen Aspekt der Existenzweise aller Organisationen, die ihren Rollenträgern Belohnungen verschaffen müssen, um dafür ihre Dienste in Anspruch nehmen zu können. Sie erwecken bei ihnen dadurch ein Interesse an der Erhaltung und der Vergrößerung dieser Quelle ihrer Belohnungen und geben ihnen Anlaß, sich mit ihr zu identifizieren, und zwar im allgemeinen um so mehr, je stärker ihre Erfolge und Mißerfolge ihnen als Resultate eigenen Verhaltens zugerechnet zu werden pflegen[53].

Organisationen aller Art entfalten daher eine endogene Beharrungs- und Wachstumstendenz, die weitgehend unabhängig davon ist, ob sie die Probleme, deren Lösung man ihnen als ihre legitime Aufgabe zuschreibt, in der von den Betroffenen gewünschten Weise zu lösen imstande sind[54]. Ihr Wachstum kann im Rahmen eines freien Marktes durch das Entstehen konkurrierender Organisationen mit alternativen Problemlösungsangeboten gehemmt und ihre Angebote können dadurch für die Betroffenen verbessert werden. Aber der Staat nimmt in dieser Beziehung deshalb eine Sonderstellung ein, weil er für seine wesentlichen Dienste ein Monopol zu beanspruchen pflegt. Dieses Monopol ist zwar territorial begrenzt, aber die Kosten der Abwanderung sind für die Bevölkerung eines von ihm beherrschten Gebietes im allgemeinen so erheblich, daß es vermessen wäre, sich auf die Wirkung der Konkurrenz verschiedener Staaten um ihre Bürger zu verlassen. Immerhin ist eine zumindest latente Konkurrenz dieser Art ohne Zweifel nicht selten wirksam, sonst gäben sich viele Staaten nicht so große Mühe, die ihrer Herrschaft Unterworfenen an der Abwanderung zu hindern. Außerdem besteht aber je nach der vorhandenen Organisationsform der Staatsgewalt eine mehr oder minder große Chance für die Betroffenen, ihren Einfluß im Wege der Kritik geltend zu machen[55], und

---

[52] Mit dieser These soll keineswegs eine Hypostasierung vorgenommen werden, die mit dem methodischen Individualismus unvereinbar sein würde. Wir wissen inzwischen, wie solche holistisch klingenden Abkürzungen im Rahmen des Individualismus zu deuten sind.

[53] Vgl. KENNETH E. BOULDING, The Organizational Revolution. A Study in the Ethics of Economic Organizations, New York 1953, S. XXX ff.

[54] Man kennt diese Tendenz aus den kritisch-ironischen Untersuchungen C. Northcote Parkinsons als „Parkinsons Gesetz". Sie ist inzwischen durch Analysen im Rahmen des ökonomischen Erkenntnisprogramms bestätigt worden; vgl. WILLIAM A. NISKANEN, Bureaucracy and Representative Government, Chicago/New York 1971, sowie ALBERT BRETON, The Economic Theory of Representative Government, London 1974, S. 161 ff.

[55] Das Verdienst, die beiden Kontrollmechanismen der Konkurrenz und der Kritik zueinander in Parallele gesetzt und ihr Funktionieren analysiert und verglichen zu haben, ge-

zwar entweder mit Hilfe bestehender institutioneller Arrangements, die solche Kritik ermöglichen – zum Beispiel in demokratisch verfaßten Organisationen –, oder durch spontane Protestaktionen legalen oder auch illegalen Charakters.

Alle Organisationen haben also in bezug auf die Probleme der von ihrer Tätigkeit Betroffenen zunächst eine gewisse Ambivalenz. Die Ambivalenz der Staatsgewalt für die Bürger tritt nur deshalb deutlicher in Erscheinung, weil das Monopol legitimer Gewaltanwendung eine Machtfülle mit sich bringen kann, die andere Organisationsformen kaum zu erreichen in der Lage sind, es sei denn, sie besäßen ein analoges Monopol im religiösen Bereich und damit eine entsprechend große ideologisch fundierte Macht. Daher ist auch die Problematik der Zähmung der Staatsgewalt und der angemessenen Kanalisierung ihrer Tätigkeit von vitalerer Bedeutung für die Mitglieder einer Gesellschaft als das entsprechende Problem in bezug auf andere Organisationen, wenn hier auch zweifelsohne ein deutlicher Zusammenhang besteht.

Wer die *theologische* Rechtfertigung des Staates für obsolet hält, weil sie einer überholten soziokosmischen Anschauung entspricht, und die *anarchistische* Kritik des Staates als utopisch ansieht, der hat die Möglichkeit, sich einer *technologischen* Betrachtung der Staatsproblematik aus der Perspektive des von den Wirkungen der Staatstätigkeit betroffenen Individuums zuzuwenden. In ihr wird die Staatsgewalt als zur Realisierung bestimmter vorausgesetzter Zwecke in Frage kommendes Instrument erörtert. Damit ist natürlich nicht etwa die Legitimierung der betreffenden Zwecke und auch nicht die der Staatsgewalt selbst als eines zulässigen Mittels zu erreichen. Eine solche Betrachtung muß, um realistisch zu sein, die Eigenart der Staatsgewalt, und das heißt: die Gesetzmäßigkeiten ihres Funktionierens, in Rechnung stellen, zu deren Konsequenzen auch die Entfaltung jener Eigendynamik gehört, von der oben die Rede war. Die Zwecke, die einer technologischen Untersuchung dieser Art hypothetisch zugrunde gelegt werden, können mehr oder weniger umfassend sein: von der Sicherung des Friedens bis zur Absicherung des Einzelnen gegen alle Lebensrisiken, von der Förderung von Handel und Produktion bis zur Übernahme der gesamten Versorgung der Bevölkerung, vom Ausgleich krasser Unterschiede in den Lebenslagen der Gesellschaftsmitglieder bis zur Herstellung radikaler Gleichheit, von der Sicherung einer Sphäre au-

---

bührt ALBERT O. HIRSCHMANN, vgl. sein Buch: Abwanderung und Widerspruch, aaO, S. 65 ff.

tonomer Entscheidung für die Individuen bis zur Realisierung größtmöglicher Freiheit. Auch eine Kombination mehrerer Zwecke kommt natürlich in Betracht. Man muß sich nur darüber klar sein, daß nicht jeder dieser Zwecke ohne weiteres realisierbar, daß er, je umfassender er ist, vermutlich um so schwieriger – das heißt auch: unter größeren Kosten – zu verwirklichen ist und daß schließlich nicht alle Zwecke real miteinander kompatibel sein dürften.

Auch der für unsere Betrachtung in erster Linie in Frage kommende Zweck der Sicherung des inneren und äußeren Friedens ist nicht vollkommen zu realisieren. Die Möglichkeit von Kriegen und Revolutionen kann ebensowenig ausgeschlossen werden wie die von Verbrechen aller Art, so groß auch die durch die Staatsgewalt getätigten Investitionen in den Militär- und Polizeiapparat sein mögen. Auch bei noch so großem Kostenaufwand ist also das Ziel der Sicherung gegen Gewalt nicht ganz erreichbar. Im übrigen besteht bekanntlich die Gefahr, daß die unter dem Gesichtspunkt der Friedensicherung vollzogene Expansion der Staatsgewalt dazu führt, daß die Bürger nun in höherem Maße unkontrollierter Gewaltanwendung von seiten des Staates ausgesetzt sind. Überdies können durch die Ausdehnung von Staatsbefugnissen im Interesse der Sicherheit andere Interessen beeinträchtigt werden, die den Mitgliedern der Gesellschaft unter Umständen ebenso wichtig erscheinen. Das Streben nach Wohlstand und nach Freiheit individueller Betätigung kann von einem bestimmten Punkte an mit den Bemühungen um den inneren und äußeren Frieden in Konflikt geraten.

Die *regulative Idee der Friedensicherung* ist also nur einer unter mehreren Wertgesichtspunkten, die für die Beurteilung einer sozialen Ordnung und der Rolle, die der Staatsgewalt in ihr zukommt, in Betracht kommen. Eine Sozialtechnologie, die sich nur an dieser Idee orientiert, wird daher für die Lösung des Problems einer adäquaten sozialen Ordnung nicht ausreichen. Vor allem der anarchistischen Herausforderung und der in ihr enthaltenen attraktiven Freiheitsidee kann man mit einer Konstruktion, die nur von dem einen Zweck der Friedenssicherung ausgeht, kaum überzeugend entgegentreten, wenn auch in ihr die Achillesferse des Anarchismus richtig getroffen wird, denn jede Pazifizierung setzt offenbar ein Gewaltmonopol voraus. Dieses Gewaltmonopol kann aber in ganz verschiedener Weise verwaltet und in den sozialen Zusammenhang eingebettet werden. Der mit seiner Hilfe realisierte Friedenszustand kann ein Zustand der Unterdrückung, der Ausbeutung und der Armut für große Teile der Bevölkerung sein. Er kann darüber hinaus durch äußere Kriege und innere

Wirren immer wieder unterbrochen werden. Andererseits kann er auch relativ dauerhaft sein und Wohlstand und Freiheit für alle mit sich bringen. Auch Interessen, die sich auf solche Aspekte der Gesellschaft richten, müßten in einer Sozialtechnologie berücksichtigt werden, die im Hinblick auf das Problem einer adäquaten Sozialordnung zu konstruieren wäre.

V. Kapitel

Die Anatomie des Wohlstandes und die Wirtschaft

17. Knappheit, Macht und Wert:
Die kommunistische Fiktion und der Begriff des Sozialprodukts

Die Überwindung der Knappheit mit den Mitteln friedlicher Produktion ist ein zentrales Thema der ökonomischen Analyse. Die Lösung von Lebensproblemen durch Anwendung von Gewalt hat in ihr bisher kaum eine Rolle gespielt[1]. Die Gesellschaft wurde in ihr meist unter dem Aspekt einer kooperativen Veranstaltung zur Ausbeutung der natürlichen Umgebung des Menschen betrachtet. Die Staatsgewalt blieb zwar nicht unberücksichtigt, da sie den Bestand der Rechtsordnung zu garantieren hatte, innerhalb deren das Wirtschaftsleben sich abspielte. Sie wurde aber im wesentlichen als exogene Größe behandelt und im übrigen bestenfalls einer normativen Betrachtung unterworfen, um zu eruieren, welche Eingriffe in das Geschehen ihr erlaubt seien. Sogar Machtbeziehungen gewaltlosen Charakters zwischen den Beteiligten schienen zumindest im Konkurrenzmodell *ex hypothesi* ausgeschlossen zu sein. Um die in diesem vom ökonomischen Denken normativ ausgezeichneten Sonderfall steckende Machtkomponente zu enthüllen, sah sich Karl Marx genötigt, eine Wertlehre zu konstruieren, die den Ausbeutungsbegriff definitorisch mit dem Privateigentum an den Produktionsmitteln verknüpfte, eine Lehre von großer ideologischer Brisanz, aber ohne jeden Erklärungswert[2].

Daß man in der Betrachtung sozialer Phänomene von Machtproblemen völlig abstrahieren könne, ist dennoch eine Illusion. Schon der ökonomische Begriffsapparat ist so geartet, daß er Machterscheinungen aller Art trivialerweise mitumfaßt. Sowohl der Begriff des Gutes als auch der des

---

[1] Das hat sich erst in letzter Zeit geändert; vgl. dazu GORDON TULLOCK, The Social Dilemma, aaO.

[2] Der Hinweis auf diese Schwäche soll natürlich den außerordentlichen Beitrag zum Erkenntnisfortschritt nicht herabmindern, den das Marxsche Gesamtwerk enthält.

Kapitals hat einen Wert- und einen Machtaspekt. Und im sozialen Zusammenhang pflegt sich in vielen Fällen Knappheit in Macht über andere und unter Umständen sogar in Herrschaft umzusetzen[3]. Daß der Preiskampf auf den Märkten im allgemeinen mit friedlichen Mitteln ausgetragen wird, bedeutet keineswegs, daß in ihm Machtverhältnisse keine Rolle spielen. Daß die den Markt stützenden Institutionen für die friedliche Austragung von Konflikten sorgen, beseitigt weder Machtunterschiede noch Interessengegensätze und die durch sie bestimmten Unterschiede in der Bewertung von Problemlösungen.

Diese Zusammenhänge sind den Vertretern der theoretischen Ökonomie natürlich bekannt. Sie wissen, daß der Begriffsapparat, mit dessen Hilfe sie soziale Phänomene zu analysieren pflegen, keineswegs dazu nötigt, solche Unterschiede und Gegensätze zu verschleiern. Wer mit diesem Instrumentarium vertraut ist, wird deshalb normalerweise nicht von der Illusion geplagt, man habe in der Gesellschaft mit einer allgemeinen Harmonie der Interessen zu rechnen, von der man bei der Bewertung sozialer Zustände ohne weiteres ausgehen könne. Dennoch gibt es einen Aspekt in der Tradition des ökonomischen Denkens, der eine solche Möglichkeit zu eröffnen scheint. Die durch die ökonomische Betrachtungsweise bestimmte Sicht des gesellschaftlichen Lebens vermittelt, wenn man sich von ihm leiten läßt, einen unmittelbaren Zugang zur Idee einer rationalen Politik im Sinne einer methodischen Praxis der Steuerung sozialer Prozesse, wie sie im Interesse aller Beteiligten liegt.

Dieser Aspekt kommt besonders deutlich in der Entwicklung der modernen Wohlfahrtsökonomie zum Ausdruck, einer Disziplin, die sich mit dem Problem einer adäquaten Bewertung wirtschaftlicher Vorgänge, politischer Interventionen in das Wirtschaftsleben und der möglichen Ordnungen dieses sozialen Bereichs befaßt[4]. Das Dilemma dieser Konzeption entspringt aus der Schwierigkeit, auf der Basis einer individualistischen Wertlehre zu einem politisch verwendbaren Maßstab und damit zu einer kollektiven Bewertung sozialer Tatbestände zu kommen.

---

[3] Vgl. dazu HEINRICH POPITZ, Prozesse der Machtbildung, Tübingen 1968, wo diese Umsetzung anhand von Gedankenexperimenten sehr gut veranschaulicht wird.

[4] An sich ist diese der üblichen Auffassung entsprechende Ausdrucksweise irreführend, denn genaugenommen läßt sich ein Bereich des Wirtschaftslebens mit Hilfe ökonomischer Kategorien überhaupt nicht abgrenzen, und zwar deshalb, weil diese Kategorien auf alle Handlungen überhaupt und damit auch auf alle sozialen Vorgänge anwendbar sind; vgl. dazu mein Buch: Marktsoziologie und Entscheidungslogik, Neuwied/Berlin 1967, S. 250 ff. und passim.

Soweit die theoretische Ökonomie nur daran interessiert ist, soziale
Phänomene zu erklären, braucht eine Schwierigkeit dieser Art nicht auf-
zutauchen. Die Wertlehre wird in diesem Falle nur als eine der Erklärung
dienende Verhaltensannahme verwendet. Auch in dieser Hinsicht gibt es
zwar gewisse Bedenken[5], aber sie beziehen sich im wesentlichen nur auf
die Möglichkeit, diese Lehre empirisch zu überprüfen. Wer mit ihrer
Hilfe aber zu einem Wertmaßstab der angegebenen Art kommen will, hat
mit anderen Schwierigkeiten zu rechnen. Es sind die Schwierigkeiten des
utilitaristischen Ansatzes in der Sozialphilosophie, dessen moralisch-poli-
tische Grundmaxime bekanntlich das größte Glück der größten Zahl als
anzustrebendes Ziel auszeichnete[6]. In der reinen Ökonomie der neoklassischen Phase wurde daraus die Idee der Maximierung des kollektiven
Nutzens oder der Bedürfnisbefriedigung aller Mitglieder der Gesellschaft[7], die im Maximum-Theorem der Konkurrenztheorie zum Ausdruck kam.

Nun ist der *Rekurs auf die Bedürfnisbefriedigung* der Individuen sicherlich ein konsequentes Verfahren, das Problem der politischen Bewertung anzugehen, wenn man von der üblichen Auffassung über den *Sinn
der Wirtschaft* ausgeht, wie er durch die utilitaristische Tradition geprägt
wurde. Diese Auffassung hat inzwischen auch im Alltagsdenken Wurzeln
gefaßt und pflegt in der tagespolitischen Diskussion als selbstverständlich
zu gelten. Der Übergang von den an die individuellen Bedürfnisse und
ihre Befriedigung anknüpfenden Wertungen zu einer politisch verwendbaren Gesamtbewertung wird dabei durch die *kommunistische Fiktion* erleichtert, die mit diesem Ansatz verbunden ist[8]: die Idee einer einheitli-

---

[5] Vgl. dazu meine Aufsätze: Zur Theorie der Konsumnachfrage. Die neoklassische Lösung marktsoziologischer Probleme im Lichte des ökonomischen Erkenntnisprogramms,
Jahrbuch für Sozialwissenschaft, Band 16, 1965, S. 139 ff., und: Erwerbsprinzip und Sozialstruktur. Zur Kritik der neoklassischen Marktsoziologie, im selben Jahrbuch, Band 19,
1968, S. 1 ff.

[6] Vgl. dazu CESARE BECCARIA, Über Verbrechen und Strafen (1766), herausgegeben von
Wilhelm Alff, Frankfurt 1966, S. 48; vgl. auch JEREMY BENTHAM, An Introduction to the
Principles of Morals and Legislation (1789), in: The Utilitarians, New York 1961, S. 17, 273,
290 f.

[7] Vgl. dazu LÉON WALRAS, Elements of Pure Economics or the Theory of Social Wealth
(1874), New York 1954, S. 143; vgl. aber ALFRED MARSHALL, Principles of Economics
(1890), 9th ed., Vol. I, London 1961, Ch. XIII, S. 462 ff., wo Einwände gegen die Axiologi-
sierung der Gleichgewichtsidee im Maximum-Theorem gemacht werden.

[8] Dieser provozierende Ausdruck stammt von GUNNAR MYRDAL, vgl. sein Buch: Das politische Element in der nationalökonomischen Doktrinbildung (1932), Hannover 1963, S.
144 und passim, wo man eine Kritik damit verbundener Vorstellungen findet; vgl. auch: Ra-

chen gesellschaftlichen Zwecksetzung und einer daran orientierten objektiven Wertskala, aufgrund deren alle in Betracht kommenden sozialen Vorgänge als Komponenten einer gesellschaftlichen Wirtschaftsführung verstanden und bewertet werden können. Die Gesellschaft erscheint hier also, ganz im Gegensatz zu dem im ökonomischen Erkenntnisprogramm verankerten individualistischen Ansatz, als ein Kollektivsubjekt, das sich der Lösung einer einheitlichen Aufgabe widmet, der bestmöglichen Versorgung ihrer Mitglieder mit Gütern aller Art. Das Resultat ihrer Bemühungen, das sogenannte Sozialprodukt, ist ein Ergebnis eines im Grunde genommen kooperativen Unternehmens. An seiner Größe läßt sich der Erfolg der gemeinsamen Anstrengungen ohne weiteres ablesen.

Wir haben also einen sehr einleuchtenden Zusammenhang zwischen dem Sinn der Wirtschaft und der Bewertung des jeweiligen Gesamtresultats der in ihrem Rahmen stattfindenden Aktivitäten. Er scheint überdies insofern aktuelle Bedeutung zu haben, als dieses Ergebnis heute tatsächlich immer wieder gemessen wird und die ermittelte Größe – unter gewissen Gesichtspunkten aufgeschlüsselt – als Orientierungspunkt für politische Maßnahmen und für die tagespolitische Diskussion über ihre Angemessenheit dient. Da im übrigen bei konsequenter Anwendung des ökonomischen Begriffsapparates jede beliebige Aktivität – als produktiv und konsumtiv – in einer solchen Untersuchung berücksichtigt werden muß, läßt sich „die Wirtschaft" in dem für diese Betrachtungsweise relevanten Sinn eigentlich nicht als ein Bereich der Gesellschaft, sondern bestenfalls als ein Aspekt des gesellschaftlichen Gesamtzusammenhanges charakterisieren[9], so daß das *Sozialprodukt* nichts anderes ist als das unter bestimmten Gesichtspunkten bewertete *Gesamtergebnis der gesellschaftlichen Zusammenarbeit*.

Man sieht, daß die kommunistische Fiktion einen sehr plausiblen und kaum merklichen Übergang von der individualistischen Betrachtungsweise der theoretischen Ökonomie zu einer dem Alltagsdenken geläufigen kollektivistischen Auffassung ermöglicht, in deren Rahmen ohne weiteres mit Begriffen wie „Gemeinwohl" und „Gesamtinteresse" operiert werden kann[10]. Die Brauchbarkeit solcher Begriffe für die politische und ökono-

---

tionalität und Wirtschaftsordnung, in meinem Aufsatzband: Aufklärung und Steuerung, Hamburg 1976. Bewußt verwendet wird diese Fiktion schon von FRIEDRICH V. WIESER, vgl. sein Buch: Der natürliche Wert (1889), Frankfurt 1968, S. 60ff.

[9] Vgl. Anm. 4 oben.

[10] Interessanterweise findet man bei Josef Schumpeter wohl eine Kritik am ungenierten Operieren mit derartigen Begriffen im Rahmen politischer Konzeptionen, nämlich: der klas-

mische Rhetorik sollte uns aber nicht davon abhalten, sie unter die Lupe zu nehmen, um herauszufinden, was sie – abgesehen von diesen rhetorischen Aspekten – für die Lösung praktischer Probleme leisten. Was den Begriff des Sozialprodukts angeht, so schien ihm zunächst im neoklassischen Denken eine gewisse theoretische Bedeutung zuzukommen, denn das erwähnte Maximum-Theorem formulierte die These, daß zwischen der Bedürfnisbefriedigung der Mitglieder der Gesellschaft und dem Ergebnis ihrer Produktionstätigkeit eine ganz bestimmte Beziehung existiert. Unter den Bedingungen vollkommener Konkurrenz können wir nämlich nach dieser Auffassung mit einer Maximierung des im Sinne der individuellen Bedürfnisse bewerteten Sozialprodukts rechnen. Daraus ergab sich für die Politik offenbar die positive Auszeichnung derjenigen Maßnahmen und institutionellen Vorkehrungen, die in der Lage waren, eine in dieser Weise funktionierende Konkurrenz herzustellen.

Eine genauere Analyse des Sozialproduktbegriffs und seiner Beziehung zur Befriedigung individueller Bedürfnisse mußte aber zur Revision dieser Auffassung führen. Wenn man den Begriff des Sozialprodukts im Sinne einer naturalen Gütermenge auffassen wollte, dann wären Begriffe wie die der „Größe", der „Vermehrung" oder der „Verminderung" dieses Produkts, wie sie für vergleichende Betrachtungen aller Art erforderlich zu sein scheinen, ohne weiteres gar nicht sinnvoll bestimmbar. Das gilt auch dann, wenn man das Mengengerüst des Sozialprodukts, nämlich die in Frage kommenden Güterkategorien und ihre quantitative Besetzung, als gegeben hinnehmen wollte[11]. Aber auch dieses Mengengerüst ist keineswegs unproblematisch, denn die Resultate wirtschaftlicher – oder besser: gesellschaftlicher – Tätigkeit sind nicht ohne weiteres als „Güter" zu betrachten. Die Aufteilung irgendwelcher Mengen von Objekten in Güter, indifferente Dinge und Übel – oder, wenn man so will: in positive, indifferente und negative „Güter" – und ihre Bewertung darf, wenn man von einer konsequenten ökonomischen Betrachtungsweise ausgeht, nicht von

---

sischen Demokratieauffassung – vgl. SCHUMPETER, Kapitalismus, Sozialismus und Demokratie, 2. Auflage, München 1950, S. 397ff. –, aber er scheute sich keineswegs, in seinen ökonomischen Analysen selbst mit der kommunistischen Fiktion zu hantieren.

[11] Bei n Güterkategorien hätten wir es zunächst mit einem n-dimensionalen Vektorraum zu tun, in bezug auf den sich ohne weiteres bestenfalls eine Halbordnung – eine reflexive, transitive und antisymmetrische Ordnungs-Relation – bestimmen ließe, die die Unvergleichbarkeit verschiedener Elemente und die Existenz einer Vielzahl maximaler Elemente zulassen würde. Um mehr zu erreichen, müßte man versuchen, die Güterkategorien zu homogenisieren, was aus den unten angeführten Gründen problematisch ist, obwohl es faktisch laufend geschieht, wenn mit Sozialproduktgrößen operiert wird.

den Merkmalen solcher Objekte allein abhängen, sie muß vielmehr auch den Kontext ihres Vorkommens berücksichtigen. Und in der Tat nimmt das ökonomische Denken auf diesen Kontext schon beim Aufbau seines Begriffsapparates bis zu einem gewissen Grade Rücksicht.

Der Gutscharakter von Objekten und ihre Bewertung wird in der reinen Ökonomie bekanntlich von den Bedürfnissen der in Frage kommenden Individuen abhängig gemacht. Es wäre daher, ganz abgesehen von der Frage ihrer Homogenisierung, ökonomisch sinnlos, irgendwelche Quantitäten naturaler Objekte zu addieren, um die Größe eines Sozialprodukts zu bestimmen. Für die Bewertung der Resultate sozialer Aktivitäten müßten vielmehr, wenn man von der modernen Wertlehre ausgeht, die Bedürfnisse der jeweils relevanten Individuen herangezogen werden. Relevant im Sinne der ökonomischen Betrachtung dürften aber alle Individuen sein, auf deren Lebenssituation die betreffenden Güter einen Einfluß haben, in dem Sinne, daß sie ihre Bedürfnisbefriedigung fördern oder beeinträchtigen. Damit sind wir bei der grundlegenden Schwierigkeit eines an individuelle Bewertungen in dieser Weise anknüpfenden Ansatzes angelangt, bei der Tatsache nämlich, daß wir in erheblichem Ausmaß mit einander widerstreitenden Bewertungen derselben Objekte zu rechnen haben[12]. Das bedeutet aber, daß für eine Gesellschaft mit Interessenkonflikten ein Sozialproduktbegriff dieser Art überhaupt nicht in Betracht kommt.

Ein naheliegender Einwand gegen diese These stützt sich auf unsere Alltagspraxis, in der bekanntlich Sozialproduktberechnungen und -vergleiche und daran anknüpfende Erörterungen unter Beteiligung von Fachleuten stattfinden. Soll man sich dazu bereitfinden, am Sinn solcher Untersuchungen zu zweifeln, weil ihnen die bislang vermutete theoretische Grundlage fehlt? Die Antwort auf diese Frage hängt natürlich davon ab, welche Bedeutung man solchen Berechnungen und Vergleichen beimißt. Zunächst ist es jedenfalls nützlich, sich darüber klar zu sein, daß bei ihnen in großem Umfange Leistungen addiert werden, die sich im Effekt gegenseitig aufheben, wie z. B. die von Werbefachleuten konkurrierender Unternehmungen, von Rechtsanwälten streitender Parteien, von Steuerbe-

---

[12] Zur Kritik der Idee, den Kontext der Bewertung jeweils auf die Individuen einzuschränken, die im eigenen Interesse über die betreffenden Güter verfügen und dadurch eine kompositorische Bewertung des Sozialprodukts zu erhalten, vgl. meinen Aufsatz: Politische Ökonomie und rationale Politik, in: Aufklärung und Steuerung, aaO, S. 101 f., dessen Gedanken teilweise in dieses Kapitel übernommen wurden.

amten und Steuerberatern, kurz: Leistungen aller möglicher miteinander rivalisierender und streitender Personen und Gruppen, die für ihre Tätigkeit ein Entgelt irgendwelcher Art beziehen. Um sich zu verdeutlichen, in welcher Weise hier verfahren wird, kann man vielleicht ein extremes Beispiel benutzen, dessen Absurdität auf der Hand liegt. Man stelle sich einen Theoretiker vor, der den Vorschlag macht, die Leistungen zweier sich bekämpfender Armeen als Beiträge zu einem gemeinsamen Sozialprodukt aufzufassen und auf der Basis dafür gezahlter Entgelte zu addieren. Niemand wird an der Unbrauchbarkeit dieses Vorschlags für die Bewertung im Hinblick auf die Bedürfnisbefriedigung der beteiligten Individuen Zweifel haben, obwohl natürlich auch in diesem Falle bestimmte Grundbedürfnisse befriedigt werden müssen. Wer die Angemessenheit einer Argumentation anhand eines solchen Beispiels bezweifelt, sollte sich klarmachen, daß ein Grenzfall wie dieser jedenfalls geeignet sein kann, einen wichtigen Aspekt des Normalfalls zu beleuchten, in dem die vorhandenen Interessengegensätze nur weniger extrem und die Auseinandersetzungen weniger gewaltsam sind. Wer mit den üblichen Sozialproduktgrößen operiert, sollte sich zumindest über ihre Problematik klar sein, vor allem darüber, daß es fragwürdig ist, sie ohne weiteres als Wohlstandsindices zu verwerten. Konkrete bedürfnisbezogene Lebensstandardvergleiche dürften, so schwierig und voraussetzungsvoll sie sein mögen, im allgemeinen dem Ziel näher kommen, das man bei der Betrachtung solcher Größen meist im Sinn hat[13].

Ein weiterer Einwand gegen die Sicht des sozialen Lebens, die zu Sozialproduktbetrachtungen der oben kritisierten Art geführt hat, bezieht sich auf die Tatsache, daß in diesem Ansatz schon durch den Charakter des benutzten Begriffsapparates und die Weise seiner Verwendung wesentliche Bedürfnisse der beteiligten Personen für die Bewertung des Gesamtergebnisses ausgeschaltet werden. Es gehört zu den Selbstverständlichkeiten des ökonomischen Denkens, daß die Bewertung des Sozialprodukts stets explizit auf die Bedürfnisse bezogen wird, die in den Kaufakten der Konsumenten zum Ausdruck kommen, obwohl das ökonomische Erkenntnisprogramm und die mit ihm verbundene Bedürfniskonzeption

---

13 Vgl. dazu HANS-JÜRGEN KRUPP/WOLFGANG ZAPF, Sozialpolitik und Sozialberichterstattung, Frankfurt/New York 1977. – Daß die Einführung von Preisen zur monetären Bewertung des Mengengerüsts, um dann eine additive Totalbewertung zu ermöglichen, nicht weiterhilft, dürfte aus unserer Betrachtung hervorgehen; vgl. dazu meinen in Anm. 12 erwähnten Aufsatz, S. 102 ff.

keine solche Einschränkung erforderlich macht. Gesamtbewertungen der hier erörterten Art sind, wie wir gesehen haben, strenggenommen mit dem für dieses Programm charakteristischen methodologischen Individualismus ohnehin unvereinbar. Die Auffassung vom *Sinn* der Wirtschaft, die in solchen Bewertungen zutage tritt, hat ja mit dem *Erklärungsziel* des ökonomischen Denkens wenig zu tun. Sie entstammt einer *normativen* Konzeption *funktionalistischen* Charakters, die nicht selten in enger Verbindung mit der für die *Erklärung* sozialer Tatbestände benutzten *individualistischen* Auffassung auftritt, aber ohne weiteres von ihr unterschieden werden kann. Dieser Konzeption gemäß ist es angemessen, die gesellschaftliche Wirklichkeit einer Zweck-Mittel-Betrachtung zu unterwerfen, in der große Bereiche des sozialen Lebens ausschließlich Mittelcharakter für die Befriedigung von „Konsumbedürfnissen" – also einer bestimmten Auswahl aus der Bedürfnissphäre – erhalten.

Im Hintergrund dieser Betrachtungsweise steht die Vorstellung, die Ökonomie habe die Gesellschaft unter dem Aspekt der Knappheit und des Rationalprinzips *als Ganzes* zu untersuchen und dabei die in den Bedürfnissen der Individuen verankerten Zwecke *als gegeben* hinzunehmen, um die Rationalität der Mittelverwendungen zu beurteilen. Dabei werden die für diese Analyse relevanten Zwecksetzungen in die Sphäre des Konsums verwiesen, und die Produktion wird als der Bereich mittelbarer Tätigkeiten zur Ermöglichung optimaler Befriedigung in der Konsumsphäre aufgefaßt. Die ökonomische Begriffsbildung scheint eine derartige Projektion des Zweck-Mittel-Schemas in den sozialen Ablauf und damit eine entsprechende Analyse des „wirtschaftlichen Aspekts" der sozialen Wirklichkeit möglich zu machen oder sogar nahezulegen[14]. Dabei wird die Befriedigung von Bedürfnissen mit dem Konsum identifiziert, so daß alle Aktivitäten, die mittelbar dem Konsum dienen, der Produktion zugerechnet und einer *instrumentalen* Bewertung unterworfen werden können. Ein großer Bereich des sozialen Lebens wird damit in einer Weise betrachtet, die ihn einer *rein ökonomischen* Beurteilung – einer Beurteilung unter dem *Gesichtspunkt der Effizienz* – zugänglich zu machen scheint. Auch politisch scheint das insofern vorteilhaft zu sein, als man nun vom „ökonomischen Standpunkt" her Empfehlungen an die Träger der Politik geben kann, wenn man einmal davon ausgeht, daß der Bereich der Mittelverwendung auf diese Weise *ethisch neutralisierbar* ist. Natürlich setzt

---

[14] Zur Kritik des Zweck-Mittel-Denkens vgl. schon GUNNAR MYRDAL, Das Zweck-Mittel-Denken in der Nationalökonomie, Zeitschrift für Nationalökonomie, Band IV, 1933.

auch das eine sehr spezielle ethische Auffassung voraus, nämlich die, daß der Zweck die Mittel heiligt. Sie wird kaum für jeden von uns akzeptabel sein.

Im Grunde genommen kommt auch in dieser Art der Betrachtung wieder die schon erwähnte kommunistische Fiktion einer einheitlichen gesellschaftlichen Wirtschaftsführung zum Ausdruck. Sie steht im Widerspruch zu der im ökonomischen Erkenntnisprogramm verankerten Idee, alle im individuellen Verhalten der Mitglieder einer Gesellschaft wirksamen Bedürfnisse in der Analyse zu berücksichtigen. Mit der Verweisung aller in Frage kommenden Zwecksetzungen in den Konsumbereich und dem Entschluß, den Bereich der Produktion lediglich instrumentaler Bewertung zu unterziehen, hat man de facto alle Bedürfnisse, die sich unmittelbar auf Arbeitsbedingungen, auf soziale Beziehungen in diesem Bereich und auf die Arbeitstätigkeit selbst beziehen, als irrelevant für die Beurteilung des Gesamtergebnisses der Aktivitäten in einer Gesellschaft ausgeschaltet. Eine befriedigende Gestaltung der menschlichen Arbeit und der mit ihr zusammenhängenden Aspekte des sozialen Lebens scheint demnach „ökonomisch" nicht ins Gewicht zu fallen[15].

18. Die Wohlfahrtsökonomie und das Problem der externen Effekte

Wer die Entwicklung der modernen Wohlfahrtsökonomie kennt, wird möglicherweise darauf hinweisen, daß Sozialproduktbewertungen von der Art, wie sie hier kritisiert wurden, in dieser Disziplin keine Rolle spielen. Im Verhältnis zu den theoretisch ausgefeilten und technisch raffinierten Betrachtungen, die in ihr angestellt werden, gehören solche Berechnungen, so könnte man sagen, geradezu in die Vulgärökonomie. Das Bild des Güterhaufens, der durch produktive Anstrengungen kooperativer Natur laufend vergrößert, auf die Individuen verteilt und durch den Konsum wieder verkleinert wird, ein Bild, das solche Berechnungen sinnvoll erscheinen ließe, spielt in der wohlfahrtsökonomischen Diskussion unter

---

[15] Vor allem Marshalls Auffassung des Zusammenhangs von Bedürfnissen und Aktivitäten scheint mir eine Überwindung des üblichen ökonomischen Vorurteils zu enthalten, das zu der konsumorientierten Sicht führt; vgl. ALFRED MARSHALL, Principles of Economics, aaO, S. 86 ff.: Wants in Relation to Activities. Die in der Ökonomie übliche Aufteilung der Aktivitäten in Konsum und Produktion verdeckt die den Psychologen bekannte Tatsache, daß viele Tätigkeiten gleichzeitig konsumatorische und instrumentale Aspekte haben, und zwar in beiden Bereichen der üblichen Unterscheidung.

Experten keine Rolle, auch wenn es in ökonomischen Vorlesungen mitunter zur Einübung von Anfängern in die ökonomische Perspektive verwendet wird. Der normative Zweig der neoklassischen Lehre hat vielmehr zugestandenermaßen sehr viel dazu beigetragen, solche naiven Vorstellungen der Kritik auszusetzen. Er verzichtet auf die Idee einer berechenbaren Sozialproduktgröße und benutzt den nutzentheoretischen Unterbau der Konsumtheorie im Zusammenhang mit Gleichgewichtsbetrachtungen, die zur Auszeichnung einer – nicht notwendig eindeutigen – idealen Produktion führen sollen[16], wobei unterstellt wird, daß der betreffende Gleichgewichtszustand bei vollkommener Konkurrenz wenigstens der Tendenz nach zustande kommen würde.

Eine wichtige Frage im Zusammenhang mit dieser Lösung des Wohlfahrtsproblems ist natürlich die, inwieweit das Bild der Konkurrenz, das in ihr zum Ausdruck kommt, den Tatsachen entspricht, oder besser: inwieweit eine derartige Konkurrenz realisierbar ist. Aber sehen wir zunächst einmal von dieser Frage ab, die zur Erörterung institutioneller Vorkehrungen führen müßte, und betrachten wir die Voraussetzungen, die gemacht werden müssen, um das Konkurrenzgleichgewicht in der erwähnten Weise auszeichnen zu können. Die These der idealen Produktion basiert unter anderem auf der Annahme einer gegebenen Einkommensverteilung. Diese Voraussetzung soll es erlauben, das Problem der interpersonellen Bewertung von Bedürfnissen und der sich aus ihnen ergebenden individuellen Nutzengrößen zu umgehen. Eine andere Verteilung würde nämlich im allgemeinen zu anderen Preisen und damit zu einer anderen Verwendung der Produktionskräfte führen, so daß im Endeffekt ein anderer Stand der Befriedigung individueller Bedürfnisse resultieren würde. In dieser Abstraktion von der Verteilungsproblematik, durch die das Prinzip der Maximalbefriedigung auf die kaufkraftunterstützten Bedürfnisse eingeschränkt wird, kommt eine altbekannte Schwäche der utilitaristischen Denktradition zum Vorschein. Durch diesen Kunstgriff wird versucht, die in der Gesellschaft existierenden Interessenkonflikte auszuklammern, um die Bewertung des Resultats der gemeinsamen Tätigkeit von ihnen unabhängig zu machen. Dabei muß natürlich mit dem Einwand

---

[16] Das bei vollständiger Konkurrenz tendenziell zustande kommende Gleichgewicht, in dem die Preise gleich den Grenzraten der Substitution und der Transformation der Güter sind, involviert eine effiziente Allokation der Produktionsfaktoren im Hinblick auf den kaufkraftgestützten Konsum und damit eine in bestimmtem Sinne ideale Produktion; vgl. dazu z. B. CHARLES K. ROWLEY/ALAN T. PEACOCK, Welfare Economics. A Liberal Restatement, S. 11 ff.

gerechnet werden, daß die bei vollständiger Konkurrenz zustande kommende Einkommensverteilung keineswegs sakrosankt ist.

Aber dieses Verfahren ist nicht einmal hinreichend, um eine auf gegebene Verteilungen bezogene These der idealen Produktion zu retten, wenn diese These einen eindeutigen Bezug zum Problem der Bedürfnisbefriedigung haben soll, dem Problem also, das den Ausgangspunkt aller dieser Überlegungen bildet. Für die Lösung dieses Problems ist die Behauptung, im Konkurrenzgleichgewicht werde ein in diesem eingeschränkten Sinne optimales Sozialprodukt erreicht, nicht ohne weiteres interessant. Das ist deshalb der Fall, weil dabei sogenannte externe Effekte nicht berücksichtigt sind, das heißt positive und negative Wirkungen der ökonomischen Aktivitäten auf Dritte, die nicht in den Kalkülen der Marktpartner erscheinen und sich daher auch nicht auf die Preise auswirken können. Daß es solche Wirkungen gibt, ist unbestritten. Die Situation jedes Mitgliedes der Gesellschaft wird in einer für seine Bedürfnisbefriedigung vielfach außerordentlich bedeutsamen Weise durch solche Wirkungen beeinflußt. Man braucht nur an die Änderungen des Landschaftsbildes durch die Industrialisierung, an die für die meisten Leute unangenehmen Konsequenzen des Autoverkehrs – natürlich abgesehen von den Vorteilen, die das eigene Auto jeweils mit sich bringt –, an die Umweltverschmutzung und ähnliche Tatbestände zu denken. Aber auch abgesehen von solchen auffallenden Erscheinungen ist die Welt für jeden von uns voller – positiver und negativer – externer Effekte. Die steigende Bevölkerungsdichte wird vermutlich dafür sorgen, daß wir in Zukunft eher mit einer Vermehrung als einer Verminderung solcher Einflüsse zu rechnen haben. Das bedeutet unter anderem, daß die Abstraktion von der Verteilungsproblematik nicht ausreichend ist, um mögliche Interessenkonflikte für die Bewertung des Sozialprodukts auszuschalten, wenn man die Orientierung an der Bedürfnisbefriedigung im Sinne des ökonomischen Ansatzes aufrechterhalten will. Die für viele wohlfahrtsökonomischen Untersuchungen charakteristische Abstraktion von externen Effekten nimmt dieser Disziplin aber jede Bedeutung für die Lösung wirtschaftlicher Probleme und für die Fundierung einer rationalen Politik.

Man könnte nun meinen, es käme nur darauf an, solche Effekte zu berücksichtigen, etwa indem man sie in irgendeiner Weise zu kompensieren sucht. Es ist aber nicht zu sehen, wie es möglich sein soll, sie nicht nur zu identifizieren, sondern darüber hinaus in sinnvoller Weise wertmäßig zu erfassen. Der ihnen zugeschriebene Wert müßte nämlich eine angemessene Beziehung zur individuellen Bedürfnisbefriedigung haben. Es ist daher nicht ohne weiteres möglich, an Marktpreise anzuknüpfen, um den „Maßstab des Geldes" zur Lösung dieses Problems verwenden zu können. Diese Preise sind ja gerade deshalb nicht dazu brauchbar, weil sie in Situationen zustande gekommen sind, die durch das Vorherrschen externer Effekte gekennzeichnet sind. Unglücklicherweise wären die auf dem Markte entstandenen Bewertungen nur dann zur Lösung des Problems zu verwenden, wenn dieses Problem gar nicht erst entstehen könnte, weil die individuellen Nutzenschätzungen in ihnen voll zum Ausdruck kämen. Die üblichen Berechnungen sozialer Kosten und Vorteile, die an die tatsächlichen Preise anknüpfen, sind also unter Umständen für gewisse praktische Zwecke brauchbare Aushilfen, aber es ist kaum möglich, sich für sie auf eine wohlfahrtsökonomische Grundlage zu berufen.

Das Problem der externen Effekte gibt Veranlassung, die Zusammenhänge zwischen dem in der Ökonomie verwendeten Begriff des Gutes und der Bedürfnisproblematik näher zu untersuchen. Die Plausibilität der Vorstellung, bei vollständiger Konkurrenz käme aufgrund der Tauschhandlungen aller Beteiligten eine optimale Situation für alle zustande, beruht offenbar darauf, daß man dabei vorzugsweise an Güter denkt, deren Aneignung und Verwendung durch die am Tausch beteiligten Partner keine für deren Bedürfnisbefriedigung relevanten Wirkungen auf Unbeteiligte hat, also an *private Güter* im vollen Sinne des Wortes. Nun gibt es, wie wir alle wissen, Güter, bei denen wir von vornherein damit rechnen, daß ihre Existenz sich auf die Situation einer großen Zahl von Personen in ökonomisch relevanter Weise auswirkt, wie öffentliche Parks und Straßen, die Feuerwehr und polizeiliche und militärische Einrichtungen aller Art, *öffentliche Güter* also, die meist nicht auf privater Basis angeboten werden. Da solche Auswirkungen auch negativ sein können, sind manche dieser Güter in mehr oder minder großem Ausmaß auch *öffentliche Übel*.

Es liegt nahe, den Begriff des – positiven oder negativen – öffentlichen Gutes mit dem der Externalität so zu verbinden, daß zwischen privaten und öffentlichen Gütern nur auf dieser Grundlage unterschieden wird, so daß, wenn man Gradabstufungen zuläßt, der Grad der Öffentlichkeit – bzw. der Privatheit – eines Gutes vom Umfang der mit seinem Gebrauch verbundenen externen Effekte abhängt[17]. So kann z. B. ein Tennisplatz

---

[17] Wie Buchanan gezeigt hat – vgl. JAMES M. BUCHANAN, The Demand and Supply of Public Goods, Chicago 1968, S. 173 ff. –, benötigt man zur Charakterisierung des *Grades der Öffentlichkeit* eines Gutes zumindest einen zweidimensionalen Merkmalsraum, dessen eine Dimension es erlaubt, den *Grad der Unteilbarkeit* des betreffenden Gutes zu charakterisieren, also das Ausmaß, in dem die betreffenden Wirkungen die Mitglieder der betreffen-

für die Mitglieder einer kleinen Gruppe – etwa einen Tennisverein – den Charakter eines völlig unteilbaren öffentlichen Gutes haben, eine Schutzimpfung gegen eine Infektionskrankheit aber für eine erheblich größere Gruppe den Charakter eines nur teilweise teilbaren öffentlichen Gutes, weil eine solche Impfung zwar für jede Person besondere Vorteile mit sich bringt, aber gleichzeitig – wegen der Verminderung der Ansteckungsgefahr – gewisse, wenn auch geringere Vorteile für die übrigen Mitglieder der Gruppe. Respekt einer Person vor den Rechten aller anderen Gruppenmitglieder ist für die betreffende Gruppe ein öffentliches Gut, weil sie die Sicherheit aller anderen erhöht, aber in bezug auf eine umfassendere Gemeinschaft kann sich daraus ein öffentliches Übel ergeben, wenn sich die Binnenmoral der betreffenden Gruppe von ihrer Außenmoral unterscheidet[18]. Man braucht nicht auf die Seeräuberstaaten der Mittelmeerküste zurückzugreifen, um historische Beispiele für eine solche Konstellation externer Effekte zu finden.

Die Grundlage der üblichen Argumentation für die Optimalität der vollkommenen Konkurrenz hinsichtlich der Bedürfnisbefriedigung der Mitglieder einer Gesellschaft besteht darin, daß die Vertragspartner in einem solchen Marktsystem in ihren Vereinbarungen die Möglichkeit haben, die Wirkungen ihrer Abmachungen auf ihre eigene Situation – und damit auch: deren Bedeutung für ihre Bedürfnisbefriedigung – in Rechnung zu stellen. Da die Wirkungen auf an solchen Vereinbarungen unbeteiligte Dritte keine Rolle spielen – soweit die Partner selbst kein entsprechendes Bedürfnis haben –, entsteht das Problem der externen Effekte, das dann für die Ableitung der Optimalitätsbedingungen durch eine entsprechende *ad hoc*-Annahme ausgeschaltet wird. Man kann sich daher vorstellen, daß eine adäquate Lösung des Problems nur die Möglichkeit

---

den Gruppe im ganzen treffen, ohne sich unterschiedlich aufteilen zu lassen, während die andere Dimension den *Bereich der Unteilbarkeit* betrifft – das heißt die Größe der Gruppe, für die diese Unteilbarkeit jeweils gegeben ist. In diesem Schema ist allerdings der Unterschied zwischen positiven und negativen Effekten noch nicht berücksichtigt, der eine dritte Dimension notwendig erscheinen läßt. Für eine Klassifikation der Güter mit Hilfe des Schemas muß die politische Gesamtgruppe, für die sie gelten soll, und die Struktur der Eigentumsrechte gegeben sein; vgl. BUCHANAN, S. 177f.

[18] Vgl. dazu JAMES M. BUCHANAN, The Limits of Liberty. Between Anarchy and Leviathan, Chicago/London 1975, S. 108 ff. Die Bildung von Koalitionen in einem Naturzustand Hobbesscher Prägung erhöht daher den Anreiz für Außenseiter, einer der Koalitionen beizutreten oder eine weitere zu bilden, um der Verschlechterung ihrer Situation zu begegnen. Wir haben hier also, wie Buchanan betont, die Umkehrung des bei öffentlichen Gütern sonst auftretenden Schwarzfahrerproblems.

voraussetzt, an die Stelle der für den Markt meist typischen bilateralen Vereinbarungen multilaterale Vereinbarungen zu setzen, bei denen alle Betroffenen Verhandlungspartner sind. Als Grenzfall läßt sich dann eine Welt *universeller Externalität* vorstellen, eine Welt mit ausschließlich rein öffentlichen Gütern, in der bilaterale Vereinbarungen überhaupt keinen Beitrag mehr zur Lösung des Problems optimaler Bedürfnisbefriedigung leisten können. Alle Aktivitäten haben in ihr nämlich jeweils nicht aufteilbare Wirkungen auf die Befriedigung aller Mitglieder der Gesellschaft[19].

Diese Welt ist vermutlich kaum viel weiter von der heutigen gesellschaftlichen Wirklichkeit entfernt als eine Welt *völlig fehlender Externalität*, in der nur rein private Güter auszutauschen wären. Die letztere müßte ja ohne die gemeinsamen sozialen Einrichtungen auskommen, die den privaten Austausch überhaupt möglich machen und damit ohne einen auch nur minimalen Staat. Selbst die reine Marktgesellschaft der Verfechter eines radikalen Kapitalismus käme kaum ohne Einrichtungen aus, mit denen externe Effekte verbunden sind. Die steigende Komplexität der Gesellschaft und die zunehmende Interdependenz individueller Aktivitäten, die damit verbunden ist, führt aber wohl zu einem wachsenden Ausmaß externer Effekte, die uns der Welt universeller Externalität näher bringen. Dabei handelt es sich vielfach um negative Wirkungen, die aus privaten Gütern öffentliche Übel machen.

Für eine auf die optimale Bedürfnisbefriedigung aller Mitglieder einer Gesellschaft gerichtete Betrachtungsweise besteht das *praktische* Problem zunächst darin, *alle Externalitäten zu internalisieren*. Es wäre also so zu verfahren, daß alle Betroffenen in angemessener Weise an den Entscheidungen beteiligt werden, deren Resultate ihre Situation in für ihre Befriedigung bedeutsamer Weise beeinflussen. Die Abstraktion von externen Wirkungen im Rahmen der Wohlfahrtsökonomie bedeutet demnach de facto die Umgehung des durch die Existenz nicht rein privater Güter entstehenden Internalisierungsproblems. Sie bedeutet damit die Immunisierung der These von der Optimalität vollständiger Konkurrenz gegen Einwände, die von der Beschaffenheit der Güterwelt des realen ökonomischen Universums – also: der tatsächlich bestehenden gesellschaftlichen Verhältnisse – ausgehen[20]. Und sie bedeutet außerdem die Ausklamme-

---

[19] Vgl. BUCHANAN, The Demand and Supply of Public Goods, aaO, S. 101 f. Es handelt sich also, wie Buchanan feststellt, um die Umkehrung der Welt des „Laisser-faire".

[20] Zu den Immunisierungstendenzen in der Wohlfahrtsökonomie vgl. auch mein Buch: Marktsoziologie und Entscheidungslogik, aaO, S. 156 ff.

rung des Problems der Bedeutung politischer Institutionen – insbesondere des Staates – für die Bedürfnisbefriedigung der Individuen[21].

Wer aber andere als rein private Güter überhaupt nicht behandelt, also das Problem der externen Effekte gänzlich vernachlässigt, kann die Frage, wie der *Einflußbereich der Staatsgewalt* in einer modernen komplexen Gesellschaft abzugrenzen sei, nicht einmal in angemessener Weise formulieren. Er kann daher weder auf die *anarchistische*, noch auf die *sozialistische* Herausforderung eine annehmbare Antwort geben. Es kann ja kaum geleugnet werden, daß in jeder Gesellschaft, in der ein Monopol legitimer Gewaltanwendung existiert, *bestimmte* Funktionen *sozialisiert* sind. In jeder werden also gewisse Güter innerhalb des *öffentlichen*, *nicht* des *privaten* Bereichs sozialer Aktivitäten bereitgestellt. Wer den Anarchismus für utopisch hält, ist daher mit der Frage konfrontiert, wo die Grenze zwischen diesen beiden Bereichen gezogen werden soll und welchen Regelungen sie im einzelnen unterworfen werden sollen.

Andererseits ist die Antwort derjenigen Sozialisten, die von den Ergebnissen der Wohlfahrtsökonomie beeindruckt und aus diesem Grunde bestrebt sind, eine Sozialordnung zu konstruieren, in der das neoklassische Konkurrenzmodell mit anderen institutionellen Mitteln im Rahmen einer Verwaltungswirtschaft nachgeahmt wird, nicht sehr überzeugend. Sie übernehmen nämlich eine Argumentation, die für die reale Welt, eine Welt voller externer Wirkungen, eine relativ geringe Bedeutung hat[22]. Überdies besteht die Gefahr, daß sie gerade die Züge der wirklichen Konkurrenz übersehen, die in neoklassischen Modellen nicht zum Ausdruck kommen, weil diese in einem institutionellen, motivationalen und kognitiven Vakuum operieren[23]. Und diese Züge sind für bestimmte Leistungsmerkmale des Marktsystems von ausschlaggebender Bedeutung. Ähnliches gilt übrigens für nicht-sozialistische Theoretiker, die sich

---

[21] Vgl. dazu WILLIAM J. BAUMOL, Welfare Economics and the Theory of the State, Cambridge/Mass. 1952, wo eine ökonomische Theorie des Staates skizziert wird, die auf einer Ausdehnung des Arguments der positiven externen Effekte beruht; vgl. auch JAMES M. BUCHANAN/GORDON TULLOCK, The Calculus of Consent. Logical Foundations of Constitutional Democracy, Ann Arbor 1962, wo das verallgemeinerte Externalitätsargument auf das Verfassungsproblem angewandt und von der Annahme ausgegangen wird, daß die Minimierung der Kosten der sozialen Interdependenz – der externen und der Entscheidungskosten – als brauchbares Ziel für die soziale oder politische Organisation angesehen werden kann; aaO, S. 46.

[22] Vgl. auch BUCHANAN, The Demand and Supply of Public Goods, aaO, S. 191 f.

[23] Vgl. meinen oben erwähnten Aufsatz: Individuelles Handeln und soziale Steuerung.

wohlfahrtsökonomischer Argumente bedienen, um den Staat zu kompensatorischen Maßnahmen zu veranlassen, im Hinblick auf die Funktionsweise der Institutionen des öffentlichen Bereichs. Die Tatsache, daß man in der Lage ist, die Optimalbedingungen der Allokation auch für den Fall der Existenz öffentlicher Güter zu formulieren, hilft hier nicht weiter, wenn keine entsprechende Analyse des Funktionierens der relevanten institutionellen Vorkehrungen vorhanden ist[24].

19. *Pareto-Kriterium, Bedürfniskonstellation und soziale Wohlfahrtsfunktionen*

Die alte Maximum-These des ökonomischen Denkens wurde in der neueren Wohlfahrtsökonomie auf die Behauptung reduziert, der Gleichgewichtszustand, der sich bei vollständiger Konkurrenz auf die Dauer einstelle, sei *pareto-optimal* und entspreche damit einem Adäquatsheits-Kriterium, dessen Formulierung auf Vilfredo Pareto zurückgeht[25]. Für die Charakterisierung des Konkurrenzgleichgewichts als pareto-optimal wird die Abwesenheit externer Wirkungen vorausgesetzt, eine Einschränkung, deren Bedeutung inzwischen klargeworden sein dürfte. Natürlich macht die Tatsache das Pareto-Kriterium noch keineswegs bedeutungslos, daß ein Zustand, für den in der ökonomischen Analyse üblicherweise Pareto-Optimalität in Anspruch genommen wird, nur im Rahmen eines Modells auftritt, das mit starken Idealisierungen arbeitet und daher nur einen Grenzfall mit problematischem Erklärungswert beschreibt. Es könnten sich nämlich erstens Möglichkeiten der Realisierung analoger Zustände ergeben, die bisher nicht untersucht wurden, und

---

[24] Vgl. dazu ROWLEY/PEACOCK, Welfare Economics. A Liberal Restatement, aaO, S. 25 ff.

[25] Diese Formulierung klingt zunächst wie ein Werturteil und ist ohne Zweifel auch vielfach so gemeint. Sie läßt sich aber ohne weiteres – und zwar sinnvollerweise – auf eine Sachaussage reduzieren; vgl. dazu mein o. a. Buch: Marktsoziologie und Entscheidungslogik, S. 194 ff.; vgl. auch BUCHANAN, The Demand and Supply of Public Goods, aaO, S. 6 ff. Bei Anwendung des Pareto-Kriteriums werden soziale Zustände (oder Zustandsänderungen) im Hinblick auf die Frage paarweise verglichen, inwieweit der eine (bzw. die eine) für alle Mitglieder der Gesellschaft zumindest ebenso vorteilhaft wie der andere (die andere) ist. Dabei werden diesem Vergleich die tatsächlichen Bewertungen durch die betreffenden Individuen zugrunde gelegt. Das Kriterium bestimmt eine Halbordnung – vgl. Anm. 11 oben –, ist also im allgemeinen zu schwach, um einen bestimmten Zustand oder eine Zustandsänderung eindeutig auszuzeichnen.

zweitens könnte man sich unter Umständen auch mit einer approximativen Realisierung zufriedengeben[26]. Als mögliches Leistungsmerkmal für institutionelle Vorkehrungen des sozialen Lebens käme die Pareto-Optimalität auch dann noch in Betracht, wenn der in der neoklassischen Phase akzentuierte Sonderfall der vollkommenen Konkurrenz ohne reale Bedeutung wäre. Eine normative Verwendung des Kriteriums wäre also auch dann noch ohne weiteres möglich.

Aber die Plausibilität dieses Kriteriums ist keineswegs ein ausreichender Grund für die Annahme, daß man es unter dem Gesichtspunkt der Vermeidung interpersoneller Nutzenvergleiche akzeptieren könne oder müsse. Eine stillschweigende Voraussetzung, die mit seiner Anwendung auf das Konkurrenzmodell verbunden zu sein pflegte, ist nämlich angesichts dessen, was aus der soziologischen und sozialpsychologischen Forschung über soziale Beziehungen bekannt ist, unannehmbar: die Voraussetzung, daß die anderen Mitglieder der Gesellschaft gegen Änderungen in der relativen Position eines Mitglieds jeweils indifferent sind[27]. Diese dem Robinson-Paradigma entsprechende Annahme, die übrigens für das individualistische Erkenntnisprogramm keineswegs unentbehrlich ist, dürfte kaum den tatsächlichen Verhältnissen entsprechen. Wenn man den sozialen Kontext des Verhaltens der untersuchten Individuen so berücksichtigt, wie das den vorliegenden Forschungsergebnissen entspricht, z. B. den Resultaten der Untersuchungen über Bezugsgruppen, relative Deprivation und soziale Vergleichsprozesse, dann müssen in vielen Fällen auch von den Individuen wahrgenommene relative Positionsänderungen berücksichtigt werden. Das ist deshalb der Fall, weil diese Änderungen ihre Bedürfnisbefriedigung und damit auch ihre Bewertungen beeinflussen[28], zumal sie oft soziale Machtverschiebungen involvieren, die für ihre Situation sehr bedeutsam sein mögen.

Aber nicht nur die Bedeutung sozialer Vergleichsprozesse für die individuelle Bedürfnisbefriedigung müßte berücksichtigt werden, sondern

---

[26] Siehe dazu die drei letzten Kapitel des Buches von BUCHANAN, The Demand and Supply of Public Goods, aaO.

[27] Vgl. dazu OSKAR MORGENSTERN, Pareto Optimum and Economic Organisation, in: Systeme und Methoden in den Wirtschafts- und Sozialwissenschaften. Festschrift für E. v. Beckerath, herausgegeben von N. Kloten/W. Krelle/H. Müller/F. Neumark, Tübingen 1964, S. 573 ff.

[28] Schon JAMES S. DUESENBERRY hat die Bedeutung des sozialen Kontextes seinerzeit in seinem Buch: Income, Saving and the Theory of Consumer Behavior, Cambridge/Mass. 1959, berücksichtigt; vgl. meinen in Anm. 5 erwähnten Aufsatz zur Theorie der Konsumnachfrage; dazu auch FRED HIRSCH, Social limits to growth, Cambridge/Mass. 1976.

darüber hinaus auch die Tatsache, daß es unmittelbar soziale Bedürfnisse gibt, also solche, deren Befriedigung von den sozialen Aspekten individueller Lebenssituationen abhängt. Solche Aspekte sind – der Logik des ökonomischen Ansatzes folgend – in die Kategorie der Güter, und zwar im allgemeinen in die der knappen Güter, aufzunehmen[29]. Das Problem ihrer Allokation muß, wenn man pareto-optimal verfahren möchte, im Zusammenhang mit den individuellen Bewertungen dieser Aspekte gelöst werden. Das bedeutet aber, daß man genötigt wäre, auch etwa Bedürfnisse nach Gewaltausübung, Zwang, Unterdrückung und Grausamkeit dabei zu berücksichtigen, und zwar in gleicher Weise wie andere Bedürfnisse. Eine rein an individuellen Bedürfnissen und ihrer Befriedigung orientierte Lehre kann Bedürfnisse dieser Art nicht mit dem Argument ausschließen, ihre Befriedigung sei moralisch verwerflich oder unter Umständen rechtlich ausgeschlossen. Es geht hier ja gerade um das Problem der Bewertung sozialer Vorkehrungen aller Art – also auch von Rechtsnormen, Moralvorschriften, Institutionen und politischen Maßnahmen – unter dem Gesichtspunkt der Bedürfnisbefriedigung. Die Einbeziehung externer Wirkungen in den sozialen Nutzenkalkül müßte zum Beispiel die Anziehungskraft öffentlicher Hinrichtungen für Schaulustige ebenso berücksichtigen wie den Lustgewinn eines Potentaten aus der Züchtigung seiner Untertanen, seine Freude am feierlichen Autodafé, die Neidgefühle eines Künstlers angesichts der Werke seiner Kollegen und ähnliche Aspekte der seelischen Ökonomie von Mitgliedern einer Gesellschaft.

Im Sinne individueller Bewertungen pflegen private Güter mitunter in erheblichem Umfang öffentliche Übel zu sein und private Übel öffentliche Güter. Eine Wohlfahrtsökonomie utilitaristischer Prägung hat von ihren Prinzipien her keinen Anlaß, hier Unterscheidungen zwischen relevanten und irrelevanten Bedürfnissen zu machen, obwohl immerhin Bedürfnisintensitäten in Rechnung gestellt werden könnten. Das Pareto-Kriterium abstrahiert von Intensitätsunterschieden dieser Art und beschränkt sich auf bloße Rangordnungen. Eine soziale Zustandsänderung, die zwar zur Beseitigung des Hungers in gewissen Gebieten führen, aber gleichzeitig bei anderen Individuen die Befriedigung sadistischer Gefühle beeinträch-

---

[29] Die Untersuchungen Linders zeigen in amüsanter Weise, welche Bedeutung der für die ökonomische Analyse charakteristische Tatbestand der Knappheit für Alltagsphänomene hat, die wir meist nicht unter ökonomischen Gesichtspunkten zu betrachten pflegen; siehe STAFFAN B. LINDER, Das Linder-Axiom oder Warum wir keine Zeit mehr haben, Gütersloh/Wien 1971; dazu auch FRED HIRSCH, aaO.

tigen würde, wäre im Sinne dieses Kriteriums nicht akzeptabel, und sie wäre mit einer Änderung umgekehrter Art unvergleichbar. Jede Regelung, die sich auf die Anwendung des Pareto-Kriteriums beschränkt, zeichnet den *Status quo* aus, denn sie gibt jedem Individuum ein unbeschränktes Veto gegen Zustandsänderungen, die seiner Auffassung nach seine Bedürfnisbefriedigung beeinträchtigen.

Wenn es also gelingen würde, für alle Güterarten und damit für alle sozialen Bereiche institutionelle Regelungen zu finden, die nur pareto-optimale Zustandsänderungen zulassen würden – eine allerdings ziemlich unrealistische Hoffnung in einer Welt nicht universeller, aber doch weitverbreiteter Externalität –, dann wäre der Erfolg zwar ein maximaler Wohlstand im Sinne des neoklassischen Denkens, aber vermutlich keineswegs ein Zustand der Welt, der den meisten Menschen attraktiv erscheinen würde. Der ganze Ansatz läuft darauf hinaus, die Problematik sozialer Interessenkonflikte dadurch auszuschalten, daß von einer gegebenen Verteilung ausgegangen wird, so daß das Problem der Gewichtung der – teilweise kollidierenden und konkurrierenden – Bedürfnisse durch diese Annahme als gelöst angesehen werden kann und alle in diesem Rahmen noch möglichen Zustandsänderungen prinzipiell durch multilaterale Tauschprozesse erreichbar sind, die Einmütigkeit voraussetzen. Die Macht der beteiligten Individuen kommt dabei nur noch in ihrer „Leistungsfähigkeit" – genauer: in ihrer Fähigkeit, andere durch eigene Leistungen zu kompensieren – zum Ausdruck. Diese Leistungsfähigkeit ist abhängig von der Ausstattung mit sachlichen Hilfsmitteln aller Art – Landbesitz, Instrumenten, Zahlungsmitteln usw. –, aber auch mit persönlichen Begabungen, mit Intelligenz, Ausdauer und anderen Eigenschaften und schließlich mit Einflußmöglichkeiten, die sich aus Ansehen, Vertrauenswürdigkeit und anderen für die soziale Position wichtigen Faktoren ergäben. Diese Idee entbehrt nicht einer gewissen Attraktivität, solange man die Ausgangsverteilung als gegeben und damit unproblematisch betrachtet[30]. Wenn man aber in Betracht zieht, daß einige wesentliche Merkmale dieser Verteilung unter Umständen auf der Basis von Gewaltanwendung, Unterdrückung und Betrug zustande gekommen sind – auch wenn das möglicherweise zum Teil historisch weiter zurückliegt –, dann mögen sich Bedenken gegen sie einstellen. Es geht ja nicht darum, Rege-

---

[30] Die Argumentation ROBERT NOZICKS in seinem Buch: Anarchie, Staat, Utopia, 1976, klingt vor allem deshalb teilweise überzeugend, weil er die Problematik des Ausgangszustandes im wesentlichen beiseite schiebt.

lungen zu finden, die für ideale Ausgangszustände plausibel erscheinen mögen.

Weit weniger problematisch wird den meisten die im Hintergrund der paretianischen Einmütigkeitsregel wirksame Idee erscheinen, daß die individuellen Bedürfnisse – und zwar so, wie sie im Urteil der Individuen selbst erscheinen – für soziale Entscheidungen und Regelungen ausschlaggebend sein sollen. Aber auch diese Idee ist weniger selbstverständlich, als sie auf den ersten Blick aussieht. Sie ist vor allem nicht ohne weiteres mit dem Freiheitsprinzip des Liberalismus gleichzusetzen[31], denn die Bedürfnisstrukturen der Individuen können durchaus so geartet sein, daß diese eine wohlwollende Despotie einem Zustand mit freiheitlichen Regelungen vorziehen würden. Der Übergang von einem autoritären oder totalitären Regime zu einer liberalen politischen Ordnung braucht keineswegs eine pareto-optimale Zustandsänderung zu sein, und zwar nicht nur wegen der in der jeweiligen Führungsschicht vorherrschenden Präferenzen, sondern auch deshalb, weil die Unterordnung in einem solchen System zu einer Massengewohnheit geworden ist. Die individuellen Bedürfnisse, an die sich nach wohlfahrtsökonomischer Auffassung das ganze System laufend anpassen soll, um entsprechende Güter bereitzustellen, sind nicht nur wandelbar, sondern auch zumindest teilweise durch die Eigenart dieses Systems mitbeeinflußt. Die institutionellen Arrangements – darunter auch die soziale Organisation der Produktion im engeren Sinne – wirken an der Prägung der Bedürfnisse mit, so daß es nicht ganz plausibel ist, die jeweilige Bedürfniskonstellation in jedem Augenblick zum archimedischen Punkt der Rechtfertigung einer sozialen Ordnung zu machen[32].

Damit soll natürlich nicht der für die Praxis heutiger autoritärer und totalitärer Systeme charakteristischen Manier das Wort geredet werden, die individuellen Bedürfnisse der Bürger zugunsten machtpolitischer Interessen weitgehend zu ignorieren. Es soll nur darauf hingewiesen werden, daß solche Bedürfnisse sozialkultureller Prägung unterliegen und unter anderem auch vom Stande des Wissens und von der Zugänglichkeit von Informationen abhängig sind. Es wäre daher ebenso falsch, sie als kritikimmun zu betrachten, wie das für sachliche und normative Überzeugungen gilt. Wenn man die Bedürfnisproblematik ohne Berücksichtigung des Kontex-

---

[31] Darauf wird vor allem in dem oben erwähnten Buch von ROWLEY und PEACOCK, Welfare Economics. A Liberal Restatement, hingewiesen, vgl. aaO, S. 80 ff. und 163 f.

[32] Vgl. dazu meine Kritik in meinem o. a. Buch: Traktat über kritische Vernunft, Abschnitt 27, S. 164 ff.

tes der Bedürfnisbildung behandelt und die Abhängigkeit individueller Bewertungen vom Stande der Information und von anderen Faktoren ignoriert, kommt man zu einer Lösung des Problems der kollektiven Wahl, die auf ein soziales Vakuum zugeschnitten ist.

Das gilt vor allem für die Konzeption der sozialen Wohlfahrtsfunktionen, die zur Überwindung der Schwächen der paretianischen Wohlfahrtsökonomie entwickelt wurde[33]. Diese Konzeption scheint mir das Endstadium des utilitaristischen Denkens und gleichzeitig den Höhepunkt des Modell-Platonismus in der Diskussion um die Problematik der sozialen Ordnung darzustellen[34]. Die Vorstellung, man könne soziale Ordnungsprobleme durch die Konstruktion eines bestimmten Adäquatsheitsbedingungen genügenden entscheidungslogischen Formalismus lösen, ohne Probleme der institutionellen Realisierbarkeit auch nur in Betracht zu ziehen, ist vom realistischen Ausgangspunkt des klassisch-ökonomischen Denkens und von der dort praktizierten Analyse alternativer institutioneller Vorkehrungen weit entfernt. Man kann daher den Eifer nicht ganz verstehen, mit dem der Nachweis, daß bestimmte dabei formulierte Annahmen nicht miteinander vereinbar sind, als ordnungspolitisch relevantes Argument diskutiert wurde. Was in Zweifel gezogen werden muß, ist meines Erachtens nicht dieser oder jener Nachweis in diesem Zusammenhang, sondern die Fruchtbarkeit dieser Art, an solche Probleme heranzugehen[35], in der die *Idee der Kalkulierbarkeit* adäquater Entscheidungen auf den Gesamtzusammenhang des sozialen Lebens projiziert wird.

20. Die Realität der Konkurrenz und die regulative Idee der Wohlstandssicherung

Ein nicht unwesentlicher Einwand gegen bisherige wohlfahrtsökonomische Überlegungen ist aber der, daß die neoklassische Auffassung, in

---

[33] Vgl. dazu KENNETH J. ARROW, Social Choice and Individual Values, New York/London/Sidney 1951, 2. Auflage 1963.

[34] Zur Kritik vgl. JAMES M. BUCHANAN, Social Choice, Democracy, and Free Markets (1954), in seinem Aufsatzband: Fiscal Theory and Political Economy, Chapel Hill 1960; GORDON TULLOCK, in: Buchanan/Tullock, The Calculus of Consent, aaO, S. 331 ff.; sowie ROWLEY/PEACOCK, aaO, S. 35 ff., und meinen o. a. Aufsatz: Politische Ökonomie und rationale Politik.

[35] Vgl. auch MICHAEL DAVIS, Avoiding the Voter's Paradox Democratically, Theory and Decision, Vol. V, 1974, S. 295 ff., wo – S. 308 ff. – die Vorstellung, eine Verfassung müsse

deren Rahmen sie entwickelt wurden, den wirklichen Merkmalen des Marktmechanismus nicht gerecht wird. Es geht dabei vor allem darum, daß das Modell vollkommener Konkurrenz, auf das sich das wohlfahrtsökonomische Plädoyer für den pareto-optimalen Charakter des Gleichgewichtszustandes bezieht, der sozialen Wirklichkeit nicht entspricht. Das ökonomische Denken in der neoklassischen Phase war durch eine *Problemverschiebung in entscheidungslogischer Richtung* charakterisiert, die mit extremen Idealisierungen verbunden war. Diese Idealisierungen ließen den dynamischen Charakter des Marktgeschehens und seine institutionellen Grundlagen zugunsten einer Konstruktion zurücktreten, in der sich eine Logik optimaler Allokation unter statischen Voraussetzungen verkörperte[36]. Erst der sich heute entwickelnde theoretische Institutionalismus wird das institutionelle Defizit der reinen Ökonomie auf lange Sicht wohl beseitigen[37]. Er betont die Bedeutung rechtlicher Regelungen für den Marktablauf und macht gewisse Idealisierungen rückgängig, die zur Vernachlässigung bestimmter Kostenarten – wie der Transaktionskosten oder der Überwachungskosten – geführt hatten. Außerdem zeigt sich allmählich die Bedeutung des Informationsproblems für den Marktmechanismus, und damit die der kognitiven Aspekte des Verhaltens der Marktteilnehmer, die bisher durch *ad hoc*-Annahmen wie die der vollkommenen Information oder einer bestimmten Erwartungselastizität abgedeckt worden waren[38]. Bedürfniswandel und innovatorische Aktivitäten kommen ins Blickfeld der Theorie, die bisher aufgrund statischer Voraussetzungen solche Phänomene nicht verarbeiten konnte.

---

gegebene Präferenzen quasi *widerspiegeln*, der Kritik unterworfen wird. Manche Regeln zielen eher, und zwar sinnvollerweise, darauf ab, sie zu *ändern*, weil sie auf Fehlinformationen usw. beruhen können. Die Ausklammerung des Informationsproblems ist aber charakteristisch für die Idee der Wohlfahrtsfunktionen.

[36] Vor allem JOSEF SCHUMPETER hat schon frühzeitig auf diese Tatsache aufmerksam gemacht, obwohl er selbst durch die theoretische Glanzleistung von Léon Walras fasziniert war; vgl. seine: Theorie der wirtschaftlichen Entwicklung (1912), 5. Auflage, Berlin 1926; siehe auch FRANK H. KNIGHT, Risk, Uncertainty and Profit (1921), New York 1964.

[37] Vgl. dazu Eirik G. Furubotn/Svetozar Pejovich (eds.), The Economics of Property Rights, aaO; der frühere Institutionalismus der amerikanischen Ökonomie hatte zwar interessante Probleme aufgeworfen und Schwächen der reinen Ökonomie akzentuiert, aber keine theoretische Alternative geboten.

[38] Vgl. dazu schon FRIEDRICH A. VON HAYEK, Wirtschaftstheorie und Wissen (1936), in seinem Band: Individualismus und wirtschaftliche Ordnung, Erlenbach/Zürich 1952, S. 49 ff.; sowie ISRAEL M. KIRZNER, Competition and Entrepreneurship, Chicago/London 1973.

Allerdings hat bisher noch keine entsprechende Reform der verhaltenstheoretischen Grundlage des ökonomischen Denkens eingesetzt. Der formalisierte Apparat der neoklassischen Wertlehre eignet sich zwar zur Bestimmung der formalen Eigenschaften von Gleichgewichtszuständen. Er erlaubt aber nur in bescheidenem Maße die Behandlung der motivationalen und kognitiven Bedingungen sozialer Vorgänge, wie sie auch für die Analyse des Marktmechanismus eigentlich notwendig wäre. Dabei ist inzwischen durchaus klargeworden, daß der Marktablauf keineswegs durch die Marktform allein bestimmt sein kann, also durch den Umstand, ob der Markt durch eine annähernd atomistische Konkurrenz, durch ein Oligopol oder durch monopoloide Formen irgendwelcher Art gekennzeichnet ist. Gewiß gibt es Anhaltspunkte dafür, daß zwischen der Anzahl der konkurrierenden Einheiten und der Intensität der Konkurrenz bestimmte Beziehungen existieren, wie das in der überlieferten Theorie immer vorausgesetzt wurde[39]. Aber wir haben dennoch damit zu rechnen, daß unter Umständen eine Vielzahl miteinander konkurrierender Unternehmungen eine relativ träge Konkurrenz praktiziert, die in ihrer Marktleistung nicht dem üblichen Bild entspricht, während andererseits ein Monopol mit großer Effizienz operieren kann[40].

Solche Unterschiede werden vermutlich auch auf kulturell bedingte Verschiedenheiten im Bereich der Motivation zurückgehen, wie sie in der Motivationsforschung schon bis zu einem gewissen Grade untersucht worden sind[41]. Ein hohes Niveau der Leistungsmotivation im Rekrutie-

---

[39] Vgl. dazu G. WARREN NUTTER/JOHN H. MOORE, A Theory of Competition, Journal of Law and Economics, Vol. XIX, 1976, S. 39 ff.; allerdings handelt es sich dabei um stochastische Beziehungen, deren Merkmale teilweise durch kulturelle Faktoren bestimmt sind, aaO, S. 40. In einem Zustand, der dem neoklassischen Konkurrenzmodell entsprechen würde, könnte übrigens – wenn man einmal von der Inkompatibilität gewisser Annahmen dieses Modells absieht, vgl. dazu: Individuelles Handeln und soziale Steuerung, aaO, S. 188 – in Ermangelung gewisser für erfolgreiches Konkurrenzverhalten notwendiger Friktionen überhaupt keine Tendenz zum postulierten Konkurrenzgleichgewicht entstehen, vgl. NUTTER/MOORE, aaO, S. 60.

[40] ALBERT O. HIRSCHMANN hat in seinem Buch: Abwanderung und Widerspruch, Tübingen 1974, einen Unterschied zwischen „schlaffer" und „straffer" Wirtschaft herausgearbeitet, der nicht mit den in der bisherigen Theorie üblichen Auffassungen über die Leistungsmerkmale von Marktformen übereinstimmt.

[41] Vgl. dazu DAVID C. MCCLELLAND, The Achieving Society, Princeton 1961; JOHN W. ATKINSON, An Introduction to Motivation, Princeton 1964. Diese Untersuchungen bestätigen in mancher Hinsicht die Forschungsergebnisse Max Webers über die kulturellen Komponenten des wirtschaftlichen Verhaltens in seinen religionssoziologischen Analysen.

rungsbereich bestimmter sozialer Rollen – zum Beispiel von Rollen, die an der Unternehmerfunktion beteiligt sind –, mag zu einer Mobilisierung von Energien führen, die sich in erhöhte Investitionen und in technischen Fortschritt umsetzt. Es ist anzunehmen, daß solche Merkmale der Motivstruktur zumindest teilweise auf Erziehungspraktiken und auf die Wirkungen der Bezugsgruppenkonstellation zurückgehen. Die für die Entwicklung des westlichen Kapitalismus charakteristische Art dynamischer Konkurrenz, wie Schumpeter sie gekennzeichnet hat, hat also offenbar nicht nur institutionelle, sondern auch kulturelle und motivationale Wurzeln, die durch die reine Ökonomie neoklassischer Prägung nicht berücksichtigt wurden und mit Hilfe ihres Begriffsapparates auch wohl kaum in den Griff zu bekommen wären.

Während das Modell der vollkommenen Konkurrenz so konstruiert wurde, daß in ihm nur ein bestimmtes Leistungsmerkmal des tatsächlichen Konkurrenzgeschehens zum Ausdruck kommt: seine allokative Effizienz – die Abstimmung der Produktion auf den Verbrauch, das heißt: auf die kaufkräftige Nachfrage, die *idealiter* in ihm erreicht werden könnte –, werden diesem Geschehen von Theoretikern, die sich nicht auf die neoklassische Sicht der Dinge einschränken lassen wollen, eine ganze Reihe weiterer Eigenschaften zugeschrieben. Diese Eigenschaften machen Steuerungsprozesse dieser Art für jeden interessant, der die Verbesserung menschlicher Lebenslagen für erstrebenswert hält. Es handelt sich dabei um die Erschließung von Leistungsreserven, die Einführung und Verbreitung von Neuerungen, die relativ rasche und reibungslose Überwindung von Mangelsituationen, die intensive Verwertung des vorhandenen Wissens und der erreichbaren Informationen und dergleichen mehr. Alles das scheint im Laufe der Entwicklung der kapitalistischen Gesellschaft zu einer Hebung des Wohlstandes im populären Sinne dieses Wortes, und zwar des Massenwohlstandes, beigetragen zu haben, die mit wohlfahrtsökonomischen Kategorien schon deshalb kaum zu erfassen ist, weil diese nur unter statischen Voraussetzungen anzuwenden sind.

Ob solche Wohlstandssteigerungen, die unter ganz spezifischen Bedingungen im Rahmen eines Hochkulturbereiches der Erde zustande gekommen sind und deren Voraussetzungen sich, wie sich heute zu zeigen scheint, nur unter Schwierigkeiten in andere Bereiche übertragen lassen, im ganzen genommen ein „Fortschritt" waren, läßt sich weder ökonomisch, noch ohne weiteres auf andere Weise entscheiden[42]. Solche Urteile

[42] Auf den vor allem im Gefolge der industriellen Revolution – teilweise aber auch schon vorher – praktizierten Raubbau hinsichtlich der natürlichen Reserven – besonders der Ener-

werden wohl immer verschieden ausfallen, schon deshalb, weil die dabei verwendeten Wertgesichtspunkte sich sehr voneinander unterscheiden, ganz abgesehen von Problemen der Messung. Soweit für eine rationale Politik aber die *regulative Idee der Sicherung und Erhöhung des Wohlstandes* maßgebend ist, wird sie die sozialtechnologischen Lehren aus der europäischen Sonderentwicklung zu ziehen haben, die zu diesen Wohlstandssteigerungen geführt hat und damit gleichzeitig zum Ende der agrikulturellen Epoche der menschlichen Geschichte. Nicht nur hinsichtlich des Charakters und der Entwicklung der Verfassungen von Herrschaftsverbänden aller Art, sondern auch in bezug auf die Eigenart seiner wirtschaftlich-technischen Entwicklung bildet also Europa eine weltgeschichtliche Ausnahme. Und beide Aspekte sind vermutlich kausal eng miteinander verknüpft.

Die ökonomische Theorie hat mit ihrer Analyse der Konkurrenz nicht nur einen Beitrag zur Aufhellung der Eigenart dieser Entwicklung geleistet, sondern darüber hinaus einen Hinweis darauf gegeben, welche Konsequenzen sich aus der Übertragung der Idee rationaler Praxis in den sozialen Zusammenhang ergeben. Die Alternativen, zwischen denen die einzelnen Mitglieder einer Gesellschaft zu wählen haben, verkörpern sich teilweise in den Angeboten anderer Individuen oder sozialer Gruppen, die miteinander um ihre Nachfrage konkurrieren, und zwar nicht nur in dem engen Sinne, der sich im allgemeinen mit diesen Begriffen verbindet. Eine Erweiterung der Konkurrenz involviert also eine Vergrößerung des jewei-

---

gie- und Rohstoffreserven – hinzuweisen, ist heute fast überflüssig geworden; vgl. etwa E. F. SCHUHMACHER, Die Rückkehr zum menschlichen Maß. Alternativen für Wirtschaft und Technik, Hamburg 1977. Dieser Hinweis gilt allerdings für *alle* bisherigen Formen der Industriegesellschaft, nicht nur für die mehr oder weniger kapitalistischen. Überdies ist er wohl *keine notwendige* Konsequenz der kapitalistischen Wirtschaftsweise, die sich langfristig vermutlich auch auf die von Schuhmacher vorgeschlagene „Technologie mit menschlichen Zügen" umstellen läßt. Schwieriger sind wahrscheinlich die von Fred Hirsch aufgezeigten sozialstrukturellen Konsequenzen der Wohlstandssteigerungen in kapitalistischen Systemen zu bewältigen, die mit den sozialen Aspekten der Knappheitsproblematik zusammenhängen; vgl. FRED HIRSCH, Social Limits to Growth, aaO. Zu ihrer Bewältigung sind möglicherweise Reformen notwendig, durch die die institutionell bedingten Einschränkungen für das Verhalten der Individuen mit ihrem moralischen Potential in Einklang gebracht werden, etwa durch Verringerung der Größe von Gemeinschaften, die für die Erstellung öffentlicher Güter verantwortlich sind; vgl. dazu JAMES M. BUCHANAN, Markets, States, and the Extent of Morals, American Economic Review, Vol. 68, 1978; siehe auch ALEXANDER RÜSTOW, Entstehungs- und Lebensbedingungen der Hochkulturen, in: Synopsis, aaO, S. 410 ff., wo das Problem der optimalen Größe von Gemeinschaften angeschnitten wird.

ligen individuellen Handlungsspielraums, soweit die dazu notwendige Information vorhanden ist. Eine Verschärfung der Konkurrenz – durch Erhöhung des Konkurrenzdrucks – kann für eine Verbesserung der angebotenen Möglichkeiten und damit ebenfalls zu einer Erweiterung dieses Spielraums führen. In beiden Fällen wird die individuelle Problemsituation verbessert, und eine rationale Praxis wird zu im Sinne der vorausgesetzten Wertgesichtspunkte besseren Resultaten führen. Welche institutionellen Vorbedingungen gegeben sein müssen, um ein solches Funktionieren der Konkurrenz tatsächlich zu gewährleisten, ist eine wichtige soziologische Frage, und zwar nicht nur wegen der möglichen Wohlstandssteigerungen, die an ihre Beantwortung geknüpft sein können. Sie hat vielmehr eine enge Beziehung zum Freiheitsproblem und zur Problematik einer adäquaten Verfassung.

VI. Kapitel

Die Anatomie der Freiheit und das Recht

21. Knappheit, Recht und Eigentum:
Das Problem einer Verfassung der Freiheit

Daß mit der Knappheit der Mittel, die dem Menschen für die Bewältigung seiner Probleme zur Verfügung stehen, die Herausbildung des Eigentums und damit die Entstehung der Rechtsordnung zusammenhängt,
ist eine alte Einsicht[1]. Allerdings muß der Versuch, das Knappheitspro-
blem zu bewältigen, keineswegs zur Entwicklung von Rechtsordnungen
führen, wie sie für die Länder Westeuropas charakteristisch sind. Die Sicherung eines autonomen Bereichs für jede Person, innerhalb dessen sie
ungestört eigene Entscheidungen treffen kann und gegen willkürliche
Eingriffe durch andere Personen und durch die Staatsgewalt geschützt ist,
ist, welthistorisch gesehen, nicht die Regel, sondern die Ausnahme[2]. In

---

[1] Man findet sie zum Beispiel bei David Hume, der den Ursprung des Eigentums und der
Rechtsordnung auf Knappheit und Selbstinteresse zurückführt. „Here then is a proposi-
tion", sagt er an einer Stelle, „which, I think, may be regarded as certain, *that it is only from
the selfishness and confined generosity of man, along with the scanty provision nature has
made for his wants, that justice derives its origin*." HUME, A Treatise of Human Nature
(1738), London/New York 1911, II. Volume, S. 200. Vorher findet sich die Bemerkung, daß
an Luft und Wasser daher im allgemeinen kein Eigentum entsteht, trotz ihres Wertes. An anderer Stelle aber bemerkt er, daß das unter Umständen ganz anders sein kann, so daß z. B.
Eigentum an Wasser, aber nicht an Land entsteht; vgl. HUME, An Enquiry concerning the
Principles of Morals (1751), Enquiries, ed. by L. A. Selby-Bigge, 2nd ed., Oxford 1902, S.
184. Heute werden aus Knappheitsgründen Eigentumsregelungen an Radiofrequenzen in
Betracht gezogen; vgl. RONALD COASE, The Federal Communications Commission, in: Eirik G. Furubotn/Svetozar Pejovich (eds.), The Economics of Property Rights, Cam-
bridge/Mass. 1974, S. 69 ff.
[2] Richard Pipes spricht zum Beispiel von einer „endemischen Rechtlosigkeit" im Rußland
der Zarenzeit, „namentlich in den Beziehungen zwischen Herrschenden und Beherrschten",
die zweifellos ihre Ursache mit darin habe, „daß die gesamte Vertragstradition fehlt, die das
Vasallentum im westlichen Europa eingepflanzt hat"; PIPES, Rußland vor der Revolution,

Despotien pflegen die Untertanen kein Eigentum in dem für Westeuropa charakteristischen Sinne zu besitzen. Insofern hängen Eigentum und Freiheit eng miteinander zusammen.

Wie wir gesehen haben, scheitert die Lösung des Problems einer adäquaten sozialen Ordnung unter Verwendung der in der Wohlfahrtsökonomie konservierten utilitaristischen Gesichtspunkte an der Problematik sozialer Konflikte. Das für die friedliche Regelung solcher Konflikte wichtigste Mittel aber ist das Recht. In der Sicherung des Rechts pflegt man eine der wesentlichen Aufgaben des Staates zu sehen. Den Staat akzeptieren, heißt aber auf jeden Fall: eine Form der Herrschaft anerkennen, eine Form nämlich, in der die legitime Gewaltanwendung für einen bestimmten Bereich – meist eine bestimmte geographisch abgrenzbare Sphäre – monopolisiert ist. Wer Herrschaft für ein – wenn auch vielleicht notwendiges – Übel hält, wird danach streben müssen, den Staat auf gewisse notwendige Aufgaben zu begrenzen und die Staatsgewalt zu zähmen und zu kontrollieren. Er wird eine Ordnung der Gesellschaft anstreben, in der die Freiheit der Individuen nach Möglichkeit gesichert ist. Eine solche Sicherung kann nach allem, was wir heute wissen, nicht durch die Moral der Mitglieder einer Gesellschaft allein gewährleistet werden, sonst wäre die Anarchie – im Sinne einer funktionierenden herrschaftsfreien Ordnung der Gesellschaft – kein utopischer Zustand. Sie kann dagegen durch eine entsprechende Ausgestaltung des Rechts erfolgen, auch derjenigen rechtlichen Regelungen, die die Form und Funktionsweise der Herrschaft selbst betreffen.

Grundsätzlich gibt es verschiedene Möglichkeiten der rechtlichen Regelung sozialer Beziehungen, zu deren Sicherung die Staatsgewalt sich bereit finden kann. Ein Staat, der bestrebt ist, den inneren und äußeren Frieden zu gewährleisten, kann sich darüber hinaus, wie aus der Geschichte bekannt ist, in ganz verschiedener Weise um seine Bürger kümmern. Er kann unter verschiedenen Gesichtspunkten in ihr Leben eingreifen und ihre Lebensführung zu beeinflussen suchen: um einer kleinen Schicht ein angenehmes Leben zu ermöglichen, um die Wohlfahrt aller zu steigern, um ihr Seelenheil zu fördern, ihre Erziehung im Sinne bestimmter Ideale zu erreichen oder um eine Kombination solcher oder anderer Zwecke zu

---

aaO, S. 59. Das Fehlen feudaler Institutionen westeuropäischer Art hat nach seiner Ansicht maßgebend zur Abweichung der russischen Entwicklung vom westeuropäischen Kurs beigetragen. Das gilt im Grunde genommen aber für alle nichteuropäisch geprägten Hochkulturen, in denen, wie wir gesehen haben, agrodespotische Systeme die Regel waren; vgl. Abschnitt 13 oben.

realisieren. Nicht nur zur Friedenssicherung, sondern darüber hinaus im Dienste aller möglichen anderen Zwecke, die sich mitunter mühelos unter den Gesichtspunkt des Gemeinwohls subsumieren lassen, kann die Staatsgewalt durch entsprechende rechtliche Regulierungen versuchen, die Freiheit der Mitglieder einer Gesellschaft in mehr oder weniger starkem Maße zu beschränken.

Die durch den Staat gesicherte positive *Rechtsordnung* muß, wie wir aus Erfahrung wissen, keineswegs so beschaffen sein, daß sie auch nur annähernd einer *Gerechtigkeitsidee* entspricht, wie sie etwa in der philosophischen Tradition des Abendlandes anzutreffen ist. Das gilt besonders im Hinblick auf eine bestimmte Idee einer gerechten Ordnung, diejenige nämlich, die eine positive Lösung der Freiheitsproblematik enthält. In einer Ordnung dieser Art wäre das *Recht* ausschließlich zur *Sicherung der Freiheit* – der bürgerlichen und der politischen Freiheit – da. Wer diese Idee akzeptiert, kann mit Kant als das wesentliche Problem der Politik „die Erreichung einer allgemein das Recht verwaltenden bürgerlichen Gesellschaft" ansehen, einer Gesellschaft, „die die größte Freiheit, mithin einen durchgängigen Antagonism ihrer Glieder, und doch die genaueste Bestimmung und Sicherung der Grenzen dieser Freiheit hat, damit sie mit der Freiheit der anderen bestehen könne"³. In ihr, so meint er, sei „*Freiheit unter äußeren Gesetzen* im größtmöglichen Grade mit unwiderstehlicher Gewalt verbunden", so daß sie „eine vollkommen *gerechte bürgerliche Verfassung*" habe. Es gehe also nicht darum, daß die Staatsgewalt eine in ihrer inhaltlichen Ausgestaltung beliebige Rechtsordnung zu schützen habe, sondern daß die zu schützende Ordnung die größtmögliche Freiheit für die Mitglieder der betreffenden Gesellschaft mit sich bringe. Die *Ausübung von Zwang* solle in ihr nur zur *Sicherung dieser Freiheit* erlaubt sein.

Im Gegensatz zur transzendenten Rechtfertigung des Staates in der politischen Theologie, die im Rahmen der soziokosmischen Auffassung entstanden war und deren Spuren noch im rationalen Naturrecht des 17.

---

³ Immanuel Kant, Idee zu einer allgemeinen Geschichte in weltbürgerlicher Absicht (1784), in: Kleinere Schriften zur Geschichtsphilosophie, Ethik und Politik, herausgegeben von Karl Vorländer, Meiner-Ausgabe, Hamburg 1959, S. 10. Sie ist nach Kant das größte Problem der Menschengattung, dessen Auflösung durch die *Natur* erzwungen werde, da nur so ihre *höchste Absicht*, die Entwicklung aller ihrer Anlagen, zu erreichen sei. Die teleologische Einkleidung des Gedankens kann als Residuum des dem soziokosmischen Denken entstammenden Naturrechts angesehen werden.

Jahrhunderts zu erkennen waren[4], finden wir bei Kant den Versuch einer *transzendentalen Begründung* durch Rückgang auf die Bedingungen der Möglichkeit freien Handelns im sozialen Zusammenhang[5]. Der allgemeine Wille, der für diesen Gedankengang als letzte normative Instanz vorausgesetzt wird, steht „mit der Freiheit eines jeden in Einklang", und er „schränkt die Macht eines jeden Machthabers auf die Bedingungen möglicher Freiheit eines jeden ein und kann seinerseits durch keinerlei Zwang rechtmäßig begrenzt werden"[6].

Die Schwierigkeiten, die auch dieser Begründungsversuch mit sich bringt, liegen auf der Hand[7]. Auch in diesem Fall dürfte es kaum gelingen, die Notwendigkeit der Anerkennung der erwähnten Instanz zu erweisen, auch wenn man die Möglichkeit freiwilliger Zustimmung zur Einschränkung der eigenen Freiheit, um andere Vorteile zu erlangen – Sicherheit, Wohlstand oder Seelenheil –, nicht als Einwand anzuerkennen bereit ist[8]. Auch die Kantsche Problemlösung kann also im Rahmen einer fallibilistischen Auffassung nur als eine normative Hypothese behandelt werden, eine Hypothese, die man als *regulative Idee* für den politischen Bereich akzeptieren mag, weil sie die *Staatsgewalt* als *Instrument einer Gesellschaft freier* – das heißt: sich in ihrem Handeln selbst bestimmender – *Menschen* erscheinen läßt. Sie behandelt sie nämlich als Mittel zur Gewährleistung der Freiheit der ihr Unterworfenen durch eine adäquate –

---

[4] Vor allem bei Leibniz, der allerdings gerade in dieser Hinsicht, wie Röd feststellt, weit hinter Hobbes zurückblieb, vgl. WOLFGANG RÖD, Geometrischer Geist und Naturrecht, Methodengeschichtliche Untersuchungen zur Staatsphilosophie im 17. Jahrhundert, München 1970, S. 100 ff., 114 ff.

[5] Vgl. dazu GEORG GEISMANN, Ethik und Herrschaftsordnung. Ein Beitrag zum Problem der Legitimation, Tübingen 1974, S. 55 ff. Diesen Begründungsversuch kann man auch dann mit einigem Recht „transzendental" nennen, wenn er, wie Geismann richtig feststellt, an keiner Stelle eine „transzendentale Freiheit" – im Sinne der Willensfreiheit – voraussetzt, während die Kantsche Ethik durch transzendentalen Rekurs auf das Vermögen der reinen praktischen Vernunft, und damit auf den freien Willen, begründet wird; vgl. etwa Immanuel Kant, Grundlegung zur Metaphysik der Sitten (1785), in: KANT, Werke, herausgegeben von Wilhelm Weischedel, Band 6, Darmstadt 1968, S. 39 ff.; vgl. dazu auch: WOLFGANG RÖD, Rationalistisches Naturrecht und praktische Philosophie der Neuzeit, in: Manfred Riedel (Hgb.), Rehabilitierung der praktischen Philosophie, Band I, Freiburg 1972, S. 283–286.

[6] So Julius Ebbinghaus in seiner Abhandlung: Die Idee des Rechts, in: Ebbinghaus, Gesammelte Aufsätze. Vorträge und Reden, Darmstadt 1968, S. 297.

[7] Vgl. dazu Kapitel I, Abschnitt 2, oben.

[8] Die Ebbinghaussche Argumentation in dieser Hinsicht zeigt deutlich die Verlegenheit, in die man gerät, wenn der archimedische Punkt der Kantschen Lehre in Frage gestellt ist, vgl. aaO, S. 297.

das heißt: auf diesen Zweck hin konstruierte – Rechtsordnung und macht damit gleichzeitig eine *Kritik bestehender Herrschaftsverhältnisse* möglich, die sich an der Freiheitsidee orientiert, ohne den Illusionen des Anarchismus zu verfallen.

Daß an eine solche Idee auch sozialtechnologische Betrachtungen auf nomologischer Grundlage angeknüpft werden können, versteht sich von selbst. Diese Betrachtungen können sich einerseits auf die rechtliche Ordnung der Beziehungen der Mitglieder einer Gesellschaft untereinander und andererseits auf die Organisation der Staatsgewalt beziehen, in beiden Fällen unter dem Gesichtspunkt möglicher Freiheitssicherung. Für solche Betrachtungen sind natürlich jeweils nicht nur reale Gesetzmäßigkeiten, sondern auch die besonderen historischen Umstände zu berücksichtigen.

Unter dem Gesichtspunkt der Freiheit des Einzelnen ist jedes Gesetz zunächst ein Übel, und zwar insofern, also es diese seine Freiheit einschränkt. Es kann also für jeden nur insofern akzeptabel sein, als es durch die Einschränkung der Freiheit anderer die eigene Freiheit zu sichern vermag. Wenn man nun das Problem einer adäquaten Gesellschaftsordnung – oder, wenn man so will: das Problem der Gerechtigkeit – unter dem Aspekt der Freiheit der Mitglieder einer Gesellschaft betrachtet und eine Lösung dieses Problems unter diesem Gesichtspunkt anstrebt, so kommt man ohne Zweifel zu einer Formulierung der von Kant vorgeschlagenen Art. Die *Idee der Friedenssicherung* kann zwar zu einer Anerkennung des Staates, aber nicht zu einer näheren Bestimmung der durch die Staatsgewalt zu schützenden Ordnung führen. Und die *Idee der Wohlstandssicherung* führt schon wegen des in ihrem Rahmen nicht zu lösenden Verteilungsproblems zu keiner für alle annehmbaren Abgrenzung ihrer Funktionen. Daher kann eine an der *Freiheitssicherung* für alle orientierte *Idee der Gerechtigkeit* unentbehrlich erscheinen, um eine im Interesse aller Beteiligten liegende adäquate Ordnung, einschließlich der für sie angemessenen Organisation der Staatsgewalt, zu bestimmen.

Systeme rechtlicher Normierungen können die Handlungsmöglichkeiten der in ihrem Geltungsbereich lebenden Individuen in verschiedener Weise und in verschiedenem Ausmaß einschränken. Sie können Privilegierungen und Diskriminierungen bestimmter Kategorien von Personen zur Folge haben, und sie können auch unabhängig von solchen Unterschieden in der Behandlung der ihnen Unterworfenen diesen für ihr Handeln einen mehr oder minder großen Spielraum lassen. Auch bei Gleichbehandlung aller Personen können also die Freiheitseinschränkungen für alle ihrem Umfang nach verschieden sein. Die Kantsche Idee einer gerechten Ordnung involviert nicht nur die rechtliche Gleichbehandlung, sondern darüber hinaus das größtmögliche Ausmaß der Freiheit für alle Beteiligten.

Eine wichtige Konsequenz dieser Forderung ist sicherlich die, daß die Handlungsmöglichkeiten nur durch allgemeine und gleiche Gesetze eingeschränkt werden[9], wobei es natürlich nicht auf die Art ihrer Formulierung ankommt[10]. Aber auch Gesetze der angeführten Art können erhebliche Beschränkungen der Freiheit mit sich bringen, die nicht notwendig sind, wenn man die Handlungsmöglichkeiten aller Mitglieder einer Gesellschaft miteinander konfliktfrei vereinbar machen will[11]. Im Grunde genommen ist durch die Allgemeinheit der geltenden Gesetze nur die Rechtsgleichheit aller Betroffenen gegeben, auch wenn man annehmen kann, daß die Unmöglichkeit, für bestimmte Personen eine Ausnahme zu machen, unter Umständen ein starkes Motiv für die an der Gesetzgebung Beteiligten ist, Freiheitseinschränkungen möglichst gering zu halten.

Wer eine Rechtsordnung mit größtmöglicher Freiheit für alle ihr Unterworfenen anstrebt, muß offenbar darauf abzielen, einen Zustand zu schaffen, in dem die unter den jeweils gegebenen Bedingungen größtmögliche Menge miteinander verträglicher Handlungen rechtlich zugelassen ist[12]. Ausgangspunkt für die Lösung des Problems einer im Kantschen Sinne gerechten Ordnung ist dann die Frage nach den strukturellen Bedingungen, die realisiert werden müssen, um die Handlungen aller Betei-

---

[9] Daher betont Hayek mit Recht die Bedeutung solcher Gesetze für eine freiheitliche Rechtsordnung, vgl. FRIEDRICH AUGUST V. HAYEK, Die Verfassung der Freiheit, Tübingen 1971, S. 178 ff.

[10] Man kann bekanntlich bei geschickter Formulierung mit Hilfe allgemeiner Begriffe einen Bezug auf bestimmte historische Individuen herstellen. Das Problem der Allgemeinheit im normativen Bereich kann zu ähnlichen Schwierigkeiten führen wie das der Allgemeinheit von Gesetzen im Bereich der Realwissenschaft.

[11] Vgl. dazu HAYEK, aaO, S. 186 f., wo in diesem Zusammenhange auf Beschränkungen im Namen der Religion hingewiesen, aber im übrigen die Auffassung vertreten wird, als Sicherung gegen schwere Beschränkungen sei es im allgemeinen ausreichend, daß niemand die Macht habe, Ausnahmen zu gewähren; dazu kritisch: LIONEL ROBBINS, Hayek on Liberty, Economica, XXVIII, 1961, S. 68 f.

[12] Vgl. dazu JÜRGEN V. KEMPSKI, Naturrecht und Völkerrecht, in seinem Aufsatzband: Recht und Politik. Studien zur Einheit der Sozialwissenschaft, Stuttgart 1965, S. 10; DERSELBE, Gedanken zu einer Strukturtheorie des Rechts, im gleichen Band, S. 37 f.; DERSELBE Bemerkungen zum Begriff der Gerechtigkeit, ebenda, S. 50 ff., sowie seine: Grundlegung zu einer Strukturtheorie des Rechts, Abhandlungen der geistes- und sozialwissenschaftlichen Klasse der Mainzer Akademie, Wiesbaden 1961, S. 106 ff. und passim.

ligten miteinander vereinbar zu machen[13]. Natürlich erlaubt die prinzipielle Lösung dieses Problems, die auf eine Definition der Gerechtigkeit hinausläuft, noch keine Auszeichnung konkreter Rechtsordnungen im Hinblick auf dieses Ideal. Die *Gerechtigkeit* kann in ganz ähnlichem Sinne als eine *regulative Idee* für den Bereich der Gestaltung gesellschaftlicher Ordnungen angesehen werden, wie das für die *Wahrheit* in bezug auf den Bereich der Erkenntnis gilt[14]. Auch hier wird man nicht umhinkönnen, mit dem Begriff der *Approximation* zu operieren und Rechtsordnungen daraufhin zu betrachten, inwieweit mit ihrer Hilfe eine approximative Positivierung des als ideal betrachteten Zustandes maximaler Freiheit zu erreichen ist.

Für eine Politik, die sich an dieser Idee orientiert, kommt es darauf an, die *realen Bedingungen der Möglichkeit* eines Zustandes größtmöglicher Freiheit und damit die *Möglichkeiten der Realisierung* eines solches Zustandes in Erfahrung zu bringen. Das aber ist unter anderem ein Problem der realwissenschaftlichen Erkenntnis und einer mit ihrer Hilfe zu formulierenden Technologie. Eine Sozialtechnologie, die auf die Herstellung einer Verfassung der Freiheit hin konstruiert ist, muß die Einschränkungen in Rechnung stellen, die sich aus der Beschaffenheit der jeweiligen historischen Situation und der für menschliches Verhalten geltenden Gesetzmäßigkeiten ergeben. Sie wird also unter anderem das *institutionelle Apriori* und die *motivationalen Gegebenheiten* berücksichtigen müssen, die den bisherigen Zustand kennzeichnen.

Um die Rechtsordnung zu sichern, muß die Staatsgewalt zumindest auch den inneren Frieden sichern. Und um diesen zu sichern, muß sie sich unter Umständen in gewissem Umfange um die Wohlfahrt der Bürger kümmern, so daß sich schon aus der von Kant ins Auge gefaßten Aufgabe der Rechtssicherung die Notwendigkeit der Wahrnehmung anderer Aufgaben ergibt. Soziale Spannungen können zur Gefährdung des inneren Friedenszustandes führen, so daß eine Milderung solcher Spannungen erreicht werden muß, zum Beispiel durch Realisierung bestimmter Wohlfahrtsziele, wie sie in einer Demokratie mit allgemeinem und gleichem Wahlrecht unter dem Druck sich benachteiligt fühlender Gruppen zum Motiv entsprechender Regierungsmaßnahmen zu werden pflegen.

Es gibt aber sehr oft verschiedene Möglichkeiten, die Realisierung solcher Ziele anzustreben, und unter dem Gesichtspunkt der Freiheit – und

---

[13] Vgl. v. Kempski, Grundlegung zu einer Strukturtheorie des Rechts, aaO, S. 90 ff.
[14] Vgl. dazu II. Kapitel, Abschnitt 2, oben; siehe auch Geismann, aaO, S. 89 ff.

damit: des Rechtsstaates mit politischer Freiheit – wird man gewisse Verfahrensweisen anderen vorziehen[15]. Dabei wird man vor allem den Einsatz der Zwangsgewalt des Staates auf Fälle einschränken, die durch allgemeine gesetzliche Regelungen dafür vorgesehen sind. Mit Recht wurde darauf aufmerksam gemacht, daß die Verpflichtung der Staatsgewalt auf das Wohlfahrtsziel ohne weiteres zu einer Despotie führen könne[16]. Ein Staat, der alle Entscheidungen, die sich auf die Wohlfahrt seiner Bürger beziehen, den eigenen Organen vorbehält, ist ein totalitärer Staat, auch wenn seine Spitze demokratisch organisiert sein sollte.

22. Die Idee der Gerechtigkeit und das Verteilungsproblem

Die oben erörterte Kantsche Idee der Gerechtigkeit unterscheidet sich in grundlegender Weise von anderen Gerechtigkeitsvorstellungen, vor allem von solchen, die sich auf die Verteilung von Gütern und Übeln beziehen: also von der distributiven und retributiven Gerechtigkeit. Die retributive Gerechtigkeit ist in der letzten Zeit einer vernichtenden Kritik unterworfen worden[17]. Die Idee, daß jeder Übeltäter seiner gerechten Strafe zugeführt werden müsse, ist zwar im traditionellen Denken tief verwurzelt, aber sie erweist sich bei genauerer Untersuchung als äußerst problematisch[18]. Die Tatsache, daß die Gesellschaft bei der Aufrechterhaltung der Rechtsordnung nicht ohne Strafen auskommt, bedeutet noch nicht, daß die Strafzumessung mit der Idee gerechter Vergeltung verbunden sein muß. Sie kann damit verbunden werden, daß man den Individuen zum

---

[15] So wird man, wie das vor allem Hayek immer wieder betont hat, nach Möglichkeit allgemeine Regelungen solchen Maßnahmen vorziehen, die auf Ermessungsentscheidungen der Behörden hinauslaufen; vgl. HAYEK, Die Verfassung der Freiheit, aaO, passim; siehe auch: DERSELBE, Law, Legislation and Liberty, Vol. I: Rule and Order, London 1973, S. 55 ff.

[16] Vgl. v. KEMPSKI, Über den Liberalismus, in: Recht und Politik, aaO, S. 172 f.; DOSTOJEWSKIJ hat in seinem Kapitel über den Großinquisitor – in: Die Brüder Karamasow – das Thema in unübertrefflicher Weise behandelt, vgl. dazu den Epilog in: Klassische Texte der Staatsphilosophie, herausgegeben von Norbert Hoerster, München 1976, S. 293 ff.

[17] Vgl. dazu Walter Kaufmann, Jenseits von Schuld und Gerechtigkeit. Von der Entscheidungsangst zur Autonomie, Hamburg 1974, Kap. 2, S. 37 ff. und passim.

[18] Kaufmann sucht das in seinem o. a. Buch durch eine Argumentation zu zeigen, die auf folgende drei Thesen hinausläuft: die, daß Strafen nie gerecht sein können, die, daß selbst aus dem Gegenteil nicht folgen würde, daß sie verhängt werden sollten, und die, daß die Konzentration auf die Vergeltungsgerechtigkeit unmenschlich sei, aaO, S. 53.

Schutze der Rechte aller die Verantwortung für bestimmte Konsequenzen ihrer Handlungen zuschreibt, wenn sie diese Handlungen hätten vermeiden können, unter Umständen aber auch dann, wenn das nicht der Fall ist[19]. Die Strafandrohung, die damit verknüpft ist, soll ein Motiv für die Unterlassung der betreffenden Handlungen abgeben und muß entsprechend dosiert sein, damit die zu erwartende Strafe als Kostenfaktor in der Kalkulation derjenigen wirksam werden kann, die sich nicht genügend an die Rechtsordnung gebunden fühlen[20]. Wenn man davon abgeht, anzunehmen, daß Personen, die bestimmte Handlungen begangen haben, damit eine Strafe „verdient" haben und aus diesem Grunde bestraft werden müssen, ergibt sich auch eine Revision der Schuldauffassung, die mit dieser Vorstellung stets verbunden war[21]. Die Konsequenzen, die hier zu ziehen wären, mögen psychologisch gesehen schwer verdaulich sein, aber sie betreffen weniger das Problem der Aufrechterhaltung der Rechtsordnung als die Einstellungen und Gefühle, die damit bisher verknüpft waren.

Wenn es um die Verteilung von Gütern geht, dürfte die Gerechtigkeitsidee nicht weniger problematisch sein als im Falle der Vergeltung[22]. Jedenfalls haben sich Verteilungsgrundsätze, die sich auf bestimmte Verteilungsmuster beziehen, ohne das Zustandekommen dieser Muster zu berücksichtigen, als unhaltbar erwiesen. Wer eine Verteilung der Güter nach dem Verdienst der Betroffenen für gut hält, steht vor der ziemlich hoffnungslosen Aufgabe, einen Maßstab für persönliche Verdienste aufstellen zu müssen, den andere zu akzeptieren bereit sind. In einer freien Gesellschaft sind aber die Individuen nicht verpflichtet, sich in solchen Bewertungsfragen an einen gemeinsamen Maßstab zu halten. Daß die Staatsgewalt ihnen einen solchen Maßstab aufnötigen könnte, macht die Sache

---

[19] In Fällen dieser Art wird den betreffenden Personen bekanntlich nicht selten eine Haftungsverpflichtung zugeschrieben.

[20] Für eine Untersuchung der für das Strafsystem in Betracht kommenden Kosten-Nutzen-Überlegungen vgl. JAMES M. BUCHANAN, The Limits of Liberty, aaO, Kap. 8: The Punishment Dilemma, S. 130 ff.; vgl. auch NORBERT HOERSTER, Die philosophische Rechtfertigung staatlichen Strafens, Zeitschrift für philosophische Forschung, Bd. 28, 1974, S. 368 ff., wo gezeigt wird, daß ein minimales Element der Gerechtigkeit für die Strafzumessung unentbehrlich zu sein scheint; aaO, S. 376.

[21] Vgl. WALTER KAUFMANN, aaO, Kap. 4 und 5.

[22] Vgl. dazu WALTER KAUFMANN, aaO, Kap. 3, S. 61 ff.; siehe auch: FRIEDRICH AUGUST VON HAYEK, Die Verfassung der Freiheit, aaO, S. 121 ff.; DERSELBE, Law, Legislation and Liberty, Vol. 2: The Mirage of Social Justice, London 1976, Kap. 8 und 9; sowie ROBERT NOZICK, Anarchie, Staat, Utopia, München 1976, Kap. 7, S. 143 ff.

nicht besser, denn eine solche Nötigung würde gegen das Prinzip einer freiheitlichen Ordnung verstoßen und schon darum selbst moralisch fragwürdig sein.

Wer die kommunistische Fiktion einer gemeinsamen gesellschaftlichen Haushaltsführung für alle aufgrund einer einheitlichen Wertskala vertritt, mag einen Vorwand für die Behauptung haben, es gebe einen objektiven Maßstab der Verteilungsgerechtigkeit, den jedermann anerkennen müsse. Aber die Betrachtung einer freien Gesellschaft unter diesem Gesichtspunkt verschleiert die Tatsache, daß in ihr die Individuen nach ihren eigenen Wertvorstellungen handeln und im Rahmen der Rechtsordnung auch handeln dürfen. Tatsächlich haben auch liberale Theoretiker mitunter eine solche Betrachtungsweise bevorzugt. Da sie das Modell der vollkommenen Konkurrenz dabei als optimal im Sinne der Bedürfnisbefriedigung aller Mitglieder der Gesellschaft auffaßten, ergab sich als gerechte Verteilung des Einkommens dabei die Verteilung nach der Wertgrenzproduktivität oder dem produktiven Beitrag. Aber diese Verteilung spiegelt keineswegs das subjektive Verdienst wider, da sie unter anderem von der Ausstattung der Individuen mit Besitz und Fähigkeiten abhängt, also von vererbbaren Bedingungen des Handelns. Sie ist für die Lösung unseres Problems übrigens deshalb kaum zu brauchen, weil sich in ihr schon die für die Nachfrage nach Konsumgütern wirksame Einkommensverteilung ausdrückt.

Der Grundmangel solcher Betrachtungen liegt aber darin, daß in ihnen die Gesellschaft als ein Gebilde mit gemeinsamer Zielsetzung aufgefaßt wird[23]. Wenn sie sich allgemein durchsetzen, dann liefern sie unter Umständen Motive für politische Maßnahmen, die geeignet sind, die Gesellschaft in ein Gebilde dieser Art zu verwandeln, sie also einer totalitären Ordnung näherzubringen. Daß in einer solchen Ordnung geringere Einkommensunterschiede herrschen als in einer freien Gesellschaft, ist bekanntlich nicht zu erwarten. Aber die Gerechtigkeit verlangt ja auch keine Gleichheit dieser Art. Sie verlangt nur die angemessene Berücksichtigung echter Verdienste, und über diese kann man verschiedene Auffassungen haben.

---

[23] Zur Kritik dieser Vorstellung vgl. vor allem RUTLEDGE VINING, Economics in the United States of America, Paris 1956, S. 34 ff., und vorher schon GUNNAR MYRDAL, Das politische Element in der nationalökonomischen Doktrinbildung (1932), 2. Auflage, Hannover 1963, S. 135 ff.; vgl. auch FRIEDRICH A. V. HAYEK, The Mirage of Social Justice, aaO, S. 67 ff. und 107 ff.

Ähnliches gilt auch für andere Gerechtigkeitsideale dieser Art. Ob man nun der gerechten Verteilung von Gütern eine vergleichende Beurteilung der Verdienste, der Bedürfnisse oder der Leistungen zugrunde legen will, man ist dabei stets mit dem Problem konfrontiert, daß ein Maßstab gefunden werden muß, der für alle akzeptabel erscheint. Wenn ein solcher Maßstab nicht zu finden ist, wie das in einer modernen komplexen Gesellschaft vermutlich der Fall ist, dann müßte Zwang ausgeübt werden, um die Anerkennung irgendeiner geeigneten Norm durchzusetzen. Damit würde die Staatsgewalt zum Anwalt bestimmter Interessen im Verteilungskampf, deren Träger sich in ihren Forderungen rhetorisch des Gerechtigkeitsvokabulars bedienen. Wie jedermann weiß, schützt eine demokratische Regierungsform keineswegs vor dieser Gefahr. Tatsächlich ist die Regierung, in je stärkerem Maße sie die Möglichkeit hat, die Einkommensverteilung zu beeinflussen, in desto größerem Umfang auch dem Druck der Interessengruppen ausgesetzt, das zu ihren Gunsten zu tun. Das Resultat ist eine Frage der Machtverteilung, so daß es ziemlich abwegig wäre, überhaupt nach einer einheitlichen Norm zu suchen, deren tatsächlicher Anerkennung man die resultierende Verteilung zuschreiben könnte. Von der Staatsgewalt kann man zwar bis zu einem gewissen Grade Gerechtigkeit im Sinne des Schutzes der Rechtsordnung, aber kaum die Herstellung der Verteilungsgerechtigkeit in irgendeinem Sinne erwarten.

Daß sich eine solche Gerechtigkeit auch nicht im Rahmen einer Marktgesellschaft durch das freie Spiel der Kräfte von selbst ergibt, wird heute kaum noch bestritten. In wohlfahrtsökonomischen Betrachtungen pflegt die Verteilung seit langer Zeit als exogene Größe für die Lösung des Allokationsproblems behandelt zu werden. Der Versuch, sich zur Lösung des Verteilungsproblems an den Bedürfnissen zu orientieren – etwa unter Verwendung der Vorstellung vom abnehmenden Grenznutzen bei Einkommenszunahme –, hat sich als aussichtslos erwiesen. Eine Problemlösung dieser Art wäre im übrigen auch nicht ohne Staatsinterventionen in den Marktmechanismus ausgekommen. Daß eine Verteilung nach dem Verdienst im freien Markt nicht zustande kommt, darauf wurde schon hingewiesen.

Was schließlich die im Zusammenhang mit der Marktordnung immer wieder erwähnte Verteilung nach der Leistung angeht – die Leistungsgerechtigkeit –, so ist sie bei genauerer Betrachtung auch unter günstigsten Bedingungen – also etwa wenn man die Abwesenheit aller monopolistischen Elemente im Marktgeschehen voraussetzt –, unter moralischen Gesichtspunkten fragwürdig. Die hier in Betracht kommende Marktleistung ist nämlich von einer Kombination von Faktoren abhängig, die weitgehend auf von den betreffenden Individuen nicht zu verantwortende Umstände zurückzuführen sind. Die Tatsache, daß bestimmte Leistungen knapp sind und daher einen hohen Preis erzielen, ist jeweils von der Gesamtlage abhängig. Und die Tatsache, daß bestimmte Individuen mit solchen Leistungen aufwarten können, ist von ihrer Ausstattung mit bestimmten Fähigkeiten und Hilfsmitteln abhängig, die wiederum nur zum Teil auf die eigenen früheren Aktivitäten zurückgeht[24]. In dieser Hinsicht einen Unterschied zwischen Arbeitseinkommen und Besitzeinkommen zu machen, wie das bei oberflächlicher Betrachtung plausibel erscheint, ist kaum vertretbar[25]. Die Möglichkeit, knappe Leistungen anzubieten, verschafft den betreffenden Personen eine mehr oder minder große Machtposition. Solche Positionen können ihre Grundlage im Landbesitz, im Besitz von Fabriken, von Geldvermögen, aber auch im Ansehen, in persönlichen Beziehungen oder in Fähigkeiten verschiedenster Art haben[26].

Die Leistungseinkommen, die im Marktverkehr erzielt werden, sind also gleichzeitig stets auch Machteinkommen[27]. Aber sie werden nicht durch Anwendung von Zwang, sondern eben durch Leistungen erzielt, die geeignet sind, Gegenleistungen hervorzurufen. Man kann hier natürlich, wenn man will, von kommutativer Gerechtigkeit sprechen[28], aber

---

[24] Darauf hat vor allem FRANK KNIGHT hingewiesen, vgl. seinen Aufsatz: Ethics and Economic Reform (1939), in seinem Aufsatzband: Freedom and Reform. Essays in Economics and Social Philosophy, Port Washington/London 1947, S. 71 f.

[25] Vgl. FRANK KNIGHT, aaO; vgl. auch FRANK KNIGHT, The Ethics of Competition and other Essays, New York 1935, S. 54 ff. Die persönliche Produktionskapazität – zu der auch die eigene Arbeitsfähigkeit gehört – basiert nach Knight auf Vererbung, Glück und eigener Anstrengung, vermutlich ihrer Bedeutung nach in dieser Reihenfolge. Wer Intelligenz oder bestimmte Talente geerbt hat, kann sich das natürlich ebensowenig als Verdienst anrechnen, wie jemand, der seinen Bauernhof oder seinen Fabrikbetrieb seinem Vater verdankt.

[26] Diejenigen, die im Zusammenhang mit dem Begriff der Macht stets an Gewaltanwendung denken, seien auf BERTRAND RUSSEL, Macht, eine sozialkritische Studie, Zürich 1947, verwiesen.

[27] In seinem interessanten Aufsatz: Erkenntniswert und Grenzen der Grenzproduktivitätstheorie, Schweizerische Zeitschrift für Volkswirtschaft und Statistik, 89. Jg., 1953, hat ERICH PREISER seinerzeit die Unterscheidung von Macht- und Leistungseinkommen vorgeschlagen, aber er hat dabei die Machtgrundlage aller Leistungseinkommen übersehen; vgl. meine Kritik in: Marktsoziologie und Entscheidungslogik, aaO, S. 466 ff.

[28] So KNIGHT in: Ethics and Economic Reform, aaO, S. 72, der sie aber auf unabhängige Einkommensempfänger einschränkt; Hayek scheut mit Recht die Konfusion, die dieser Begriff mit sich bringt, vgl. sein Buch: Die Verfassung der Freiheit, aaO, S. 114 f.

das hat dann mit dem hier erörterten Verteilungsproblem nichts zu tun. Alle Einkommen in einer Gesellschaft sind stets vom gesamten soziokulturellen Kontext abhängig, und es ist müßig, den Versuch zu machen, eine moralisch relevante Zurechnung auf einzelne Personen durchzuführen. Wer den Versuch unternehmen würde, das Resultat einer solchen Zurechnung anhand eines wie immer definierten Maßstabes der Gerechtigkeit mit Hilfe der Staatsgewalt verbindlich zu machen und zu exekutieren, der würde dadurch die Anreizfunktion des Marktmechanismus in solchem Maße stören müssen, daß es notwendig wäre, sie weitgehend durch staatlichen Zwang und damit verbundene Kontrollen zu ersetzen. Die auf diesem Wege zustande kommende Gesellschaftsordnung würde aber nach allem, was wir heute wissen, nicht nur erhebliche Freiheitseinschränkungen für alle mit sich bringen, sondern darüber hinaus den Wohlstand aller beeinträchtigen[29]. Die Herstellung der – wie immer gearteten – Gerechtigkeit ginge auf Kosten der Freiheit und des Wohlstandes derjenigen, die keine Möglichkeit hätten, einer solchen Ordnung zu entkommen.

23. Rationale Heuristik, Sozialtechnologie und Alternativanalyse: Zur politischen Methodologie

Wenn wir uns nun den Problemen der politischen Methodologie zuwenden, die im Rahmen unserer Fragestellung auftauchen, dann können wir davon ausgehen, daß auch für sie die allgemeinen Züge rationaler Praxis bedeutsam sind, die der Eigenart menschlichen Problemlösungsverhaltens entspringen[30]. Auch hier darf man angesichts der Fehlbarkeit der menschlichen Vernunft keine vollkommenen Problemlösungen erwarten, und man hat Anlaß, die mögliche Revision bisheriger Lösungen ins Auge zu fassen, wenn sich bessere Alternativen zeigen. Zumindest die sich häufenden Schwierigkeiten, die mit solchen Lösungen verbunden sind, geben ein ausreichendes Motiv ab, nach Alternativen zu suchen, die sich unter Umständen auch in grundsätzlicher Hinsicht von ihnen unterscheiden. Die Dogmatisierung von Problemlösungen ist also im Bereich des sozialen und politischen Lebens ebenso fragwürdig wie in dem der Erkenntnis. Für Versuche der Verbesserung politischer Lösungen – zum Beispiel institu-

---

[29] Die Argumente Hayeks in diesem Punkt scheinen mir im wesentlichen zuzutreffen; vgl. dazu seine in Anm. 15 und 22 genannten Bücher.
[30] Vgl. dazu Kap. I, Abschnitt 4, Kap. II, Abschnitt 3 und Kap. III, Abschnitt 4, oben.

tioneller Vorkehrungen, die der Steuerung sozialer Prozesse dienen –, genügt aber in keinem Falle jene Form totaler Kritik, die nur darauf gerichtet ist, die Schwächen bestehender Einrichtungen und Verfahrensweisen aufzudecken und sie dem System als Ganzem anzulasten. Für eine rationale politische Praxis kommt es vielmehr darauf an, realisierbare und in ihren Wirkungszusammenhängen prinzipiell durchschaubare Alternativen zu präsentieren, so daß eine Möglichkeit vergleichender Beurteilung und damit einer realistischen Abschätzung von Vor- und Nachteilen besteht.

Es gibt natürlich im politischen Leben Situationen, in denen kurzfristig *ad hoc*-Entscheidungen getroffen werden müssen, für die sich der Praktiker weitgehend auf seine taktische Erfahrung und die in ihr enthaltenen Faustregeln verlassen muß. Sie sind in Kriegen und Notzeiten an der Tagesordnung, aber auch in der normalen Alltagspraxis nicht selten. Wenn es dagegen um institutionelle Änderungen geht, ist eine langfristige Perspektive am Platze, die eine gründlichere Analyse der Problemsituation erfordert. Für solche Analysen kommt natürlich auch die Verwertung wissenschaftlicher Erkenntnisse in Betracht. Sie erfordern aber darüber hinaus den Einsatz einer an langfristigen politischen Zielsetzungen orientierten Phantasie und damit eine rationale Heuristik, wie sie in anderer Form auch im Prozeß der wissenschaftlichen Erkenntnis eine Rolle spielt. Die Suche nach adäquaten Problemlösungen wird durch bestimmte regulative Ideen geleitet, in denen die für ihre Beurteilung notwendigen Wertgesichtspunkte enthalten sind. Die Erkenntnispraxis in den Wissenschaften ist weitgehend durch Programme geleitet, die Anhaltspunkte dafür bieten, nach welcher Art von Erkenntnis gesucht werden soll, und damit einen allgemeinen Leitfaden für die Forschung abgeben. Auch eine rationale Politik kann sich an einem Programm für die Gesetzgebung und für andere Probleme sozialer Steuerung orientieren, um nicht einer Praxis unmittelbarer Jetztbewältigung von Situationen anheimzufallen, für die Überlegungen prinzipieller Natur angemessen erscheinen.

Die Auffassung, daß regulative Ideen erforderlich sind, um eine rationale Gesetzgebungspraxis zu leiten, kann schon in den sozialphilosophischen Anschauungen des 17. und 18. Jahrhunderts identifiziert werden[31]. Allerdings sollte die Einbettung in ein natur- oder geschichtsteleologisches Weltbild diese Ideen in einer Weise legitimieren, die heute obsolet

---

[31] Darauf hat FRIEDRICH A. VON HAYEK aufmerksam gemacht, vgl. sein Buch: Verfassung der Freiheit, aaO, S. 225 ff., wo in sehr instruktiver und überzeugender Weise die Rationalität einer solchen Orientierung herausgearbeitet wird.

geworden ist, wenn man einmal von gewissen Residuen der soziokosmischen Auffassung im theologischen oder kryptotheologischen Denken absieht. Tatsächlich haben Naturrecht und Utilitarismus nicht nur regulative Ideen für die Entwicklung des individualistischen Erkenntnisprogramms der Sozialwissenschaft geliefert und dadurch zur Entstehung einer Sozialwissenschaft naturalistischen Charakters beigetragen – also einer Wissenschaft, die in ganz ähnlicher Art wie die Newtonsche Physik in ihrem Problembereich nach Gesetzmäßigkeiten sucht[32]. Sie haben darüber hinaus eine ganz analoge Rolle für die politische Praxis gespielt.

Vor allem die schottische Moralphilosophie des 18. Jahrhunderts entwickelte eine rationale Heuristik für eine Gesetzgebung, die auf die Herstellung einer Gesellschaft freier und wohlhabender Menschen abzielte. Und sie lieferte gleichzeitig eine Heuristik für eine Erklärung des sozialen Geschehens, in der die für dieses Geschehen zentralen Steuerungsmechanismen akzentuiert wurden, so daß sich aus der daran orientierten Forschung sozialtechnologische Konsequenzen ziehen ließen, die der Gesetzgebung zugute kommen konnten. Sie bildete also den Hintergrund für eine mögliche und teilweise auch vollzogene Gesetzgebung und gleichzeitig für eine Wissenschaft der Gesetzgebung, eine rationale Jurisprudenz im sozialtechnologischen Sinne[38], die imstande war, die Möglichkeiten der Verwirklichung der angestrebten Ziele zu analysieren. Das bedeutet, daß man die *Vision* einer *im Sinne bestimmter regulativer Ideen geordneten Gesellschaft* mit der Auffassung verband, daß eine *Realisierung* einer solchen Ordnung nur durch allmähliche *Approximation* auf dem Wege einer entsprechenden Gesetzgebung zu erreichen sei, und daß es nötig sei, das *Realisierbarkeitsproblem* durch Berücksichtigung der für die betreffenden Bereiche geltenden natürlichen *Gesetzmäßigkeiten* zu lösen[34].

---

[32] Vgl. dazu mein Buch: Marktsoziologie und Entscheidungslogik, aaO, S. 14 ff. und passim, sowie meinen Aufsatz: Individuelles Handeln und soziale Steuerung, aaO.

[33] Vgl. Kap. III, Abschnitt 4, oben.

[34] Es handelt sich also hier um eben die Art von Politik gradueller Verbesserung, von der man behauptet hat, sie sei mit der Vision einer adäquaten Ordnung der Gesellschaft nicht vereinbar. Das von Karl Popper bevorzugte „piecemeal engineering" darf aber keineswegs mit punktuellen Eingriffen ohne Gesamtkonzeption verwechselt werden, vgl. dazu meine Kritik an KLAUS LOMPE, in: Sozialwissenschaft und politische Praxis, in meinem Aufsatzband: Konstruktion und Kritik, 2. Auflage, Hamburg 1975, S. 111 ff. und passim. Für eine kurze Charakterisierung der Einstellung der schottischen Moralphilosophen zu solchen Problemen vgl. DUGALD STEWART, Account of the Life and Writings of Adam Smith, in: The Works of Adam Smith, Vol. V, Reprint, Aalen 1963, S. 282 ff.

Diese Auffassung steht natürlich im Gegensatz zum Katastrophendenken mancher Revolutionäre, die davon ausgehen, daß man zunächst ein institutionelles Vakuum herstellen müsse, um dann die Gesellschaft vollkommen neu aufbauen zu können, eine Vorstellung, die üblicherweise mit der schon erwähnten totalen Kritik verbunden ist. Die Wirkungen eines solchen Denkens sind denn auch im allgemeinen katastrophal für die Gesellschaft, in der sich solche Leute durchsetzen können. Die revolutionäre Phantasie berauscht sich an Visionen, die wegen Nichtbeachtung der Realisierbarkeitsproblematik trotz der zu ihrer Verwirklichung aufgewendeten Gewalt zum Scheitern verurteilt sind. Wir kommen darauf noch zurück. Auch die rationale Praxis der Gesetzgebung zur approximativen Realisierung einer bestimmten Ordnung bedarf natürlich der Phantasie, nämlich einer durch die regulativen Ideen des betreffenden Ordnungsbildes inspirierten, gleichzeitig aber sozialtechnologisch gezügelten Einbildungskraft, die dadurch auf realisierbare und im Sinne dieser Ideen wirksame Vorschläge hingelenkt wird. Diese Phantasie muß also die Einschränkungen vorwegzunehmen suchen, die die natürlichen Gesetzmäßigkeiten des Geschehens für menschliche Handlungsmöglichkeiten mit sich bringen. Es kommt dabei darauf an, *rechtliche Regelungen zu erfinden*, die darauf abzielen, die in der Gesellschaft auftauchenden Spannungen, Konflikte und Schwierigkeiten *im Einklang mit den regulativen Ideen* des politischen Programms zu bewältigen und auf diese Weise nach Möglichkeit einer adäquaten Ordnung näherzukommen.

Die Art, in der eine am realwissenschaftlichen Erkenntnisprogramm der Erklärung auf der Grundlage von Gesetzmäßigkeiten orientierte Sozialwissenschaft dabei hilfreich sein kann, ergibt sich aus dem Zusammenhang zwischen *Erklärbarkeit* und *Realisierbarkeit*. Ein Geschehen nomologisch zu erklären, heißt nämlich, zu zeigen, wie es prinzipiell vermieden oder herbeigeführt werden könnte. Das oben skizzierte ökonomische Erkenntnisprogramm kann auf einleuchtende Weise zur rationalen Methode in der Praxis der Gesetzgebung in Beziehung gebracht werden. Dieses Programm stellt nämlich darauf ab, das soziale Geschehen unter Rückgriff auf Gesetzmäßigkeiten des individuellen Verhaltens zu erklären, die auf mehr oder minder komplexe soziale Situationen angewendet werden. Dazu müssen Modelle konstruiert werden, in denen die betreffenden Situationen als Anwendungsbedingungen dieser Gesetzmäßigkeiten enthalten sind. Die institutionellen Gegebenheiten der betreffenden Gesellschaft – und damit auch die in ihr wirksamen rechtlichen Regelungen – gehen damit als prinzipiell variable Bedingungen in die Erklärung des Geschehens ein. Oft ist es nur möglich, das prinzipielle Funktionieren bestimmter sozialer Mechanismen unter typischen Bedingungen zu erklären, und zwar durch Modelle, deren Annahmen den in bestimmten Raum-Zeit-Gebieten vorherrschenden Bedingungen nahekommen. Solche idealtypischen Erklärungsskizzen[35] können an das Vorliegen typischer institutioneller Regelungen in einem solchen Gebiet, an den Stand der Technik und andere Besonderheiten anknüpfen.

Die für die Gesetzgebungspraxis relevante sozialtechnologische Fragestellung führt zu Modellen mit verschiedenartigen rechtlichen Regelungen, die in bezug auf ihre Leistungsmerkmale – das heißt in diesem Falle: im Hinblick auf die erwähnten regulativen Ideen der Gesetzgebung – verglichen werden können. Es käme hier also darauf an, die Wirkungsweise der bestehenden rechtlichen Regelungen – des *institutionellen Apriori*, von dem jede politische Praxis auszugehen hat – mit der Wirkungsweise eines Systems zu vergleichen, in dem bestimmte Regelungen verändert oder in das bestimmte neue Regelungen eingebaut sind. Die verschiedenen alternativen Modelle wären dann im Hinblick auf ihre Leistungsfähigkeit zu vergleichen[36] und zu bewerten. Das bedeutet gleichzeitig, daß die beabsichtigten Änderungen auf ihre reale Kompatibilität mit den übrigen Regelungen hin überprüft werden, denn bei diesem Verfahren stellt sich ja die veränderte Funktionsweise des gesamten Systems der Regelungen heraus[37].

---

[35] Vgl. dazu meinen Aufsatz: Macht und ökonomisches Gesetz, in: Aufklärung und Steuerung, aaO, S. 152 ff.

[36] Nach meinem Eindruck gehen auch die Vorstellungen Jürgen v. Kempskis in diese Richtung, vgl. dazu seine Bemerkungen über die Rolle der Modellanalyse in: Philosophie der Politik, in seinem Aufsatzband: Recht und Politik, aaO, S. 89 f. Auch die Approximationsidee ist bei ihm schon zu finden, vgl. seinen Aufsatz: Über den Liberalismus, im gleichen Band, S. 166.

[37] Wenn Hayek von einer dauernden Bemühung spricht, *Konsistenz* in ein System von Regeln zu bringen – vgl. HAYEK, The Mirage of Social Justice, aaO, S. 40 –, dann meint er vermutlich mehr als logische Widerspruchslosigkeit. Die von mir akzentuierte reale Kompatibilität im Hinblick auf die regulativen Ideen, die für die Gesetzgebung maßgebend sind – also die Berücksichtigung der im Sinne dieser Wertgesichtspunkte relevanten Wirkungen –, wird dem nahekommen, was er im Auge hat. In diesem Sinne kann man auch den folgenden Bemerkungen zustimmen: „The task of developing a system of law is thus an intellectual task of great difficulty which cannot be performed without taking certain rules as given and moving within the system determined by them. It is a task which can be performed more or less successfully, but which will not normally leave those entrusted with it free to follow their own will. It is more like the search for truth than to the construction of some new edifice", aaO, S. 41.

Eine rationale Gesetzgebungspraxis kann sich also weder auf logische Konstruktionen, noch auf historische Erfahrung allein gründen. Sie muß vielmehr die Wirkungen gesetzlicher Regelungen in Betracht ziehen. Deren Analyse ist aber ein Problem nomologischer Erkenntnis und ihrer Anwendung auf besondere Bedingungen. Da sich die im System der rechtlichen Normierungen zu berücksichtigenden Bedingungen – die Beschaffenheit der natürlichen Umwelt, das vorhandene Wissen, die technischen und organisatorischen Möglichkeiten und die Sitten und Gebräuche des menschlichen Zusammenlebens – laufend in mehr oder weniger starkem Maße ändern, kann die Aufgabe der Gesetzgebung nie als abgeschlossen angesehen werden. Sie hat das Rechtssystem immer wieder an die soziale Entwicklung anzupassen und dabei die Wertgesichtspunkte im Auge zu behalten, die in den maßgebenden regulativen Ideen enthalten sind. Die realen Bedingungen der Möglichkeit approximativer Realisierung einer Ordnung, die diesen Gesichtspunkten entspricht, unterliegen dem historischen Wandel. Die Analyse dieser Bedingungen ist eine Aufgabe, die nur durch eine theoretisch gestützte Untersuchung der historischen Situation bewältigt werden kann. In der Sicht des kritischen Realismus wird auch hier aus der transzendentalen Problematik ein Problem der realwissenschaftlichen Forschung und ihrer technologischen Verwertung. Die Übersetzung in die politische Praxis – zum Beispiel in die Praxis der Gesetzgebung – behält angesichts der Ungewißheit, mit der alle Erkenntnis behaftet ist, stets den Charakter eines Experiments, dessen Konsequenzen bestenfalls teilweise vorhersehbar sind[38].

24. Die regulative Idee der Freiheitssicherung und die Möglichkeiten der Politik

Die Bedeutung der individuellen Freiheit für moderne Gesellschaften zeigt sich darin, daß die Parole der Freiheit in so gut wie allen Bewegun-

---

[38] Hayek spricht mit Recht davon, daß die amerikanischen Kolonien „die ersten Experimente" mit der Kodifizierung eines höheren Gesetzes machten, das dazu bestimmt ist, die laufende Gesetzgebung zu lenken, vgl. HAYEK, Die Verfassung der Freiheit, aaO, S. 225, 229 f. und 244. Vgl. dazu auch VINCENT OSTROM, The Political Theory of a Compound Republic, aaO, S. 25 und passim, sowie DERSELBE, The American Experiment in Constitutional Choice, Public Choice, Vol. XXVII, 1976, S. 1 ff. und 16 ff. Nur eine sehr enge Vorstellung vom Charakter eines Experiments kann dazu verleiten, den experimentellen Charakter rationaler Praxis auch im politischen Bereich zu übersehen.

gen, die darauf abzielen, eine Veränderung der sozialen Ordnung zu erreichen, eine Rolle spielt. Nicht nur der Liberalismus und natürlich der
Anarchismus, sondern auch der Sozialismus in seinen verschiedenen
Schattierungen kommt ohne ein grundsätzliches Bekenntnis zur Freiheit
nicht aus. Auch Verfechter konservativer Auffassungen pflegen darauf
hinzuweisen, daß sie die Freiheit bewahren oder die Freiheit früherer Zeiten wiederherstellen wollen. Die regulative Idee der Sicherung der Freiheit ist also eigentlich für alle interessant, wenn auch die Interpretation der
Freiheitsidee gewisse Auffassungsunterschiede offenbart. Der positive
Wert der Möglichkeit, die eigenen Probleme im Einklang mit den eigenen
Wertvorstellungen lösen und selbst die Entscheidung über die Gestaltung
des eigenen Lebens treffen zu können, wird selten in Frage gestellt. Zwang
nehmen die meisten Menschen nur dann ohne Widerstand in Kauf, wenn
sie sonst die Realisierung anderer Werte gefährden würden. Eine soziale
Ordnung, in der die Staatsgewalt die Koordination aller Einzelhandlun-
gen durch Gebote und Verbote regelt, die mit Strafandrohungen verbunden sind, erscheint den meisten daher nur dann annehmbar, wenn sie
glauben, daß sie in einer solchen Ordnung wesentliche Bedürfnisse besser
befriedigen können als in einer freiheitlichen Ordnung. Nur wer eine
wirksamere Sicherung seines Lebens, seines Wohlstandes, seines Glücks
oder seines Seelenheils von einer Despotie erwartet, oder wer in einer solchen Ordnung ein sinnvolleres Leben führen zu können glaubt, wird unter Umständen mit Bedenken oder sogar gerne bereit sein, auf die Möglichkeit der Selbstbestimmung zu verzichten.

Aber es geht im allgemeinen ja nicht um die Wahl zwischen totaler Freiheit und völliger Unfreiheit, wie immer man diese Begriffe genauer bestimmen möchte, sondern um ein größeres oder geringeres Maß der Freiheit in verschiedenen Lebensbereichen. Die Mitglieder einer Gesellschaft
werden im allgemeinen je nach ihrer Lebenssituation und ihrer Bedürfnis-
lage bereit sein, bestimmte Arten von Freiheit in geringerem oder größerem Ausmaß zu opfern, wenn sie dadurch andere Güter gewinnen können, die ihnen in entsprechendem Umfang wichtiger erscheinen[39]. Tatsächlich verbringen ja die meisten Mitglieder moderner Industriegesell-
schaften ihr Arbeitsleben innerhalb von Organisationen, in denen eine
Hierarchie existiert, die mit Befehl und Gehorsam arbeitet, wenn auch mit
unterschiedlichen Spielräumen für die individuelle Betätigung. Sie opfern

---

[39] Wir haben hier also, wie immer, mit Substitutionsmöglichkeiten zu rechnen, wie das in
den Verhaltensannahmen der Ökonomie vorausgesetzt wird.

damit einen Teil ihrer Freiheit zugunsten einer sinnvollen oder wenigstens
existenzerhaltenden Arbeit im Rahmen eines Herrschaftsgebildes.

Natürlich besteht ein erheblicher Unterschied zwischen Sozialordnun-
gen, in denen jeder gezwungen ist, seine Arbeitskraft in den Dienst einer
die ganze Gesellschaft umfassenden Organisation zu stellen, die von der
Staatsgewalt mit Hilfe eines bürokratischen Apparates gelenkt wird, und
solchen, in denen frei gebildete Organisationen um die Mitglieder der Gesellschaft konkurrieren müssen[40], auch wenn die Situation am Arbeits-
platz selbst in beiden zum Teil ganz ähnlich geartet ist. Mit der Sozialisierung aller Lebensbereiche sind die Menschen in einer solchen Gesellschaft
bekanntlich dem Staatsapparat weitgehend ausgeliefert und auf das
Wohlwollen seiner Funktionäre angewiesen. Davon ist aber die ganze Lebenssituation der Mitglieder einer solchen Gesellschaft betroffen und ihre
Möglichkeit, Bedürfnisse aller Art zu befriedigen. Es ist daher auch ohne
naturrechtliche Voraussetzungen verständlich, daß man die Zwangsgewalt des Staates mit besonderem Mißtrauen betrachtet und sie in ihrer Tätigkeit im wesentlichen auf die Sicherung der Freiheit seiner Bürger einschränken möchte.

Wer aber die realen Bedingungen der Möglichkeit einer Ordnung der
Freiheit ins Auge faßt, in der sich der Staat vor allem dieser Aufgabe widmet, der ist gezwungen, die Attraktivität einer solchen Ordnung für die
Mitglieder der betreffenden Gesellschaft mitzubedenken. Er muß dabei
auch denjenigen ihrer Bedürfnisse und Ideale Rechnung tragen, die unter
Umständen nur auf Kosten ihrer Freiheit berücksichtigt werden könnten,
also unter Einschränkung ihres Spielraums für autonome Entscheidungen. Zwar wird man heute kaum noch so vermessen sein vorauszusetzen,
daß die Staatsgewalt für das Glück der ihr Unterworfenen verantwortlich
sei. Aber man muß von ihr zumindest erwarten, daß sie eine freiheitliche

---

[40] Das hat John Stuart Mill schon in einer Zeit gesehen, in der die vom Marxismus beeinflußten Sozialisten noch die Verstaatlichung der Produktionsmittel für einen Schritt auf dem
Weg zur Freiheit hielten; vgl. MILL, Über die Freiheit (1859), herausgegeben von Manfred
Schlenke, Stuttgart 1974; S. 151: „Wenn Straßen, Eisenbahnen, Banken, Versicherungsan-
stalten, große Aktiengesellschaften, Universitäten und öffentliche Wohltätigkeitsanstalten
alle zu Zweigen der Regierung würden, wenn ferner die städtischen Körperschaften und Behörden mit allem, was ihnen heute untersteht, eine Abteilung der Zentralverwaltung würden, wenn die Regierung die Angestellten all dieser verschiedenen Unternehmungen ernen-
nen und besolden und sich um ihren Aufstieg kümmern würde, so würde alle Pressefreiheit
und vom Volk bestimmte Verfassung nichts nützen, um England oder irgendein anderes
Land wirklich – und nicht nur dem Namen nach – frei zu machen."

Ordnung nach Möglichkeit attraktiv für die Bürger macht, indem sie danach strebt, den Wert der Freiheit für sie zu erhöhen und zu verdeutlichen. Der ungezähmte *Laisser-faire*-Kapitalismus hat bekanntlich nicht nur die Freiheit vieler Arbeiter in einer Weise eingeschränkt, die im Widerspruch zur Idee des Rechtsstaates stand. Er hat darüber hinaus auch nicht die Bedingungen geschaffen, unter denen die meisten Mitglieder dieser Klasse den Wert ihrer Freiheit für so erheblich halten konnten, daß es sich für sie wirklich gelohnt hätte, dieses System zu verteidigen[41]. Es ist daher nicht erstaunlich, daß der Marxismus lange Zeit so attraktiv für sie war, zumal er ihnen eine Freiheit in Aussicht stellte, die sich von der von ihnen erlebten vorteilhaft unterscheiden sollte.

Inzwischen hat sich herausgestellt, daß die vom orthodoxen Marxismus empfohlene Methode, Freiheit und Wohlstand für alle zu erreichen, die Überführung aller Produktionsmittel in die Hand der Staatsgewalt, zur Errichtung einer Zwangsmaschinerie führt, die alles Dagewesene in den Schatten stellt, und daß sie überdies die Wohlstandsentwicklung zumindest von einer bestimmten Stufe an eher behindert als fördert. Der gezähmte Kapitalismus dagegen hat in beiderlei Hinsicht offenbar einige Vorzüge aufzuweisen. Er leidet aber unter gewissen Steuerungsschwierigkeiten, an denen sich die Rhetorik der politischen Theologen aller Richtungen delektieren kann. Diese Schwierigkeiten scheinen aber mindestens teilweise auch damit zusammenzuhängen, daß auch in Systemen dieser Art die Staatsgewalt zu bürokratischen Regelungsmethoden Zuflucht genommen hat, deren Hypertrophie die Anpassung an wechselnde Umstände erheblich erschwert, und zwar im Dienste von Zielen, die zum Teil auch anders zu erreichen gewesen wären.

Eine Sozialtechnologie, die an der regulativen Idee der Freiheitssicherung orientiert ist, die sich also die Aufgabe stellt, herauszubekommen, wie die Probleme der modernen Gesellschaft mit freiheitlichen Methoden gelöst werden können, muß von der Analyse der in Betracht kommenden Steuerungsmechanismen und der in ihnen wirksamen Anreizmuster ausgehen, der Belohnungs- und Bestrafungssysteme, auf denen sie aufbauen. Die auf dem individualistischen Erkenntnisprogramm basierenden Untersuchungen solcher Steuerungsmechanismen haben inzwischen zu einer

---

[41] Vgl. ISAIAH BERLIN, Four Essays on Liberty, Oxford 1969, S. XLVf.; vgl. auch S. XLII: „Men who live in conditions where there is not sufficient food, warmth, shelter, and the minimum degree of security can scarcely be expected to concern themselves with freedom of contract or the press."

grundsätzlichen Korrektur der Ansicht geführt, daß es unter dem Gesichtspunkt der Effizienz und des Wohlstandes angebracht sei, jedes angebliche Versagen des Marktmechanismus dadurch zu korrigieren, daß der Staat mit bürokratischen Mitteln für kompensatorische Änderungen sorgt. Die Probleme scheinen sich vielfach ohne den unmittelbaren Einsatz der staatlichen Zwangsgewalt und die damit verbundenen Ermessensentscheidungen staatlicher Funktionäre lösen zu lassen[42].

Das jeweils zu lösende sozialtechnologische Problem kann in die Form der Frage gebracht werden, wie sich bestimmte Funktionen durch die Kanalisierung individueller Interessen institutionell verankern lassen. Es müssen also institutionelle Arrangements konstruiert werden, mit deren Hilfe das Eigeninteresse der betreffenden Individuen – ihre Motivation – ausgenutzt wird, um eine Wahrnehmung bestimmter Funktionen zu erreichen[43]. Der im Sinne freiheitlicher Regelung ideale Fall ist natürlich der, daß die betreffenden Funktionen wahrgenommen werden, weil diejenigen, die die betreffenden Arbeiten ausführen, die damit verbundene Tätigkeit selbst befriedigend finden. Allerdings gibt es dann immer noch das Problem der Koordination solcher Arbeiten. Eine weitere Möglichkeit besteht darin, Belohnungen auszusetzen, die einen Anreiz dafür bilden, daß die betreffenden Arbeiten getan werden. In diesem Falle muß allerdings dafür gesorgt werden, daß die Belohnung eng mit der verlangten Leistung gekoppelt ist, so daß man sie nicht unter Umgehung der für sie relevanten Anforderungen erlangen kann. Außerdem kann man eine Person in eine Zwangssituation versetzen, in der man durch Gebote und Verbote, die mit Strafandrohungen verbunden sind, eine entsprechende Leistung zu erzwingen sucht[44]. Allerdings muß man hier entsprechende Schranken physischer, sozialer oder moralischer Natur errichten, um die Leistung zu erreichen. Unter dem Gesichtspunkt der Freiheit und im all-

---

[42] Vgl. dazu den dritten Teil des oben erwähnten HAYEKschen Buches: Die Verfassung der Freiheit, über die Freiheit im Wohlfahrtsstaat, vgl. auch: CHARLES K. ROWLEY/ALAN T. PEACOCK, Welfare Economics. A Liberal Restatement, London 1975, Part III: Liberalist Welfare Economics, besonders: 8. Market Regulation, S. 160 ff.

[43] Die sozialtechnologische Fragestellung involviert also eine Art von Funktionalismus, der allerdings die Analyse von Wirkungszusammenhängen und damit Erklärungen üblicher Art voraussetzt. Der Funktionalismus im theoretischen Denken läuft dagegen im allgemeinen, wie schon erwähnt, auf methodisch defekte Erklärungen hinaus, wenn er sich nicht auf Heuristik beschränkt.

[44] Die Einteilung der Fälle entspricht derjenigen, die Kurt Lewin in seiner instruktiven kleinen Schrift: Die psychologische Situation bei Lohn und Strafe, Leipzig 1931 (Nachdruck: Darmstadt 1964), vorgenommen hat.

gemeinen auch unter dem der Effizienz ist diese autoritäre Methode die
vergleichsweise schlechteste.

Im sozialen Leben gibt es heute im wesentlichen zwei Arten von Rege-
lungsformen, solche, die den Charakter einer *Organisation*, und solche,
die den eines *Marktes* haben[45]. Gebilde der ersten Art unterliegen einer
Kontrolle durch eine gemeinsame Führung, während die anderen ohne
eine solche Autorität auskommen. Natürlich kann es innerhalb von
Marktnetzen Organisationen aller Art geben – z. B. Unternehmungen,
Krankenhäuser, Parteien, Verbände – und andererseits auch innerhalb
von Organisationen marktmäßig organisierte Gebilde. Märkte pflegen so
organisiert zu sein, daß in ihnen die ersten beiden Arten der Motivation
dominieren, obwohl natürlich die Absicherung des Marktverkehrs durch
die Rechtsordnung mit Strafandrohungen arbeitet. In Organisationen dagegen spielen Gebote und Verbote eine größere Rolle, wenn es auch große
Unterschiede im Ausmaß des angewandten Zwanges gibt. Die Koordination der Tätigkeiten erfolgt in Organisationen großenteils durch Direktiven, in Märkten durch freie Vereinbarungen aufgrund von Angebot und
Nachfrage. Die Rekrutierung des Personals für Organisationen kann wiederum durch Marktmechanismen oder durch organisatorischen Zwang
erfolgen[46]. Das gleiche gilt für ihre Ausstattung mit sachlichen Mitteln.

Vom Gesichtspunkt der Freiheit her wären also Marktmechanismen für
die Koordination individueller Handlungen und damit für die Steuerung
sozialer Prozesse stets vorzuziehen, wenn nicht durch große Machtunterschiede der Beteiligten auch in ihnen Situationen entstehen könnten, die
Zwangscharakter haben[47]. Der Wert der Freiheit für die Individuen ist
nämlich vor allem vom Umfang der verfügbaren Alternativen – also vom
Spielraum der Handlungsmöglichkeiten – abhängig. Das ist einer der wesentlichen Gründe für die Betonung der Notwendigkeit freier Konkurrenz bei den liberalen Theoretikern. Daß staatlicher Zwang eingesetzt
werden kann, um die freie Konkurrenz abzusichern, gehört also zu den
wesentlichen Grundsätzen einer Politik, die auf die Herstellung einer
freiheitlichen Ordnung abzielt. Daß die dabei in Betracht gezogene An-

---

[45] Vgl. dazu HANS L. ZETTERBERG, Social Theory and Social Practice, New York 1962, S.
61 ff., sowie meinen Aufsatz: Markt und Organisation. Der Marktmechanismus im sozialen
Kräftefeld, in meinem o. a. Buch: Marktsoziologie und Entscheidungslogik, S. 392 ff.

[46] Den ersten Fall haben wir z. B. bei einem Söldnerheer und einer kapitalistischen Unter-
nehmung, den zweiten bei einer Wehrpflichtarmee und einem Zwangsarbeitslager.

[47] Ein extremer Fall bestünde etwa darin, daß einer der Marktpartner allein über einen
wesentlichen Anteil der für die anderen lebensnotwendigen Güter verfügte.

wendung von Zwang durch allgemeine Gesetze zu regeln ist, um willkürliche Eingriffe unmöglich zu machen, gehört ebenfalls zu ihnen.

Daß sich im freien Marktverkehr Organisationen aller Art herausbilden, die auf vertraglichen Vereinbarungen zwischen den Beteiligten basieren, beruht vermutlich weitgehend auf Effizienzvorteilen, die mit einer zentral koordinierten Arbeitsteilung verbunden sein können. Solange nicht staatlicher Zwang ausgeübt wird, um solche Organisationen am Leben zu erhalten, liegt es offenbar im Interesse der Wohlstandssteigerung, sie zuzulassen. Dennoch kann eine liberale Politik nicht an der Tatsache desinteressiert sein, daß auch Herrschaftsgebilde dieser Art gewisse Einschränkungen der Selbstbestimmung zur Folge haben, die an sich der Freiheitsidee widersprechen[48]. Sie kann nicht nur allgemeine Schutzbestimmungen für die Mitglieder solcher Organisationen durchsetzen[49], sondern darüber hinaus allgemeine Regeln für den Aufbau solcher Organisationen festlegen, die den Zwangscharakter der in ihnen bestehenden hierarchischen Beziehungen einschränken.

Im übrigen scheint auch die Erhöhung des Konkurrenzdruckes dazu beitragen zu können, daß die willkürliche Handhabung der Macht in den betreffenden Organisationen zurückgeht, weil sie effizienzmindernd wirkt und damit ihr Überleben gefährdet[50]. Unter Bedingungen wirksamer Konkurrenz entwickeln Organisationen aller Art zudem ein Interesse an effizienteren Methoden der Steuerung des Arbeitsablaufs, und solche Methoden sind nicht selten mit einem Abbau von Zwangssituationen und einer Motivierung mit Hilfe positiver Anreize verbunden.

Durch die einschlägigen Untersuchungen in den letzten Jahren dürfte klargeworden sein, daß viele Fälle angeblichen Versagens des Marktmechanismus in Wirklichkeit damit zusammenhängen, daß die Eigentumsrechte an knappen Gütern nicht in einer Weise definiert waren, die einen funktionierenden Marktmechanismus hätte zustande bringen können[51].

---

[48] Vgl. dazu Charles K. Rowley/Alan T. Peacock, Welfare Economics, aaO, S. 163 ff.

[49] Ein freies System schließt, wie Hayek feststellt, keineswegs allgemeine Regelungen wie z. B. die einer Arbeiterschutzgesetzgebung aus, vgl. sein Buch: Verfassung der Freiheit, aaO, S. 290 und passim.

[50] Vgl. Harvey Leibenstein, Beyound Economic Man. A new foundation for Microeconomics, Cambridge/Mass. 1976, S. 207 ff.

[51] Die Klärung dieser Probleme ist dem eigentumsrechtlichen Ansatz im ökonomischen Denken zu verdanken, der die für das ökonomische Erkenntnisprogramm außerordentlich wesentliche institutionelle Komponente wieder zur Geltung gebracht hat; vgl. z. B. Eirik

Probleme des Umweltschutzes, der Bodennutzung, der Ausnutzung elektromagnetischer Wellen für die Zwecke des Rundfunks und des Fernsehens und andere Probleme dieser Art können offenbar bei geeigneter Abgrenzung von Eigentumsrechten ohne bürokratische Regelungen gelöst werden, also ohne auf die Ermessensentscheidungen von Funktionären zurückzugreifen. Die Annahme, daß solche Entscheidungen in diesen Fällen schon deshalb notwendig seien, weil der Markt in ihnen versagen müsse, war offenbar auf ungenügende Analyse gegründet und ging überdies von der falschen Voraussetzung aus, daß bürokratische Regelungen durch die Staatsgewalt mit geringeren Schwierigkeiten verbunden sein müßten. Eine vergleichende Analyse alternativer Steuerungsmechanismen kommt zu anderen Konsequenzen, vor allem, wenn sie außer von Effizienzgesichtspunkten von der Freiheitsidee Gebrauch macht.

Daß Freiheit und Eigentum eng zusammenhängen, war schon in der schottischen Moralphilosophie des 18. Jahrhunderts herausgearbeitet worden. Unter dem Einfluß vor allem sozialistischer Auffassungen des 19. Jahrhunderts hat sich dann die Vorstellung vom Privateigentum als einer starren und in seiner Ausgestaltung ein für allemal festgelegten rechtlichen Entität entwickelt, eine Art Eigentumsessentialismus, der dazu beigetragen hat, die Kapitalismusdiskussion mit der Konfrontation radikaler Alternativen zu belasten. Die Abschaffung *des* Privateigentums an den Produktionsmitteln wurde zum Fetisch des marxistischen Angriffs auf *den* Kapitalismus, so daß der Sozialismus sich als einzige Alternative zu präsentieren in der Lage war.

Inzwischen ist nicht nur diese Alternative durch die mit ihr verbundene totalitäre Entwicklung desavouiert worden, sondern darüber hinaus ist deutlich geworden, daß das Privateigentum keine feststehende Wesenheit, sondern ein sehr flexibler und in dauernder Wandlung begriffener Komplex von Rechten ist. Die Verwendung des Wortes „Eigentum" erweckt vielfach sehr spezielle Vorstellungen, etwa die, man verfüge völlig unbehindert über ein Stück Land, über ein Haus, über Mobiliar oder Maschinen oder sogar, wie im Falle der Sklaverei, über Menschen. Aber jeder mit dem Recht einigermaßen Vertraute weiß, daß es zahlreiche und verschiedenartige Beschränkungen der Verfügungsmöglichkeiten zu verschiedenen Zeiten gegeben hat, und zwar teilweise auf gesetzlicher Grundlage – z. B. baupolizeiliche Bestimmungen – und teilweise auch aufgrund ver-

---

Furubotn/Svetozar Pejovich, Property Rights and Economic Theory: A Survey of Recent Literature, aaO.

traglicher Vereinbarungen – z. B. vertraglich gesicherte Nutzungsrechte. Der Inhalt des Eigentumsrechts hat sich durch die Arbeiterschutzgesetzgebung und durch die Entwicklung von Unternehmensformen mit Haftungsbeschränkungen stark gewandelt. Das „Eigentum" der Aktionäre, das sich unmittelbar nur auf ein Stück Papier, die Aktie, bezieht, ist mit Verwaltungsrechten und Rechten auf den Bezug von Gewinnanteilen gekoppelt, die man ebenfalls zum Komplex des Privateigentums zählen kann. *Das* Privateigentum als zeitunabhängige fixe Regelung ist ebenso eine Fiktion wie *der* Kapitalismus, sogar, wenn man ihn in Früh-, Hoch- und Spätkapitalismus[52] einteilt. Es sind dies alles Ausdrücke, die in manchen Zusammenhängen abkürzungshalber ganz brauchbar, aber für analytische Zwecke meist ziemlich unbrauchbar sind.

Die rechtlichen Regelungen, die in einer Gesellschaft der Sicherung eines autonomen Entscheidungsbereiches der Individuen dienen, können ganz verschiedenartig sein. Sie gehen über das, was durch die im Sachenrecht verankerten Eigentumsrechte bestimmt ist, weit hinaus. Soziologisch gesehen scheint es zweckmäßig zu sein, einen Eigentumsbegriff zu verwenden, der alle rechtlichen Regelungen umfaßt, die den Bereich freier Entscheidungen von Individuen abgrenzen. Dabei geht es um Entscheidungen, gegen die normalerweise kein staatlicher Zwang möglich ist, während privater Zwang durch Inanspruchnahme der Staatsgewalt auf dem Rechtswege abgewehrt werden kann[53]. Zum Umkreis dieser rechtlichen Regelungen müßte man dann auch die Mitgliedschaftsrechte in der Organisation zählen, durch die die zentralen politischen Entscheidungen getroffen werden, also im Herrschaftsverband des Staates[54].

Erst wenn man auch diese politischen Rechte in die Analyse hineinnimmt, kann man den Umfang und den Charakter des Spielraums legitimer Handlungsmöglichkeiten für die Individuen ermessen und damit verschiedene Ordnungen der Gesellschaft im Hinblick auf die regulative Idee der Freiheit vergleichend beurteilen. Die für diese Beurteilung in Frage

---

[52] Zur Problematik solcher entwicklungstheoretischer Begriffe mit geschichtsphilosophischem Hintergrund vgl. die kritische Untersuchung von CHRISTIAN WATRIN, Spätkapitalismus? in: ERWIN K. SCHEUCH (Hgb.), Die Wiedertäufer der Wohlstandsgesellschaft, Köln 1968, S. 40 ff.

[53] Dann ist, wie Buchanan feststellt, keine kategorische Unterscheidung zwischen Menschenrechten und Eigentumsrechten mehr möglich; vgl. BUCHANAN, The Limits of Liberty, aaO, S. 10.

[54] Sie werden auch konsequenterweise von Buchanan in seine Untersuchungen einbezogen; vgl. BUCHANAN, aaO, S. 41 und passim.

kommenden tatsächlichen „Verfassungen" enthalten alle in dieser Hinsicht wirksamen Normierungen menschlichen Handelns. Das Verfas-
sungsdokument eines modernen Staates pflegt dagegen nur einen geringen
Teil dieser Normen zu enthalten, aber darüber hinaus unter Umständen
die mehr oder weniger ausdrückliche Fixierung eines Gesetzgebungsprogramms, das die Grundsätze zum Ausdruck bringt, die für die Gesetzge-
bungstätigkeit maßgebend sein sollen[55]. Nur wenn die Praxis der Gesetzgebung sich auf diese oder andere Weise an regulativen Ideen orientiert
und wenn sie dabei das vorhandene sozialtechnologische Wissen adäquat
verwertet, kann man damit rechnen, daß sie sich nicht in einem Gewirr
kurzschlüssiger *ad hoc*-Regelungen verliert, deren Wirkungen einander
durchkreuzen.

---

[55] Vgl. dazu HAYEK, Die Verfassung der Freiheit, aaO, S. 225, wo darauf hingewiesen
wird, daß die revolutionären Kolonisten in Nordamerika zu Ende des 18. Jahrhunderts zum
ersten Mal die Idee in die Praxis umgesetzt haben, ein solches Gesetz höherer Ordnung zu
kodifizieren und dadurch klar und erzwingbar zu machen.

VII. Kapitel

Revolution oder Reform?

25. *Die Theologie der Revolution und die Praxis der Revolutionäre*

Soziale Ordnungen und die mit ihnen verbundenen institutionellen Strukturen sind nur dann in der Lage, eine gewisse Stabilität zu bewahren, wenn sie den sich ändernden Bedingungen angepaßt werden können. Die in ihnen verkörperten Lösungen der Probleme des sozialen Lebens haben, auch wenn sie über längere Zeit unverändert erhalten bleiben, stets nur provisorischen Charakter und müssen daher unter dem Einfluß von Wandlungen der Bedürfnisse, der Ideale, des Wissens und der Technik, der natürlichen Umgebung und der sozialen Verhältnisse immer wieder revidiert werden. Um Legitimität im Sinne faktischer Anerkennung durch die ihr unterworfene Bevölkerung zu genießen, braucht eine Ordnung bekanntlich keineswegs alle Lebensprobleme in vollkommener Weise zu lösen. Das Niveau der an sie gestellten Ansprüche – der als legitim betrachteten Erwartungen – kann verschieden hoch, es kann unter Umständen sogar recht bescheiden sein. Erhebliche Unterschiede in den Möglichkeiten der Bedürfnisbefriedigung werden mitunter ohne weiteres – als gottgewollt oder naturgegeben – hingenommen. Andererseits wirken vielfach relativ geringe Ungleichheiten aufreizend und führen zu Umsturzbestrebungen. Die für die Beurteilung von sozialen Ordnungen maßgebenden normativen Ideen sind von großer Bedeutung für deren Stabilität und für die Eigenart von Änderungsversuchen. Sie sind keineswegs immer mit einer realistischen Einschätzung der vorhandenen Möglichkeiten verbunden.

Es gibt im abendländischen Kulturbereich Strömungen, in denen Ideen eine bedeutende Rolle spielen, die für eine solche Einschätzung ausgesprochen schädlich sind. Dazu gehört vor allem die eschatologisch-apokalyptische Tradition, welche die radikale utopische Hoffnung mit einem Katastrophendenken verbindet, in dem die Wende vom Unheil zum Heil, von einem radikal schlechten zu einem radikal guten Zustand der Welt, für die nahe Zukunft prophezeit wird[1]. In dieser Auffassung wird der Gang der kosmischen Geschichte in einer Weise auf die Erfüllung menschlicher Wunschphantasmen und damit auf die Bedürfnisbefriedigung der Menschen bezogen, die es ermöglicht, die Hoffnung auf die Katastrophe und die mit ihr im Einklang befindlichen Verhaltensweisen aus dem Sinn der Geschichte – aus ihrer Heilsbedeutung für die Menschheit – zu rechtfertigen. Auch die Verkündigung Jesu ist im Rahmen dieses eschatologischen Denkens zu verstehen[2]. Auf der sogenannten Parusieverzögerung – dem Nichteintreffen seiner Prophezeiung vom Einbruch des Reiches Gottes und seinem eigenen Wiedererscheinen – und der damit verbundenen Enteschatologisierung der Religion beruht, wie Schweitzer festgestellt hat, die ganze innere, wirkliche Geschichte des Christentums.

Seit der Konstantinischen Wende wurde die eschatologische Komponente der christlichen Tradition durch die als Herrschaftsverband etablierte Kirche weitgehend sterilisiert und dadurch für das soziale Leben unwirksam gemacht. Sie wurde aber dennoch in den millenarischen und messianischen Bewegungen immer wieder reaktiviert und zur Mobilisierung motivationaler Energien im Dienste revolutionärer Ziele benutzt. Sie ist schließlich in die Geschichtsphilosophie des 18. und 19. Jahrhunderts eingemündet und hat auf diesem Wege auch in säkularisierter Form entsprechende soziale Wirkungen gezeigt. Zu verschiedenen Zeiten haben sie zur Formung von Gruppen disziplinierter und zur rücksichtslosen Gewaltanwendung bereiter Fanatiker beigetragen, die entschlossen waren, den Umsturz bestehender Ordnungen um jeden Preis in Szene zu setzen. Sie fühlten sich nämlich in der Lage, im Einklang mit dem Willen Gottes oder dem Sinn der Geschichte in vergleichsweise kurzer Zeit eine von Grund auf neue Ordnung zu schaffen, in deren Rahmen sich die wah-

---

[1] Vgl. dazu WILHELM E. MÜHLMANN, Chiliasmus und Nativismus. Studien zur Psychologie, Soziologie und historischen Kasuistik der Umsturzbewegungen, Berlin 1961, S. 243 und passim, wo gezeigt wird, daß Ideen dieser Art keineswegs auf das Abendland und auf den vorderasiatischen Kulturkreis, aus dem das abendländische Denken sie letzten Endes bezogen hat, beschränkt sind. Sie sind vielmehr über alle Kulturregionen der Welt verbreitet und werden dort unter besonderen Bedingungen virulent. Vgl. auch: EMANUEL SARKISYANZ, Rußland und der Messianismus des Orients. Sendungsbewußtsein und politischer Chiliasmus des Ostens, Tübingen 1955, und NORMAN COHN, Das Ringen um das Tausendjährige Reich. Revolutionärer Messianismus im Mittelalter und sein Fortleben in den modernen totalitären Bewegungen, Bern/München 1961.

[2] Vgl. ALBERT SCHWEITZER, Geschichte der Leben-Jesu-Forschung (1906), 6. Auflage, Tübingen 1951, Kap. XXI.

ren Bedürfnisse aller Menschen befriedigen ließen. Allerdings machte die Herbeiführung dieser Heilsordnung nicht nur die totale Umformung der Gesellschaft, sondern darüber hinaus auch die totale Umerziehung aller Menschen notwendig, die als ihre Mitglieder in Betracht kamen[3].

Daß Bestrebungen dieser Art, soweit sie erfolgreich waren, zur Etablierung totalitärer Ordnungen führten, ist nicht weiter erstaunlich, denn eine solche Umerziehung läßt sich im Rahmen anderer Ordnungen kaum durchführen[4]. Die Erfüllung der in der revolutionären Ideologie und Propaganda für die Massen enthaltenen Versprechungen wird in die Zukunft verschoben – ganz in Analogie zur christlichen Parusieverzögerung –, weil sich herausstellt, daß der Aufbau der gewünschten Ordnung erheblich größere Zeit kostet als ursprünglich vorgesehen. Da er überdies Zwangsanwendung in großem Maßstab voraussetzt, macht er die Einrichtung eines zentralisierten durch eine einheitliche Führung gesteuerten Machtapparates erforderlich, der dann ohne weiteres nicht mehr beseitigt werden kann. Revolutionen pflegen, wie immer ihre Notwendigkeit vorher begründet wurde, im Endeffekt zu einer Stärkung der Staatsgewalt zu führen[5].

Da in den Visionen, von denen viele Revolutionäre sich in ihrem Handeln beflügeln lassen, ein zukünftiges Reich der Freiheit, der Gerechtigkeit und des Glücks heraufbeschworen wird, scheint das wirkliche Resultat ihrer Aktivitäten einigermaßen paradox zu sein. Es wäre zu einfach, ihnen zu unterstellen, daß sie diese Visionen nur zur Irreführung anderer benutzen, ohne selbst ernsthaft daran zu glauben, obwohl der Fanatismus, die Rücksichtslosigkeit und die Grausamkeit führender Revolutio-

---

[3] Es ist daher durchaus von Interesse, etwa die revolutionären Ideologien des frühen Puritanismus, des Jakobinismus und des radikalen Marxismus vor allem im Hinblick auf ihre psychischen und sozialen Wirkungen zu vergleichen; vgl. dazu MICHAEL WALZER, Puritanismus as a Revolutionary Ideology, History and Theory, III, 1963, S. 59 ff. und 87 ff. Die aktiven revolutionären Minderheiten der Puritaner, der Jakobiner und der Bolschewiken weisen typische und in wesentlichen Punkten übereinstimmende Prägungen des Verhaltensstils auf. Vgl. dazu auch WALZER, The Revolution of the Saints. A Study in the Origin of Radical Politics, Cambridge 1965.

[4] Da die von den Revolutionären bekämpften Verfechter der alten Ordnung meist gezwungen waren, zu ihrer Verteidigung ein autoritäres Regime zu etablieren, haben also, wie Waelder feststellt, *„erfolgreiche Revolutionen die eigentümliche Tendenz, ein autoritäres durch ein totalitäres Regime zu ersetzen“*; vgl. ROBERT WAELDER, Fortschritt und Revolution, Stuttgart 1970, S. 290 f. Das bedeutet im wesentlichen, daß der von der Staatsgewalt ausgeübte Zwang umfassender und systematischer wird.

[5] Vgl. dazu BERTRAND DE JOUVENEL, Über die Staatsgewalt, aaO, S. 257 ff. und passim.

näre kaum Anlaß gibt, ihren Zukunftsträumen allzuviel Gewicht beizule-
gen[6]. Daß das Resultat ihrer Tätigkeit so wenig mit den proklamierten
Zielsetzungen zu tun hat, so daß die Ideologie in der weiteren Entwicklung nach der Machtergreifung nur noch zur Camouflage der Gewaltanwendung des Machtapparates dient, ist eine Konsequenz der *Methoden*,
mit deren Hilfe man diese Ziele zu erreichen suchte. Der *methodische Stil
ihrer Praxis* ist durch das *utopische Element* ihres Denkens geprägt[7], das
dafür sorgt, daß die für die Realisierung ihrer Vision fatalen Konsequenzen ihrer Aktionen, die auf die Bewältigung kurzfristiger Probleme abzielen, nicht in Rechnung gestellt werden.

Wer zunächst das Ziel der totalen Herrschaft ansteuert, um später ein
Reich der Freiheit errichten zu können, schafft im Falle eines Erfolges dadurch Institutionen, die der Realisierung des Endzieles mehr im Wege
stehen, als das für die von ihm beseitigten Institutionen der alten Ordnung
gegolten hätte. Er muß nämlich alle bisherigen institutionellen Garantien
der individuellen Freiheit zunächst beseitigen, um die von ihm erstrebten
Machtmittel in die Hand zu bekommen. Die Logik der totalen Revolution
führt daher zu einer totalitären Ordnung. Der von den Revolutionären
praktizierte Stil des Problemlösungsverhaltens ist so geartet, daß in ihm
wichtige *soziale Gesetzmäßigkeiten* vernachlässigt werden, die im Ergebnis das Gegenteil der erstrebten Ordnung herbeiführen. Das liegt teilweise
natürlich schon daran, daß in der revolutionären Vision miteinander real
inkompatible Zielsetzungen vereinigt zu sein pflegen. Insofern sorgt
schon der utopische Charakter dieser Vision selbst dafür, daß Versuche

---

[6] Vgl. dazu z. B. die Schilderung der Charaktere führender Bolschewiken durch Russell,
der im Jahre 1920 mit großer Sympathie für den Sozialismus Rußland besucht hatte; siehe
BERTRAND RUSSELL, The Practice and Theory of Bolshevism (1920), 2. Auflage, London
1949, passim. „The hopes which inspire Communism are, in the main", sagt er an einer Stelle
seines Buches – aaO, S. 18 – „as admirable as those instilled by the Sermon on the Mount, but
they are held as fanatically, and are likely to do as much harm. Cruelty lurks in our instincts,
and fanaticism is a camouflage for cruelty. Fanatics are seldom genuinely humane, and those
who sincerely dread cruelty will be slow to adopt a fanatical creed"; vgl. auch die Darstellung
des linken Sozialrevolutionärs und zeitweiligen Volkskommissars für Justiz Isaak Steinberg
in seinem Buch: Gewalt und Terror in der Revolution. Das Schicksal der Erniedrigten und
Beleidigten in der russischen Revolution (1931), Berlin 1974, der in einer „Kritik der reinen
Gewalt" die Grenzen der erlaubten Gewalt in einer Revolution abzustecken sucht – aaO, S.
291 ff. –, ohne zu bedenken, daß sich in einem Zustand Hobbesscher Anarchie die Gewaltanwendung kaum so steuern lassen dürfte.

[7] Vgl. dazu KARL R. POPPER, Utopia and Violence (1947), in seinem Aufsatzband: Conjectures and Refutations. The Growth of Scientific Knowledge, London 1963, S. 355 ff.

ihrer Realisierung scheitern müssen. Von im Sinne irgendwelcher Ideale vollkommenen Ordnungen darf man erwarten, daß sie diesen Charakter haben. Aber auch eine unter Umständen durchaus mögliche Annäherung an die in der revolutionären Praxis angestrebten Fernziele scheitert am methodischen Stil einer solchen Praxis, wenn sie die Erringung der totalen Macht als Nahziel ansteuert.

Nur diejenigen, die dieses Nahziel um seiner selbst willen anstreben, können durch einen solchen unmittelbaren Erfolg revolutionärer Tätigkeit kaum enttäuscht werden. Sie haben daher gute Gründe, sich einer in diesem Sinne erfolgreichen Revolution anzuschließen. Daher sind die Liebhaber unbeschränkter Gewaltanwendung und staatlicher Omnipotenz die eigentlichen Gewinner der Revolutionen. Für sie bleibt die totalitäre Ordnung auch dann attraktiv, wenn sich herausstellt, daß sie zum permanenten nachrevolutionären Zustand wird. Auch später zieht der Machtapparat vor allem Leute dieses Schlages an, die darum Aussicht haben, in höchste Positionen aufzusteigen. Die utopischen Komponenten der Ideologie werden dann für die Praxis völlig sterilisiert. Sie dienen nur noch zur Rechtfertigung des zur Dauereinrichtung gewordenen Machtapparates und der durch ihn gesteuerten sozialen Vorgänge.

Das Operieren mit der Idee totaler Erneuerung gehört also bestenfalls für diejenigen zu einer rationalen Praxis, die nicht an diese Idee glauben und sie daher nur als Mittel der Camouflage benutzen. Die Ideologen der Revolution, die mit ihrem – vielfach als Ausdruck höherer Vernunft ausgegebenen – Katastrophendenken die Rechtfertigung für die Aktivitäten der Revolutionäre zu geben suchen, liefern keine für eine rationale Praxis brauchbare Analyse realisierbarer Alternativen, die einer echten Entscheidung vorhergehen kann. Sie bieten vielmehr eine Interpretation des Geschehens an, in der die Entscheidung schon vorweggenommen ist: durch die Konstatierung eines transzendenten oder immanenten Sinnes der Geschichte, der objektiv feststeht und daher für alle verbindlich ist. Da das dadurch vorgegebene Ziel aller Handlungen absolute Bedeutung gewinnt, kommt für seine Verwirklichung jedes Mittel in Betracht, so daß moralische oder rechtliche Bedenken in dieser Hinsicht keine Rolle mehr spielen. Um einen Zustand völliger Herrschaftslosigkeit und des gewaltlosen Friedens herzustellen, gelten daher alle Schranken der Gewaltanwendung als aufgehoben, nach der Maxime, daß der Zweck die Mittel heiligt.

Daß auf diese Weise eine *Tradition der Gewalt* entstehen kann, die später nicht mehr so leicht unwirksam zu machen ist, kommt den Verfechtern

des Freund-Feind-Denkens nur selten zum Bewußtsein. Ihr Interesse ist
zunächst auf die Zerstörung des alten Zustandes gerichtet, auf die Herstellung einer *tabula rasa*, auf der die neuen Strukturen dann errichtet werden
können. Der Wert des sozialen Erbes wird in der dieser Praxis zugrunde
liegenden Rechnung mit Null angesetzt, denn die revolutionäre Ideologie
stellt eine *totale Alternative* in Aussicht und vermittelt die *Gewißheit*, daß
sie erreicht wird. Ihr weiteres Interesse bezieht sich dann auf die Errichtung ihrer eigenen unumschränkten Herrschaft auf dieser Grundlage,
denn nur sie scheint die Garantie zu geben, daß ihre übrigen Zielsetzungen
erreichbar werden. Leute mit den falschen Zielsetzungen an die Macht
kommen zu lassen, wäre ein unverzeihlicher Fehler. Dieser Gedanke
rechtfertigt die Bemühungen, alle Verbündeten mit abweichenden Zielsetzungen auszubooten, sobald das möglich wird.

Wie immer man die Bedeutung der Ideologie für die *Rechtfertigung* der
revolutionären Praxis einschätzen möchte, mit der *Motivation* der mit ihr
verbundenen Aktivitäten hat sie möglicherweise weniger zu tun, als das
vielfach angenommen wird. Während die Ideologie die Fernziele betont,
mit deren Hilfe die Machtergreifung durch die Revolutionäre legitimiert
werden soll, hat die Übernahme der Macht selbst ohne Zweifel für diese
einen motivationalen Eigenwert, der für ihre Praxis von wesentlicher Bedeutung ist. Zieht man nur die utopischen Aspekte ihres ideologischen
Bezugsrahmens in Betracht, dann erscheint, wie wir schon gesehen haben,
der methodische Stil ihres Problemlösungsverhaltens wegen mangelnder
Beachtung des Realisierbarkeitsproblems als irrational. Sobald man aber
nur das wesentliche Zwischenziel, die Machtergreifung, ins Auge faßt,
gewinnt ihre Praxis durchaus rationale Züge, und die Dynamik des revolutionären Geschehens scheint auf der Basis der im ökonomischen Denken üblichen Verhaltensannahmen erklärbar zu werden.

Das ist ein wichtiger Grund, von der üblichen romantischen Sicht der
Revolution abzugehen und auch solche Arten des sozialen Geschehens
mit Hilfe der im ökonomischen Erkenntnisprogramm enthaltenen Ideen
zu analysieren[8]. Angesichts der Illusionen, die revolutionäre Ideologen
über den Charakter und die soziale Bedeutung von Revolutionen zu ver-
breiten pflegen, hat ein solcher Erklärungsansatz gleichzeitig ideologie-

---

[8] Vgl. dazu GORDON TULLOCK, der in den auf Revolutionen und Staatsstreiche bezoge-
nen Kapiteln seines Buches: The Social Dilemma. The Economics of War and Revolution,
Blacksburg 1974, Kap. IV–VIII, eine Nebenprodukttheorie der Revolution entwickelt,
siehe S. 45 und passim.

kritische Relevanz. Es ist an der Zeit, solche Geschehensabläufe nicht mit den Augen der Geschichtsphilosophie zu sehen, die den Sinn der historischen Entwicklung zu kennen glaubt, sondern mit denen der theoretischen Realwissenschaft, die nach Erklärung sucht und auf diese Weise auch zur Aufklärung beiträgt.

26. *Die Kontextabhängigkeit politischer Problemlösungen*

Die Hoffnungen der romantischen Revolutionäre beruhen auf einem eschatologischen Traum. Der Versuch, ihn in die Tat umzusetzen, führt zu kostspieligen sozialen Experimenten und schließlich nicht selten zur Etablierung monströser Herrschaftsgebilde, die Ineffizienz und Unfreiheit miteinander verbinden und in denen Reformen im Interesse der Betroffenen schwerer durchzusetzen sind als in den Ordnungen, die den Ausgangspunkt der revolutionären Bestrebungen bildeten.

Der Schlüssel zum Verständnis dieser scheinbar paradoxen Entwicklung ist in der *Rolle der Vakuumfiktion* im revolutionären Denken zu finden. Die Idee, man müsse, um eine adäquate Problemlösung zu erreichen, zunächst eine *tabula rasa* herstellen, weil die Mängel bisheriger Lösungen anders nicht zu beseitigen seien, ist nicht unplausibel. Sie ist vor allem dann plausibel, wenn man die positive Bedeutung der Tradition für die menschliche Praxis nicht beachtet und der Vernunft daher die Konstruktion vollkommener Lösungen in einem sozialen und kulturellen Vakuum zutraut. Diese Vorstellung ist in der Erkenntnistheorie des klassischen Rationalismus anzutreffen[9], wo sie zu der Konsequenz führt, man müsse zunächst den Geist von allen „Vorurteilen" reinigen, um zur wahren Erkenntnis kommen zu können. Sie ist andererseits in der politischen Ideologie von Revolutionären zu Hause, die analoge Konsequenzen in bezug auf die Gesellschaft ziehen. Sie pflegen das in den Institutionen und Traditionen enthaltene soziale Erbe als Belastung anzusehen, weil es der Verwirklichung ihrer Träume von der vollkommenen Gesellschaft im Wege steht. So ist es verständlich, daß sie zunächst eine *tabula rasa* anstreben, von der aus ein Neuaufbau im Geiste dieser Träume möglich wird.

Diese Denkweise vernachlässigt aber mehrere Punkte, die für eine rationale Praxis von Bedeutung sind. Je mehr man nämlich durch geeignete

---

[9] Vgl. KARL POPPER, On the Sources of Knowledge and Ignorance, in seinem Buch: Conjectures and Refutations, London 1963, S. 14 ff.

Maßnahmen einem solchen sozialen Vakuum nahe kommt, in desto stärkerem Maße werden auch die Voraussetzungen für einen sinnvollen Neuaufbau vernichtet, so daß die Gesellschaft auf eine tiefere Stufe zurückfällt – ein Rückfall, von dem sie sich nachher nur langsam erholen kann. Überdies muß ein erheblicher Teil der sozialen Erbschaft auf jeden Fall übernommen werden, weil er in denjenigen Individuen steckt, mit deren Hilfe die Revolutionäre den Aufbau herbeiführen wollen. Die grandiose Idee der totalen Umerziehung ist eine Illusion, weil in ihr diejenigen Einflüsse unterschätzt werden, die einer zentralen Kontrolle nicht zugänglich sind. Überdies führt auch eine teilweise Zerstörung der sozialen Basis schon dazu, daß die Elite der Revolutionäre vieles selbst in die Hand nehmen muß, was früher aufgrund sozialer Gewohnheiten geregelt war. Das macht eine Machtkonzentration an der Spitze erforderlich, die der Realisierung früher beschworener Ideale im Wege steht.

Wie im Bereich der Erkenntnis, so wird auch im politischen Bereich eine rationale Praxis die *Kontextabhängigkeit von Problemlösungen* zu berücksichtigen haben. Sie wird also nicht so vorgehen, daß sie die Grundlagen für die Realisierung eigener Ziele zerstört. Revolutionäre Sozialisten sind sich anscheinend vielfach nicht darüber klar, daß sie unter Umständen Kapital im weiteren Sinne des Wortes vernichten, wenn sie die materiellen Produktionsmittel unter die Kontrolle der Staatsgewalt bringen, denn ein wesentlicher Teil des Kapitals steckt in der Organisation, den informellen Spielregeln, dem Vorhandensein von schwer übertragbarer Information und motivationalen Tatbeständen aller Art.

Wer glaubt, daß er ein komplexes soziales Wirkungssystem ohne weiteres durch gewaltsame Eingriffe völlig umformen und dadurch in den Dienst eigener Zielsetzungen stellen kann, pflegt im allgemeinen die mit einem solchen Vorhaben verbundenen Kosten erheblich zu unterschätzen. Das hängt wiederum damit zusammen, daß ein solcher Glaube nicht genügend mit der Eigendynamik solcher Systeme rechnet. Ihr Funktionieren unterliegt ja gewissen, durch menschliche Willkür nicht abänderbaren Gesetzmäßigkeiten, mit denen jede rationale und damit realistische Praxis rechnen muß[10]. In je geringerem Maße man solche Gesetzmäßig-

---

[10] In der marxistischen Literatur ist mitunter die Idee anzutreffen, mit objektiven, vom menschlichen Willen und Bewußtsein unabhängigen Gesetzmäßigkeiten brauche unter den Bedingungen des Sozialismus nicht mehr gerechnet zu werden. Diese Vorstellung wurde schon von Oskar Lange mit Recht kritisiert; vgl. LANGE, Political Economy, Vol. I, Warschau 1963, S. 82 ff. Im Neomarxismus sind Auffassungen dieser Art wieder aufgetaucht. Daß man damit die Strukturlosigkeit menschlicher Handlungen und der durch sie konstitu-

keiten beachtet, in desto stärkerem Umfange hat man unbeabsichtigte Wirkungen des eigenen Handelns zu gewärtigen, die mit den angestrebten Zielen nicht vereinbar sind. Wer zum Beispiel durch entsprechende Eingriffe, durch die Anreizstrukturen verändert und damit die Steuerungswirkungen beeinträchtigt werden, die Funktionsweise sozialer Mechanismen zu ändern sucht, muß dann unter Umständen einen Effizienzverlust in Kauf nehmen, der die für andere Ziele notwendigen Investitionen unmöglich macht.

Je umfassender die geplante Umformung der Gesellschaft aber ist, desto vollkommener muß das Wissen derjenigen beschaffen sein, die sich diese Umformung zum Ziel gesetzt haben. Das gilt nicht nur hinsichtlich der zu berücksichtigenden Gesetzmäßigkeiten, sondern darüber hinaus in bezug auf die konkreten Bedingungen, von denen die zu erwartenden Wirkungen abhängen. Unter verschiedenen Bedingungen ergeben sich ja aus denselben Gesetzmäßigkeiten im allgemeinen verschiedene Konsequenzen. Die Anforderungen an das verfügbare Wissen können sehr leicht ein Ausmaß annehmen, angesichts dessen Zielsetzungen, die dem gesunden Menschenverstand ganz plausibel vorkommen mögen, utopischen Charakter gewinnen. Aber die Verfügbarkeit solchen Wissens würde ja nicht einmal genügen. Die an der Umformung des gesamten sozialen Lebens im Sinne ihrer Zielsetzungen interessierten Machthaber müßten genau diejenigen Bedingungen als Ansatzpunkte ihres Handelns in den Griff bekommen, die aufgrund dieser Kenntnisse für die zu erreichenden Wirkungen relevant sind. Je umfassender die geplante Umwandlung aber ist, desto größer müßte demnach vermutlich auch die Machtkonzentration an der Spitze sein. Dazu kommt noch die Tatsache, daß eine solche Macht ihre Inhaber zu korrumpieren pflegt, so daß die Fernwirkungen der Machtkonzentration die ursprünglichen Absichten wieder durchkreuzen können.

Wer die oben erwähnten Bedingungen für realisierbar und den Traum von der totalen Erneuerung daher für realistisch hält, wird durch die Logik der Situation wenigstens für die Übergangsphase zu einer technokratischen Lösung des Ordnungsproblems getrieben. Dieser Lösung zufolge muß die Gesellschaft zu einer Maschine werden, die sich von oben her vollkommen steuern läßt, weil autonome Entscheidungen nur in den

---

ierten sozialen Prozesse in der sozialistischen Gesellschaft – und damit ein soziales Chaos, gerade in der Phase, in der die vollkommene Ordnung erreicht werden sollte – unterstellt, kommt den Verfechtern solcher Anschauungen offenbar nicht zu Bewußtsein.

Steuerungszentren auftreten, in denen das entsprechende Wissen und die erforderliche Macht konzentriert sind[11]. Da in einer solchen Gesellschaft offenbar auch ein Interpretationsmonopol der Herrschenden für die gültige ideologische Lehre bestehen müßte, hätten wir jene Verbindung von – wenn auch vielleicht säkularisierter – Theokratie und Technokratie in vollkommener Form vor uns, deren unvollkommene Abbilder wir in den totalitären Systemen der Gegenwart studieren können[12].

Die entscheidende Schwäche der geschichtsphilosophischen Auffassung, die zu Lösungen dieser Art tendiert, ist nicht die Akzentuierung der Wissenschaft und der Rationalität, die mit ihr verbunden ist, sondern die spezielle Vorstellung vom Charakter des wissenschaftlichen Wissens, von der möglichen Rolle der Wissenschaft und von der Eigenart rationaler Praxis, die hinter ihr zu erkennen ist. Es handelt sich um eine in die soziale Praxis übertragene Version des klassischen Rationalismus, wie sie vor allem im Saint-Simonismus[13] zu finden war. Mit dem prinzipiellen Fallibilismus, der sich heute nicht nur in der Wissenschaftslehre, sondern darüber hinaus in allgemeineren Auffassungen über Problemlösungsverhalten durchzusetzen beginnt, ist sie nicht vereinbar. Wer die Fehlbarkeit menschlicher Vernunft für alle Bereiche der Praxis von der Wissenschaft bis zur Moral und Politik anerkennt, muß nicht nur die Idee einer Wahrheitsgarantie für die Lösung von Erkenntnisproblemen, sondern auch die einer perfekten Ordnung für die Lösung gesellschaftlicher Probleme zurückweisen.

---

[11] Es ist nicht uninteressant, daß diejenigen Theoretiker, die gegen den kritischen Rationalismus den Szientismus-Vorwurf erheben, schon im Zusammenhang mit der Idee einer realwissenschaftlich fundierten Sozialtechnologie an eine solche technokratische Lösung des Ordnungsproblems denken zu müssen meinen; vgl. dazu etwa KARL-OTTO APEL, Transformation der Philosophie, Frankfurt 1973, Band I, S. 14ff., Band II, S. 371, sowie meine Kritik in: Transzendentale Träumereien, aaO, S. 90ff.; vgl. auch JÜRGEN HABERMAS, Dogmatismus, Vernunft und Entscheidung, in seinem Aufsatzband: Theorie und Praxis. Sozialphilosophische Studien, Neuwied/Berlin 1963, S. 256f.

[12] Zur Ablehnung des Totalitarismus-Begriffs durch Autoren, denen aus leicht ersichtlichen Gründen die strukturellen Ähnlichkeiten zwischen dem Hitlerschen und dem Stalinschen Imperium peinlich sind, vgl. die kritische Untersuchung KARL DIETRICH BRACHERS, Der umstrittene Totalitarismus: Erfahrung und Aktualität, in seiner Schrift: Zeitgeschichtliche Kontroversen. Um Faschismus, Totalitarismus, Demokratie, München 1976, S. 33ff. Wer die unterschiedliche ideologische Maskerade für wichtiger hält als das gemeinsame System der Zwangsarbeitslager, offenbart damit auch moralisch höchst bemerkenswerte Auffassungen.

[13] Vgl. dazu z.B. ROLF PETER FEHLBAUM, Saint-Simon und die Saint-Simonisten, Tübingen 1970, S. 11ff.

Die technokratische Vorstellung einer Sozialordnung im Sinne einer reibungslos funktionierenden Maschinerie muß unter dem Gesichtspunkt des Fallibilismus radikal in Frage gestellt werden. Sie berücksichtigt in keiner Weise die Tatsache, daß es keine vollkommene Information gibt und daß an keiner Stelle der Gesellschaft die für die totale Steuerung erforderlichen Informationen vorhanden sein könnten[14], ganz abgesehen von den übrigen Bedingungen für die Verwirklichung eines solchen Ideals. Auch der Versuch einer Approximation dieses Ideals muß nach allem, was wir heute wissen, zu Konsequenzen führen, die unter ganz verschiedenen Wertgesichtspunkten außerordentlich bedenklich und für die meisten Betroffenen schwerlich akzeptabel sind. Je mehr sich eine Gesellschaft dem Idealtyp einer von einem Zentrum her gesteuerten sozialen Maschinerie annähert, desto mehr scheint sie einem großen Gefängnis für ihre Mitglieder ähnlich werden zu müssen. Desto weniger wird sie auch geeignet sein, vorhandenes Wissen zu verwerten, die Produktion und Verbreitung neuer Ideen und damit auch neuer Problemlösungen zu fördern und die freie Entfaltung ihrer Mitglieder zu ermöglichen. Eine Ordnung, die diese Eigenschaften hat, ist aber für die meisten Leute wohl attraktiver als die einer Zwangsanstalt der geschilderten Art. Das läßt sich unschwer daran erkennen, daß sich die Staatsgewalt im zweiten Fall erheblich anstrengen muß, um Abwanderungen zu verhindern.

Wenn eine einigermaßen funktionierende Ordnung der Freiheit realisierbar ist, die die Mitglieder einer Gesellschaft vor den Gefahren der Anarchie schützen kann, dann wird eine solche Ordnung im allgemeinen also von den meisten Leuten den autoritären und totalitären Ordnungen vorgezogen, deren Funktionieren sie am eigenen Leibe erfahren haben. Ihre eigene Lebenssituation in einer solchen Ordnung hat gewisse Vorzüge, die man ungern entbehren möchte. Die Vorliebe für autoritäre und totalitäre Systeme gründet sich im allgemeinen auf Mangel an Realismus, das heißt: auf Hoffnungen und Ängste, die bei besserer Information über Tatsachen und Gesetzmäßigkeiten keine Chance hätten, die Urteilsbildung zu beeinflussen, abgesehen natürlich von den wenigen wirklichen Nutznießern solcher Systeme. In einer Welt freier Konkurrenz zwischen den Staaten um ihre Bürger würde bei hinreichender Information und geringen Kosten der Abwanderung die Überlebenschance für solche Systeme vermutlich in die Nähe des Nullpunktes sinken. Um die Legitimität frei-

---

14 Auf die Bedeutung dieser Tatsache hat vor allem FRIEDRICH A. v. HAYEK in vielen seiner Arbeiten hingewiesen.

heitlicher Ordnungen brauchte man sich keine Sorgen zu machen. Sie würde aus der rationalen Praxis der Mitglieder der Gesellschaftsgebilde erwachsen, die unter diesen Voraussetzungen miteinander zu konkurrieren gezwungen wären. Natürlich wären auch die freiheitlichen Systeme gezwungen, ihre Leistungen zu verbessern, um in einer solchen Konkurrenz bestehen zu können. Dabei würde sich dann zeigen, in wie großem Maße die verschiedenen Arten der Freiheit untereinander und mit anderen Leistungsmerkmalen dieser Systeme substituierbar sind, sowohl im Hinblick auf ihre Realisierbarkeit als auch im Hinblick auf die Präferenz der Bürger[15].

27. Das Legitimitätsproblem und die Idee rationaler Praxis

Das oben skizzierte Gedankenexperiment hat eine Beziehung zur Problematik der Legitimität von sozialen Ordnungen, die für die Sozialphilosophie des kritischen Rationalismus nicht ohne Bedeutung ist. Um das zu erkennen, müssen wir zunächst noch einmal auf die klassischen Rechtfertigungsversuche eingehen, die durch den Wandel des Wirklichkeitsbildes seit der naturwissenschaftlichen Revolution des 16. und 17. Jahrhunderts obsolet geworden sind. Die wirksamste und wohl in den Hochkulturgebieten der Erde am weitesten verbreitete Legitimationsweise dürfte, wie schon erwähnt, die im Rahmen der soziokosmischen Auffassung entwickelte Lehre sein, daß die soziale Ordnung einer göttlichen Garantie unterliegt und daß sie mit der gesamten Seinsordnung in Einklang stehen muß. In den Normen, die das gesellschaftliche Leben regeln, kommt daher der göttliche Wille in ähnlicher Weise zum Ausdruck wie in den Gesetzen des Kosmos, in den die Gesellschaft eingebettet ist. Der archimedische Punkt dieser Legitimationsweise, der göttliche Wille, offenbart sich aber vor allem bestimmten Experten, die über entsprechende Deutungsmöglichkeiten der heiligen Texte oder anderer Symbolkomplexe verfügen. Das bedeutet, daß eine mit hermeneutischen Verfahrensweisen arbeitende Theologie starken Einfluß auf die Gestaltung des politischen Lebens erlangen kann.

---

[15] Der dritte Teil des Nozickschen Buches: Anarchie, Staat, Utopia, aaO, der die mögliche Konkurrenz verschieden strukturierter Sozialgebilde im Rahmen einer Minimalstaatsordnung behandelt, enthält ganz unabhängig von der zur Rechtfertigung des Minimalstaates verwendeten Naturrechtslehre Lockescher Provenienz interessante Ideen zu dieser Problematik.

Die Erosion der soziokosmischen Weltauffassung hat dieser Legitimationsweise weitgehend den Boden entzogen. Die transzendente Verankerung der sozialen Ordnung mußte daher durch eine andere Art der Rechtfertigung ersetzt werden, eine solche, die mit der sich herausbildenden naturalistischen Weltauffassung des wissenschaftlichen Denkens zu vereinbaren war. Wer nach einem sicheren Fundament für die Begründung sozialer Strukturen und politischer Maßnahmen suchte, mußte auf transzendente Instanzen wie den göttlichen Willen verzichten. An die Stelle einer transzendenten konnte aber, wie wir gesehen haben, ebenso wie im Erkenntnisbereich eine transzendentale Verankerung treten, und zwar durch Rekurs auf die Bedingungen der Möglichkeit freien Handelns in der Gesellschaft, wobei ein allgemeiner vernünftiger Wille als letzte Instanz vorausgesetzt wurde[16].

Ebensowenig wie aber der transzendentale Rekurs auf die Bedingungen der Möglichkeit der Erkenntnis in der menschlichen Vernunft eine Wahrheitsgarantie für bestimmte Aussagen erzeugen kann, kann der analoge Rückgriff auf die Bedingungen der Möglichkeit freien Handelns die Gerechtigkeit einer entsprechenden sozialen Ordnung garantieren. In beiden Fällen ist nämlich der in den betreffenden Verfahrensweisen benutzte archimedische Punkt selbst dem Zweifel ausgesetzt. Die Struktur des Vermögens der reinen Vernunft und des mit ihm verbundenen vernünftigen Willens, auf die im transzendentalen Verfahren zurückgegangen werden soll, muß selbst der menschlichen Erkenntnis zugänglich sein, um die gewünschte Legitimationsleistung erbringen zu können. Daß das Resultat einer Analyse dieser Struktur über jeden Zweifel erhaben ist, läßt sich in diesem Falle ebensowenig zeigen wie in anderen Fällen, in denen absolute Begründungen angestrebt werden.

Der die Erkenntnislehre und die Ethik Immanuel Kants verbindende Grundgedanke der Autonomie – die Idee, daß die menschliche Vernunft in der Erkenntnis und im Handeln keiner äußeren Autorität, sondern nur ihrer eigenen Gesetzgebung unterworfen sei und daher nur solchen Regeln und Urteilen zuzustimmen brauche, die damit im Einklang stehen – ist in seiner Bedeutung nicht davon abhängig, daß er im Sinne des klassischen Begründungsdenkens mit der Vorstellung einer Garantie für die Richtigkeit bestimmter Resultate seiner Analyse verbunden wird[17]. Wenn

---

[16] Vgl. Kap. VI, Abschnitt 1, oben.

[17] In der Erkenntnislehre wird man auf die Kantsche Vorstellung, daß der Verstand der Natur die Gesetze vorschreibe, verzichten müssen, wenn in ihr auch ein heute noch akzepta-

man ihn als normative Hypothese deutet, die als *regulative Idee* für die Gestaltung des gesellschaftlichen Lebens in Betracht kommt, dann kann er zwar nicht mehr als Basis für eine absolute Rechtfertigung sozialer Tatbestände in Betracht kommen, aber dennoch eine gewisse Legitimationsleistung erbringen und andererseits zur kritischen Durchleuchtung tatsächlicher Verhältnisse herangezogen werden.

Die Legitimationsleistung einer solchen Idee kann natürlich nur wirksam sein, wenn sich die Mitglieder einer Gesellschaft hinreichend mit ihr identifizieren. Wenn eine freiheitliche Sozialordnung von den meisten Leuten, die ihr unterworfen sind, nicht faktisch anerkannt wird, weil sie die Freiheitsidee nicht akzeptieren oder weil sie andere Wertgesichtspunkte für wichtiger halten, dann ist diese Ordnung auch dann gefährdet, wenn einige ihrer Mitbürger aus philosophischen Gründen der Auffassung sind, daß sie dennoch im eigentlichen Sinne des Wortes gelte[18]. Die These, es sei unvernünftig anzunehmen, daß „Menschen jemals wollen könnten, überhaupt nicht frei zu sein"[19], trägt wenig zur Lösung des Problems bei, denn es gibt die verschiedensten Arten von Freiheit, die man in höherem oder geringerem Grade besitzen kann, und es gibt darüber hinaus eine ganze Reihe anderer Güter, für die dasselbe gilt. Es ist demnach grundsätzlich möglich, daß verschiedene Individuen in ganz verschiedenem Maße bereit sind, Freiheiten bestimmter Art für solche anderer Art und für andere Güter zu opfern, und viele dieser Möglichkeiten sind im Laufe der Geschichte schon vorgekommen. Der Wert der Freiheit – oder besser: der Wert der verschiedenen Freiheiten, von der Freiheit des Gewissens, der Wissenschaft und des Glaubens und der Rede-, Versammlungs- und Pressefreiheit bis zur Vertrags- und Gewerbefreiheit, der Freiheit der Berufswahl und der politischen Wahl – kann, wie schon erwähnt wurde, für Menschen in verschiedenen Situationen verschieden sein, und

---

bler Kern steckt, vgl. dazu KARL POPPER, On the Status of Science and of Metaphysics (1958), in seinem Aufsatzband: Conjectures and Refutations, aaO, S. 191 f. Aber die heutige methodologische Diskussion mit ihrer Akzentuierung der Rolle von Alternativen, von Programmen und von Entscheidungen im Erkenntnisbereich macht deutlich, daß der Kantsche Gedanke freier Selbstbestimmung für den Bereich der Erkenntnistätigkeit auch in ganz anderer Weise interpretierbar ist.

[18] Ein Kantianer wird allerdings vielleicht nur davon sprechen, daß sie eine Ordnung von *notwendig möglicher* Geltung sei, vgl. dazu JÜRGEN V. KEMPSKI, Naturrecht und Völkerrecht (1948), in seinem Aufsatzband: Recht und Politik, aaO, S. 11 ff.

[19] Vgl. JULIUS EBBINGHAUS, Die Idee des Rechtes (1938), in seinem Aufsatzband: Gesammelte Aufsätze, Vorträge und Reden, Darmstadt 1968, S. 297.

er pflegt unter anderem davon abzuhängen, welche Möglichkeiten zur Gestaltung des eigenen Lebens jeweils gegeben sind. Um den Schutz der Staatsgewalt gegen mögliche Feinde, aber auch gegen Armut, Hunger und Krankheit zu erhalten, sind die Menschen im allgemeinen bereit, manche Arten von Freiheit in gewissem Maße aufzugeben. Die Sicherung des Lebens genießt in diesen Fällen also einen Vorrang vor der Sicherung der Freiheit. Und auch in Fällen, in denen die elementare Lebenssicherung nicht mehr im Zentrum der Aufmerksamkeit steht, kann die Sicherung eines gewissen Wohlstandes und darüber hinaus einer sinnvollen Lebensführung ein Motiv für die Opferung bestimmter Freiheiten sein[20].

Es ist also keineswegs selbstverständlich, daß die Freiheitsidee den einzigen Wertgesichtspunkt für die Beurteilung einer sozialen Ordnung liefert[21]. Und eine Argumentation, die *a priori* den Nachweis zu erbringen sucht, daß sie notwendigerweise die einzige sei, die dafür in Betracht komme, kann bestenfalls zur Dogmatisierung dieses Standpunktes beitragen. Wer diese Idee dennoch zum dominierenden Gesichtspunkt für die Ordnung des sozialen Lebens machen möchte – und dieser Wunsch verdient, wie ich meine, durchaus unsere Sympathie –, der hat die Aufgabe, ihre Attraktivität auch denjenigen deutlich zu machen, die ihr nicht diesen Rang einräumen wollen.

Damit erweist sich auch an dieser Stelle eine philosophische Auffassung, derzufolge realwissenschaftliche Untersuchungen zu Fragen dieser Art nichts beizutragen haben, als fragwürdig. Wer auch für Wertideen nur hypothetische Geltung in Anspruch nehmen zu können meint, der wird die mögliche Bedeutung wissenschaftlicher Forschungsergebnisse auch

---

[20] Der Eintritt in ein Kloster kann auch da, wo er eine unwiderrufliche Bindung mit sich bringt, wegen seiner Heilsbedeutung einem Leben vorgezogen werden, das erheblich größere Freiheitsspielräume aufweist als das Klosterleben. Natürlich kann man sagen, daß in diesem Falle die Unterwerfung unter eine Zwangsordnung eine freiwillige sei, aber das Beispiel soll nur zeigen, daß unter Umständen Freiheiten zum Zwecke der Erlangung anderer Güter – z. B. bestimmter Heilsgüter – gerne geopfert werden.

[21] Vgl. dazu ISAIAH BERLINs Ausführungen zur Forderung maximaler Freiheit in seinem Aufsatz: Two Concepts of Liberty, in: BERLIN, Four Essays on Liberty, Oxford 1969, S. 161: „It seems unlikely that this extreme demand for liberty has ever been made by any but a small minority of highly civilized and self-conscious human beings. The bulk of humanity has certainly at most times been prepared to sacrifice this to other goals: security, status, prosperity, power, virtue, rewards in the next world; or justice, equality, fraternity, and many other values which appear wholly, or in part, incompatible with the attainment of the greatest degree of individual liberty, and certainly do not need it as a pre-condition for their own realization."

für die Beurteilung solcher Ideen nicht leugnen wollen[22]. Das bedeutet in unserem Falle zum Beispiel, daß die sozialen Wirkungszusammenhänge zwischen Tatbeständen, die unter dem Gesichtspunkt der Freiheit zu betrachten sind, und anderen Tatsachen für die Lösung normativer Probleme in Betracht gezogen werden. Eine Argumentation zugunsten bestimmter Arten von Freiheit wird also nicht einfach deren Eigenwert betonen und es damit bewenden lassen, sondern sie wird unter Verwertung unserer Einsichten in wirkliche Zusammenhänge zu zeigen suchen, welche Bedeutung diese Freiheiten für die Bewältigung menschlicher Probleme haben.

Wenn man diesen Gesichtspunkt ins Spiel bringt, dann sehen gewisse Argumente für eine freiheitliche Ordnung, die von einem Vernunftapriorismus Kantischer Prägung her einigermaßen suspekt erscheinen, nicht ganz so unbrauchbar aus. Man kann natürlich sagen, daß die seit Adam Smith geläufigen Argumente für ein System freien Wettbewerbs aufgrund seiner Wohlstandswirkungen, die seit Wilhelm v. Humboldt üblichen Argumente für eine liberale Ordnung wegen ihrer Bedeutung für die Persönlichkeitsbildung und die seit John Stuart Mill bekannten analogen Argumente, die darüber hinaus die Konsequenzen für den Fortschritt der Erkenntnis in Betracht ziehen, nur empirischen Charakter haben und daher für die Entscheidung der Ordnungsproblematik letzten Endes nicht oder nur in zweiter Linie in Betracht kommen. Die Freiheit werde in ihnen als bloßes Mittel für andere Zwecke behandelt und nicht als Selbstzweck. Aber abgesehen davon, daß selbst die Kantsche Argumentation von Elementen dieser Art nicht ganz frei ist[23], dürfte es schwierig sein, in der Weise, wie das im üblichen Zweck-Mittel-Denken meist geschieht, außerhalb konkreter Aktionszusammenhänge ohne weiteres zwischen Zwecken und Mitteln zu unterscheiden[24]. Eine kontextfreie Einteilung

---

[22] Vgl. dazu das dritte Kapitel meines o. a. Buches: Traktat über kritische Vernunft.

[23] Vgl. dazu z. B. IMMANUEL KANT, Idee zu einer allgemeinen Geschichte in weltbürgerlicher Absicht, aaO, S. 10 f., wo von der höchsten *Absicht der Natur*, „nämlich der Entwicklung aller ihrer Anlagen", die Rede ist, die nur in der Gesellschaft erreichbar sei, und später von der *besten Wirkung*, die die menschlichen Neigungen allein „in einem solchen Gehege, als bürgerliche Vereinigung ist", tun. „Alle Kultur und Kunst, welche die Menschheit ziert, die schönste gesellschaftliche Ordnung", seien „Früchte der Ungeselligkeit, die durch sich selbst genötigt" werde, „sich zu disziplinieren und so durch abgedrungene Kunst die Keime der Natur vollständig zu entwickeln".

[24] Vgl. dazu meine durch den bekannten einschlägigen Aufsatz Gunnar Myrdals inspirierte Kritik am Zweck-Mittel-Denken in: Marktsoziologie und Entscheidungslogik, aaO, S. 63 ff.

von Tatbeständen in „Zwecke an sich" und „Mittel an sich" wäre eine Absurdität. Für die Beurteilung des Wertes der Freiheit – beziehungsweise der verschiedenen Arten von Freiheit – kann es bedeutsam sein, sie unter ganz verschiedenen Gesichtspunkten zu betrachten. Wenn man ihre Bedeutung für die Lösung menschlicher Probleme ins Auge faßt, ist daher einiges für eine angemessene Beurteilung zu gewinnen.

In dieser Hinsicht scheint mir die Tatsache wichtig zu sein, daß eine fallibilistische Auffassung der menschlichen Praxis, von der her Dogmatisierungen von Problemlösungen fragwürdig sind, bestimmten Arten von Freiheit schon deshalb einen besonderen Platz einräumen muß, weil sie für die Verbesserung von Problemlösungen wichtig sind. Eine Ordnung der fehlbaren Vernunft muß schon deshalb in erheblichem Umfange eine Ordnung der Freiheit sein, weil diese Freiheit erforderlich ist, um das konstruktive und kritische Potential der menschlichen Vernunft für die Verbesserung von Problemlösungen aller Art auszunutzen. Wir wissen heute nicht nur aus der wissenschaftstheoretischen, sondern auch aus der wirtschaftstheoretischen Diskussion, welche Bedeutung die Konstruktion von Alternativen und der kritische Vergleich zwischen ihnen für die in dieser Hinsicht wirksamen Prozesse hat. Institutionelle Vorkehrungen, die für die *Wirksamkeit von Konkurrenz und Kritik* sorgen, scheinen gerade in dieser Beziehung von besonderer Wichtigkeit zu sein[25]. Vorkehrungen dieser Art pflegen aber mit der *Sicherung der Freiheit* in den betreffenden Bereichen der Gesellschaft verbunden zu sein, denn ohne sie ist die erforderliche Mobilisierung von Initiative und schöpferischer Phantasie nicht zu erreichen. Die Analyse und Konstruktion institutioneller Arrangements, die diese Mobilisierung fördern, ist eine interessante Aufgabe für die Sozialtechnologie.

Die Erfordernisse rationaler Praxis im Rahmen der Gesellschaft und die Bedingungen der Freiheit scheinen also in erheblichem Maße zu konvergieren. Rationalität bedeutet im sozialen Leben keineswegs ohne weiteres Homogenität, Einheit oder Zentralisierung, wie man annehmen könnte, wenn man sich an gewissen utopischen Entwürfen orientiert, die vom geometrischen Geist inspiriert sind. Vielmehr muß kulturelle, politische und soziale Vielfalt und damit auch die Möglichkeit freier Entfaltung aller

---

[25] Die Untersuchungen ALBERT O. HIRSCHMANNS in seinem Buch: Abwanderung und Widerspruch. Reaktionen auf Leistungsabfall bei Unternehmungen, Organisationen und Staaten, Tübingen 1974, haben daher meines Erachtens eine Bedeutung, die über die Bereiche der Wirtschaft und der Politik im engeren Sinne weit hinausreicht.

Individuen als wesentlich für eine Gesellschaft angesehen werden, in der in allen Bereichen Rationalität im Sinne adäquaten Problemlösungsverhaltens erreicht werden soll. Eine solche Gesellschaft dürfte auch die verhältnismäßig größten Chancen der Steigerung des Wohlstandes aller ihrer Mitglieder bieten. Das ist vor allem dann der Fall, wenn sie mit Hilfe geeigneter institutioneller Regelungen in der Lage ist, die typischen Steuerungsschwächen komplexer Sozialsysteme mit freiheitlichen Ordnungen zu bewältigen. Damit bietet sie auch die Möglichkeit, ihre in Not geratenen Mitglieder gegen ein Absinken unter ein bestimmtes Niveau der Lebensführung abzusichern.

Was die Frage der Legitimität einer solchen Ordnung des sozialen Lebens angeht, so ist natürlich nicht sicher, daß die ihr Unterworfenen ohne weiteres bereit sind, ihr die für ihre Stabilität notwendige Anerkennung zukommen zu lassen. Die Bedingungen des oben skizzierten Experiments lassen sich in der heutigen Welt wohl nicht in ausreichendem Maße approximieren. Informations- und Abwanderungsschranken sorgen dafür, daß eine realistische vergleichende Beurteilung der Systeme den meisten ihrer Mitglieder – wenn auch in verschiedenen Teilen der Welt in unterschiedlichem Maße – erschwert wird. Eine einigermaßen genaue Einschätzung der Leistungsmerkmale bestehender und realmöglicher sozialer Ordnungen setzt theoretisches und historisches Wissen voraus, das bisher nur fragmentarisch vorhanden ist. Und die Verfechter einer geschichtsphilosophisch unterbauten radikalen politischen Theologie, die gewohnt sind, die Gesellschaft an utopischen Maßstäben zu messen, tragen durch ihre Lehren zur Erosion der Legitimität freiheitlicher Ordnungen bei, weil sie die Praxis totaler Kritik einer realistischen Alternativanalyse vorzuziehen pflegen. Soweit die Anerkennung solcher Ordnungen von der adäquaten Einschätzung ihrer Leistungsmerkmale abhängt, kann nur eine auf realwissenschaftliche Erkenntnis gestützte Aufklärung dafür sorgen, daß diese Verfahrensweise durch eine rationale Praxis abgelöst wird.

28. Aufklärung und Steuerung:
Revisionismus als politische Methodologie und die Politik der Reformen

Ein konsequenter Fallibilismus, der sich auf Problemlösungen aller Art bezieht, muß auch für eine rationale Praxis im politischen Bereich Konsequenzen haben. Eine der wesentlichen Konsequenzen ist die, daß auch politische Problemlösungen grundsätzlich der Kritik und der Revision offenstehen müssen. Der prinzipielle Revisionismus ist also eine wesentliche Komponente einer rationalen politischen Methodologie. Demnach müssen auch soziale Ordnungen so beschaffen sein, daß die in ihnen enthaltenen relativ dauerhaften Lösungen menschlicher Probleme, die institutionellen Vorkehrungen, die für ihr Funktionieren bedeutsam sind, ohne Nachteile, wie sie etwa durch Gewaltanwendung und Zerstörungen entstehen, revidiert werden können. Das bedeutet, daß man die Verfassungen von Herrschaftsgebilden, vor allem die des Staates, so einrichtet, daß informierte Kritik durch die von der Herrschaft Betroffenen möglich gemacht und daß ihre Wirksamkeit gewährleistet wird. Demokratische Verfassungen können als mehr oder weniger gelungene Experimente in dieser Richtung angesehen werden. Wo sie einigermaßen funktionieren, werden Revolutionen und andere Versuche gewaltsamer Änderung der Ordnung im allgemeinen überflüssig. Die Möglichkeiten der Verbesserung der Methoden demokratischer Kontrolle ist also ein wichtiges Problem der Sozialtechnologie.

Die technologische Verwendung der Wissenschaft zur Lösung von Steuerungsproblemen ist aber keineswegs die einzige Verwendung, für die sie im praktisch-politischen Zusammenhang in Betracht kommt, obwohl die Verbesserung der Institutionen einer Gesellschaft ohne Zweifel von außerordentlich großer Bedeutung für ihre Mitglieder ist. Eine Aufgabe von nicht geringerer Bedeutung ist die der Aufklärung über wichtige Zusammenhänge. Einige der heute dominierenden philosophischen Strömungen suchen den Eindruck zu erwecken, als ob diejenigen Realwissenschaften, die das Erkenntnisprogramm der Erklärung auf theoretischer Grundlage adoptiert haben, für eine rationale Praxis lediglich wegen ihrer technischen Verwendbarkeit von Wert sein könnten. Das ist eine oberflächliche Auffassung, in der die Rolle der wissenschaftlichen Erkenntnis für die Gestaltung unseres Weltbildes übersehen wird. Nicht nur unsere Wahrnehmungen, sondern auch unsere Einstellungen und Wertorientierungen und sogar unsere Bedürfnisse und Gefühle hängen eng mit den von der wissenschaftlichen Erkenntnis beeinflußten Überzeugungen über die Beschaffenheit der Wirklichkeit zusammen. Eine durch Aufklärung herbeigeführte Änderung dieser Überzeugungen kann daher einen tiefgehenden Wandel dieser Faktoren mit erheblichem Einfluß auf Entscheidungen und Handlungen und damit auf die ganze Lebensführung haben. Im Wege der Aufklärung können Resultate der wissenschaftlichen Erkenntnis für die Kritik an Wertorientierungen und sogar an Gefühlen und Bedürfnissen fruchtbar gemacht werden[26].

Auch für die politische Praxis können solche Wirkungen sehr viel bedeutsamer sein als diejenigen, die sich aus der technologischen Anwendung der Wissenschaft ergeben. Soweit zum Beispiel die Stabilität sozialer
Ordnungen von ihrer Legitimität abhängig ist, kann ein Wandel der
Wertorientierung unter dem Einfluß von Resultaten der wissenschaftlichen Forschung positiv oder negativ für sie zu Buche schlagen. Da das
Funktionieren aller sozialen Steuerungsmechanismen unter anderem von
den Einstellungen und den Entscheidungen der beteiligten Individuen abhängt, wirkt sich letzten Endes auch die Umsetzung wissenschaftlicher
Erkenntnis in Aufklärung auf sie aus. Die Forderung nach einer besonderen emanzipatorischen Erkenntnisform, die sich gewissermaßen oberhalb
der üblichen Realwissenschaft entwickelt, entstammt einer defekten Erkenntnislehre. Sie steht einer rationalen Praxis im Wege, weil sie die Illusionen einer dem eschatologischen Denken entstammenden Geschichtsphilosophie in die politische Willensbildung einzubringen sucht, ohne die
Realisierbarkeitsproblematik in adäquater Weise ins Spiel zu bringen.

Eine der wichtigsten Aufgaben einer auf realwissenschaftlicher Erkenntnis fußenden Aufklärung ist die, utopisches Denken dieser Art, das
sich selbst im Gewande der Aufklärung zu präsentieren pflegt, der Kritik
auszusetzen und die Idee einer rationalen Praxis, die von einer Analyse der
Problemsituation im Hinblick auf realisierbare und nach den vorhandenen Wertgesichtspunkten relevante Alternativen ausgeht, attraktiv zu machen. Wer die Fehlbarkeit der menschlichen Vernunft in Rechnung stellt,
wird nicht mit der Idee einer totalen Erneuerung spielen, die dazu führt,
daß Individuen, die nicht minder fehlbar sind als die bisherigen Machthaber, in Positionen gelangen, die sie mit schwer kontrollierbaren Machtbe-
fugnissen ausstatten. Er wird sich daher mit der Idee schrittweiser Reformen zufriedengeben, die auf lange Sicht zu einer Verbesserung der Zustände führen können[27]. Selbst in einem totalitären Regime führt der Weg

---

[26] Vgl. dazu WALTER KAUFMANN, Jenseits von Schuld und Gerechtigkeit, aaO, S. 95 ff.,
meinen: Traktat über kritische Vernunft, aaO, S. 73 ff., und meinen Aufsatz: Rationalität
und Wirtschaftsordnung, aaO, S. 75 ff.

[27] Eine radikale Intelligenzija, die von utopischen Ideen ausgeht und die Staatsgewalt
durch Terroraktionen bewußt herausfordert, kann in einem autoritären System, dessen
Machthaber an sich zu Reformen entschlossen sind und diese auch schon in die Wege geleitet
haben, zum Abbruch der Liberalisierung und damit zu einer Entwicklung führen, die in eine
Revolution und in die Errichtung eines totalitären Regimes ausmündet, wie es die russische
Geschichte des letzten Jahrhunderts deutlich macht; vgl. dazu die äußerst interessante Analyse RICHARD PIPES' in seinem o. a. Buch: Rußland vor der Revolution, Kap. 10 und 11, besonders S. 274 ff., 280 f., 302 ff. und 309 f. „Die Terroristen hätten", wie Pipes feststellt, „die

zu einer Verbesserung der Lage der unterdrückten Bevölkerung möglicherweise eher über die Konsolidierung einer Elite, die in der Lage ist, die Staatsgewalt zur Durchführung schrittweiser Reformen zu zwingen[28], als über den Versuch, die Massen für eine Revolution zu mobilisieren, einen Versuch, der ohnehin kaum Chancen hat, solange die Machtapparatur einigermaßen funktioniert.

Schrittweise Reformen sind keineswegs ohne weiteres mit *ad hoc*-Maßnahmen im Sinne punktueller systemloser Eingriffe zu verwechseln, wie sie heute für die Politik in vielen Gesellschaften mit einer demokratisch organisierten Staatsgewalt charakteristisch sind[29]. Es besteht durchaus die Möglichkeit, die *Gesetzgebung* an langfristigen *Programmen* zu orientieren, in denen *regulative Ideen* für die notwendigen Reformen enthalten sind. Soweit ein ausreichender Konsensus darüber erreicht werden kann, können solche Ideen in die *Verfassung* aufgenommen und dadurch dem Risiko enthoben werden, das sich aus den politischen Schwankungen angesichts der für demokratische Ordnungen charakteristischen Regierungswechsel ergibt. An sich ist die Festlegung derartiger Vorstellungen in den Verfassungen solcher Systeme bis zu einem gewissen Grade heute schon üblich und auch wirksam. Sie hat in einigen Staaten mit freiheitlichen Ordnungen auch zur Stabilisierung bei gleichzeitiger Entwicklung im Sinne einer erheblichen Steigerung des Wohlstandes und der sozialen Sicherheit beigetragen. Nur das illusionäre Denken radikaler politischer Theologen konnte jene Bewegungen in den 60er Jahren mit einer fragwürdigen Rechtfertigung versehen, die darauf abzielten, Systeme dieser Art zu zerstören, ohne daß sie auch nur die Andeutung einer realisierbaren Alternative zu bieten hatten.

Wenn eine Politik schrittweiser Reformen durchgeführt werden soll, dann muß man sich aber nicht nur an den erwähnten regulativen Ideen orientieren, sondern darüber hinaus die Wirkungen jedes Schrittes der Gesetzgebung auf das Funktionieren der Steuerungsmechanismen und die Konsequenzen der betreffenden Veränderungen für die Lebenssituationen der Betroffenen zu eruieren suchen. Diese Aufgabe kann auch mit Hilfe bisher vorliegender wissenschaftlicher Erkenntnisse nur teilweise

---

innenpolitische Reform nicht erfolgreicher torpedieren können, wenn sie im Sold der Polizei gestanden hätten."

[28] Vgl. dazu STANISLAV ANDRESKI, Factors of Liberalization, in seinem o. a. Buch: The Uses of Comparative Sociology, S. 334 ff.

[29] Vgl. dazu die Kritik JAMES M. BUCHANANS in seinem Buch: The Limits of Liberty, aaO, S. 174.

gelöst werden. Allerdings gibt es eine ganze Reihe von Erkenntnissen über die allgemeine Funktionsweise sozialer Mechanismen, die vermutlich in höherem Maße ausgenutzt werden könnten, als das bisher vielfach geschehen ist. Aber auch eine durch wissenschaftliche Einsichten gestützte Reformpolitik behält stets bis zu einem gewissen Grade experimentellen Charakter, und man wird immer wieder mit unbeabsichtigten Nebenwirkungen zu rechnen haben, die nicht vorhersehbar waren.

Eine der wichtigsten Nebenwirkungen vieler politischer Maßnahmen, die schon analysiert wurde und daher weitgehend vorhersehbar ist, ist das Wachstum bürokratischer Einrichtungen, das mit ihnen oft verbunden ist. Die Hypertrophie solcher Einrichtungen und die mit ihr verbundene Dämpfung der Eigeninitiative und der schöpferischen Phantasie bei der Suche nach neuen Lösungen ist nicht nur ein schweres Problem der totalitären Systeme, sondern auch, wenn auch in geringerem Grade, der Gesellschaften, in denen Elemente freiheitlich-demokratischer Ordnung dominant sind. Eine Reformpolitik auf der Basis eines Gesetzgebungsprogramms, in dem die regulative Idee der Freiheit eine zentrale Stelle einnimmt, wird daher darauf abzielen müssen, Reformen aller Art nach Möglichkeit unter Bevorzugung von Methoden durchzuführen, die dem Wachstum der Bürokratie und der Vermehrung großer Organisationen, in denen bürokratische Steuerungsmechanismen dominieren, entgegenwirken, sowohl im öffentlichen als auch im privaten Bereich. Das große Problem des vorigen Jahrhunderts war für die Völker des westlichen Kulturkreises die Erringung von Freiheit, Wohlstand und sozialer Sicherheit. Das Problem dieses Jahrhunderts ist eher das der Erhaltung des Friedens und der Freiheit. Eine der wesentlichen Bedingungen dafür scheint die Verbreitung der Erkenntnis auch bei den anderen Völkern zu sein, daß Frieden und Freiheit auch für die Erringung von Wohlstand und Sicherheit wichtig sind.

Sachregister

Personenregister

DIE EINHEIT DER GESELLSCHAFTSWISSENSCHAFTEN

Studien in den Grenzbereichen der Wirtschafts- und Sozialwissenschaften

Unter Mitwirkung von

HANS ALBERT · GERD FLEISCHMANN · HANS K. SCHNEIDER
CHRISTIAN WATRIN · RUDOLF WILDENMANN · EBERHARD WITTE

herausgegeben
von
ERIK BOETTCHER

J.C.B.Mohr (Paul Siebeck) Tübingen